Inga-Maria Richberg

ALTES GÄRTNERWISSEN

Der Praxis Ratgeber

Erfolgreich gärtnern mit dem Erfahrungsschatz vergangener Zeiten

blv

Alles für einen guten Start und gesundes Wachstum

Keine Chance für Schädlinge & Co.

Noch mehr Spezialwissen aus alter Zeit

Mond, Magie und Brennessel

Kleine Wetterkunde für Gärtner

Anhang

Vorwort

Liebe Leser!
Viele Gärtner interessieren sich heute wieder für den Erfahrungsschatz unserer Vorfahren. Die einen wollen wissen, wie man ohne synthetische Dünger und Insektizide auskommen kann. Die anderen haben festgestellt, dass auf den abendlichen Wetterbericht im Fernsehen doch nicht immer Verlass ist. Und wieder andere haben einfach das Gefühl, dass es auch für uns Gärtner zwischen Himmel und Erde mehr gibt als das, war wir mit unseren Augen sehen können. Wie dem auch sei: Von unseren Vorfahren können wir in der Tat eine Menge erfahren. Vor allem können wir von ihnen lernen, mit einfachen Mitteln, die wir oft schon direkt vor unserer Haustüre finden, unserem Garten das zu geben, was er wirklich braucht – und dabei auch noch eine Menge Geld sparen.
Eine schmale Geldbörse war auch der Grund, warum ich vor über 25 Jahren damit anfing, mich mit Tipps und Tricks aus alter Zeit zu beschäftigen. Begonnen hatte alles mit meinem ersten Garten, einem vergrasten, sandigen Acker im Südhessischen. Mein Studentenbudget reichte einfach nicht aus, um das damals übliche Blaukorn anzuschaffen. Kompost erschien mir selbstverständlich, denn meine Mutter hatte als ausgebildete Gartenbautechnikerin ihren Garten in Form echter Kompostwirtschaft betrieben.
Je weiter ich mit meinem eigenen Garten vorankam, desto mehr einfache Rezepte fielen mir wieder ein, mit denen unsere Flüchtlingsfamilien in den Nachkriegsjahren das zugeteilte Gartenland – in unserem Dorf hieß es »Fronacker« – bewirtschaftet hatten. Außerdem versorgten mich meine neuen Gartennachbarn, allesamt erfahrene und alt gediente Hobbygärtner, freudig mit Ratschlägen und rückten nach und nach auch ihre Geheimrezepte heraus. Zwar hielten nicht alle Tipps das, was sie versprachen, doch der größte Teil erwies sich als ausgesprochen nützlich und hilfreich. Mein Interesse war geweckt. Fortan durchstöberte ich alle alten Gartenbücher und Zeitschriften, derer ich in Bibliotheken habhaft werden konnte. Heute stapeln sich Berge von Zetteln, Notizheften und alte Bücher in meinen Regalen. Und so war ich begeistert von der Idee des BLV-Verlags, all die gesammelten Tricks und Tipps in einem Buch zusammenzufassen.
Für dieses Buch habe ich, von wenigen Ausnahmen abgesehen, nur solche Rezepte ausgewählt, die ich in meinem Garten mit Erfolg selbst ausprobiert habe. Manche wandelte ich im Laufe der Zeit etwas ab und passte sie unserer Zeit ein wenig an. Seien auch Sie experimentierfreudig, probieren Sie aus und vor allem: Beobachten Sie, was Ihren Pflanzen gut tut. Denn auf diese Weise haben auch unsere Vorfahren ihre Tricks entwickelt. Und ich bin überzeugt, dass wir noch eine Fülle anderer hilfreicher Rezepte in dieser Tradition entwickeln können, wenn wir nur unsere Augen offen halten.
Allerdings ist das alte Gärtnerwissen nicht immer der Weisheit letzter Schluss. Denn beileibe nicht alles, was unsere Vorfahren im Garten taten, ist aus heutiger Sicht wirklich sinnvoll: So empfahl zum Beispiel 1893 die damals sehr geschätzte Gartenbuchautorin Henriette Davidis allen Ernstes gleich mehrere Methoden, wie man dem lästigen Regenwurm den Garaus machen könne. Genauso vorsichtig muss man mit alten »Hausmitteln« gegen lästige Insekten und Nagetiere sein. Auch wenn sie aus der Apotheke der Natur stammen, heißt das nicht, dass sie ungefährlich sind – ganz im Gegenteil.
Und nicht zuletzt sollten wir gärtnerische Scheuklappen vermeiden: Das aktuellste Beispiel dazu ist das Gärtnern nach dem Mondstand. Auch ich bin aufgrund meiner Erfahrung überzeugt, dass an dieser Lehre etwas dran ist. Doch die Sterne können so gut stehen, wie sie wollen: Ist der Boden nicht gepflegt, mangelt es den Pflanzen an Nährstoffen oder stehen schlechte Nachbarn zusammen, wird der Erfolg mit Sicherheit ausbleiben. Denn wer mit dem Mond und den anderen Sternen arbeiten will, muss auch sonst im Einklang mit der Natur leben: Er muss lernen, geduldig zu beobachten, die Natur und ihre Bedürfnisse zu erkennen, eigene Schlüsse zu ziehen und mit dem Erreichten zufrieden zu sein.
Wir sollten uns daher davor hüten, mit den alten Rezepten unserer Vorfahren wie mit Kunstdünger immer dieselben Hochleistungsergebnisse zu erwarten, ja erzwingen zu wollen. Sondern dankbar dafür sein, was uns die Natur jedes Jahr an Nahrung und Freude aus dem eigenen Garten schenkt und uns bemühen, unseren Teil dazu beizutragen, dass dies auch so bleibt. Und dabei kann uns das alte Gärtnerwissen wirklich eine große Hilfe sein.

Ahrensburg, im März 2004
Inga-Maria Richberg

Alles für einen guten Start und gesundes Wachstum

Die Frage aller Fragen: Welcher Boden?

Immer mehr Hobbygärtner lassen heutzutage ihren Gartenboden von professionellen Labors untersuchen. Doch die Art des Bodens und wie es um seine Nährstoffversorgung bestellt ist, kann man auch wesentlich preiswerter erfahren. Machen Sie einfach eine Riesel- und eine Schlämmprobe und schauen Sie, welche »Unkräuter« sich in Ihrem Garten oder Baugrundstück heimisch fühlen. So kommen Sie der Qualität Ihres Bodens ganz schnell auf die Spur. Nur wenn eine Schadstoffbelastung oder Überdüngung zu befürchten ist, empfiehlt sich eine Laboranalyse.

Humus, Sand oder Lehm?

Die **Rieselprobe: Sand**boden ist hellgelb bis dunkelbraun (Heideböden), er klebt nicht zusammen, sondern rieselt auch in feuchtem Zustand leicht durch die Finger.

Von links: humoser Sandboden, reiner Sandboden, sandiger Lehmboden.

Lehmboden ist meist gelblich- bis rötlichbraun und lässt sich auch in feuchtem Zustand leicht zerkrümeln. Er besteht zu etwa gleichen Teilen aus Sand, Schluff – einem pudrig-mehligen Material – und Ton. Tonboden hat meist eine rötlichbraune Farbe und bildet in trockenem Zustand steinharte Klumpen, die fast wie gebrannt wirken und sich oft nur mit dem Spaten zertrümmern lassen. Feuchter Ton ist dagegen zäh und klebrig und lässt sich schön zu Kugeln formen. Und der schwarzbraune Humus schließlich lässt sich wie Lehm auch in feuchtem Zustand leicht zerkrümeln und riecht angenehm nach Waldboden oder Pilzen.

Die **Schlämmprobe:** Reine Sand-, Lehm- und Tonböden kommen nur selten vor. Welche Mischung Ihr Boden hat und wie hoch die wichtigen Humusanteile sind, erfahren Sie durch die Schlämmprobe: Lösen Sie eine Hand voll Erde in einem Glas Wasser auf und warten Sie etwa 12 Stunden, bis sich die gelösten Bestandteile abgesetzt haben. Sand hat die größte Körnung (0,06–2 mm Durchmesser), ist am schwersten und lagert sich daher zuerst auf dem Boden des Glases ab. Danach folgen die feinkörnigeren Anteile: Zunächst Lehm und Schluff, danach Ton, der wegen seiner sehr feinen Körnung (unter 0,02 mm Durchmesser) erst nach einigen Stunden ausfällt und wie dünner Schlamm aussieht. Zum Schluss kommen die wertvollen Humusanteile: Sie sind die leichtesten und schwimmen zum Teil auch oben auf der Wasseroberfläche.

An der Dicke der einzelnen Schichten können Sie die Zusammensetzung Ihres Gartenbodens ablesen. Der ideale Gartenboden enthält Sand (nährstoffarm) und Lehm (nährstoffreich) zu etwa gleichen Teilen, wobei das Verhältnis durchaus auch zugunsten des einen oder anderen verschoben sein kann, sowie eine ordentliche Schicht Humus.

Was Löwenzahn und Katzenschwanz verraten

Mehr über den Boden verraten seit jeher die (Un)Kräuter, die heute als so genannte **Bodenanzeiger** oder **Indikatorpflanzen** wieder entdeckt werden: Sie zeigen nicht nur die Art des Boden an, sondern auch ob er durchlässig oder verdichtet ist, welche Nährstoffe er enthält bzw. welche ihm für ein ausgewogenes Gleichgewicht fehlen. Übrigens: Ein einmaliger Blick reicht nicht. Sie sollten immer beobachten, welche Kräuter sich bei Ihnen gerade besonders heimisch fühlen. Denn ihr Kommen und Gehen deuten an, wie sich der Boden mit den Jahren verändert. Also keine Panik, wenn z. B. nach jahrelangem Kampf gegen Löwenzahn, Hahnenfuß und Katzenschwanz plötzlich der ganze Garten mit Vogelmiere überzogen ist. Das ist ein sehr gutes Zeichen. Denn Vogelmiere steht für einen durchlässigen, leicht feuchten, humosen Boden – das langersehnte Ziel fast aller Gärtner.

Vielleicht werden Sie all diese Pflanzen nicht auf Anhieb erkennen. Aber das verlangt auch gar keiner von Ihnen. Am besten kaufen Sie sich ein gut gegliedertes und illustriertes Bestimmungsbuch (siehe Anhang Seite 167f.) und machen sich damit langsam mit den »Ureinwohnern« Ihres Gartens vertraut. Auch hier ist die Zeit die beste Lehrerin.

Der Arzt im Unkraut

Gartenkräuter »sprechen« aber nicht nur über den Boden, sondern geben auch Auskunft über die **Gesundheit seiner Gärtner**. Denn die Natur schickt die Heilpflanzen zu demjenigen, der sie braucht. Davon waren die weisen Frauen und heilkundigen Mönche des Mittelalters überzeugt und sahen deshalb auch immer nach, welche Kräuter in der näheren Umgebung ihrer Patienten von selbst wuchsen. Das heißt natürlich nicht, dass Sie sich jetzt einen Tee aus allen Kräutern Ihres Gartens brühen sollten – zumal manche giftig sein könnten. Aber schauen Sie einmal, ob nicht da oder dort ein Kräutlein wächst, das Ihnen wie gerufen vorkommt. In meinem ehemaligen Münchner Stadtgarten erschien z. B. vor Jahren urplötzlich eine Invasion von Frauenmantel *(Alchemilla xanthochlora,* syn. *A. vulgaris)*, obwohl ich ihn selbst nie gezogen hatte und auch in der Umgebung keinerlei solche Pflanzen fand. Und plötzlich ging mir ein Licht auf: Es war genau das Kraut, das ich wegen bestimmter Beschwerden schon seit einiger Zeit in Erwägung gezogen hatte. Genauso verhielt es sich mit dem Spitzwegerich *(Plantago lanceolata)*, der sich wenig später einstellte und sich als das wirksamste Mittel für die ewige Bronchitis meiner Kinder erwies.

Und ebenso wie den Menschen helfen die so genannten Unkräuter auch den **Kulturpflanzen** im Garten. Wer seinen Garten einige Jahre aufmerksam beobachtet, wird feststellen, dass viele Kräuter auf der Durchreise sind. In einem Jahr erscheinen sie plötzlich, im übernächsten sind sie ebenso plötzlich verschwunden. Dieses Zugvogelverhalten kann man besonders gut in neu angelegten Gärten beobachten. Der Grund ist sehr einfach: Durch die Bearbeitung des Bodens ändern sich die Lebensbedingungen für die Pflanzen. So erwachen dann plötzlich Samenkörner, die seit Jahren im Boden schlummerten, weil ihre Zeit nun gekommen ist. Sie »schließen« den Boden auf und machen sie für nachfolgende Pflanzen nutzbar. Manche (Un)-Kräuter werden deshalb heute als **Aufwertungspflanzen** bezeichnet. In meinem jetzigen Garten ist es z. B. derzeit die Ackerwinde *(Convolvulus arvensis)*, die mir zuflog und mich offen gestanden ziemlich ärgert, weil sie sich in unglaublicher Schnelligkeit um meine Stauden windet. Aber offenbar ist die Zeit jetzt für sie reif, nachdem der Schachtelhalm, der meinen durch Baumaschinen sehr verdichteten Lehmboden jahrelang bevölkerte, seit fast verschwunden ist. Auf ihn folgte für drei, vier Jahre der Gelbsenf *(Sinapis alba)*, der als wichtiger Stickstoffsammler und Humusbildner gilt – und deshalb ja auch als Gründüngung gesät wird (siehe Seite 41). Offenbar haben die beiden ihre Arbeit sehr gut gemacht und den Boden aufgeschlossen, denn die Ackerwinde liebt einen lockeren Lehmboden mit hohem Humusanteil.

Möglicherweise sind alle Wildkräuter auf ihre Art Aufwertungspflanzen, auch wenn wir noch nicht oder nicht mehr wissen, welche Aufgabe sie im Einzelnen haben. Das können wir nur durch sorgfältiges Beobachten herausfinden. Manche von ihnen, wie z. B. Brennnessel, Gundermann und Vogelmiere, lassen sich auch dauerhaft nieder, schließen durch ihren Stoffwechsel wichtige Spurenelemente und Mineralien des Bodens für andere Pflanzen auf und schützen des Boden als lebendige Mulchdecke (siehe Seite 14). Deswegen sollten Sie nicht gleich jedem Unkraut zu Leibe rücken, sondern es friedlich wachsen lassen. Nur dort, wo es zu stark wuchert und die anderen Pflanzen bedrängt, wie meine Ackerwinde, sollten Sie jäten. Sie müssen es auch nicht gleich auf den Kompost werfen: Als Mulchmaterial (siehe Seite 12) oder als Jauche (siehe Seite 37) leistet es sofort wieder wertvolle Dienste. Bei der Ackerwinde sollten Sie allerdings sehr vorsichtig sein, denn sie hat einen beeindruckenden Überlebenswillen. Schon ein klitzekleines Wurzelstück genügt, um eine neue Pflanze sprießen zu lassen. Daher: Trocknen Sie die ausgemachten Pflanzen mit ihren fleischigen Wurzeln unbedingt in der prallen Sonne, bevor Sie sie als Mulch verwenden oder auf den Kompost geben.

Die kleine Brennnessel ist genauso wie ihre große Schwester ein verlässlicher Humus- und Stickstoffanzeiger.

Uralt, doch hochaktuell: Mulchen

Über kaum ein Thema können sich Gärtner so sehr streiten wie über das **Mulchen**. Dabei ist das Mulchen gar keine findige (oder spinnerte) Idee moderner Biogärtner, wie es heute manchmal gerne dargestellt wird: Das Abdecken des Bodens mit organischem Material hat eine jahrhundertealte Tradition und lässt sich in Europa bis in die Klostergärten des 8. Jahrhunderts zurückverfolgen. Vermutlich ist sie aber noch älter. Mulchen war die damals übliche Art der Düngung und Kompostierung. Wir würden sie heute Flächenkompostierung nennen. Denn das ordentliche Aufschichten der Gartenabfälle zur Kompostmiete, so wie wir das heute tun, war im Mittelalter noch nicht üblich. Was im Garten als Abfall anfiel, blieb einfach liegen. Nur der Tiermist und die häuslichen Abfälle landeten auf einem Dunghaufen, der je nach örtlichen Bestimmungen direkt am Haus lag oder aus hygienischen Gründen vor das Stadttor verbannt wurde. Außerdem, auch das wussten schon die klugen Klostergärtner, schützt die Mulchabdeckung den Boden vor den Witterungseinflüssen, spart Wasser und unterdrückt lästigen (Un)Krautwuchs.

Je feiner der Mulch, desto besser ist er für das Bodenleben.

Am besten gehäckselt

Zum Mulchen eignet sich praktisch alles, was im Garten an **Grünmasse** und **Zweigen** anfällt – nur sollte es möglichst fein geschnitten oder am besten gehäckselt sein. Denn feiner Mulch lässt sich nicht nur besser und gleichmäßiger verteilen, sondern verrottet rascher und gibt auf diese Weise seine Nährstoffe schneller frei. Außerdem bietet eine feine Mulchschicht einen dichteren Schutz gegen Austrockung als struppiges Stengelgewirr und sieht obendrein auch gefälliger aus. Nur in einigen Sonderfällen, z. B. bei der Schädlingslingsabwehr, empfiehlt sich das Auslegen unzerkleinerter Pflanzen (siehe Seite 72, Mulchen mit Brennesselstängeln gegen Schnecken).
Strohhäcksel (Zweige) sowie Grünhäcksel ohne Samen und Rasenschnitt können Sie sofort auf den Beeten verteilen. Dagegen sollten Sie Grünhäcksel mit Samen sowie Heckenschnitt von Laubbäumen erst einmal etwa 3–4 Wochen auf einer Miete oder im Kompostsilo anrotten lassen. Durch die Heissrotte, die nach dem Aufsetzen des Komposts einsetzt, werden die Samen zum Keimen angeregt, die Keimlinge sterben aber mangels Sauerstoff und Licht schnell wieder ab. Beim Heckenschnitt sorgt die Heissrotte für einen besseren Zerfall der Blätter und Zweige, macht eventuell vorhandene Gerbstoffe (siehe unten) unschädlich und tötet Blattläuse ab. Am besten setzen Sie den Mulchhäcksel während dieser Zeit einmal, besser noch zweimal um, damit die Heissrotte auch alle Samen, Säuren und Schädlinge erwischt.

Kein frisches Holz

Heckenschnitt von **Nadelbäumen** sowie **frischen Holz-** und **Rindenhäcksel** dürfen Sie niemals direkt aufs Beet geben, sondern müssen ihn immer zwischenkompostieren. Denn Holz, Rinde und Nadeln enthalten viele Gerbstoffe (z. B. Tannine) und Harze, die vor allem auf jüngere Pflanzen stark wachstumshemmend wirken. Durch die Heissrotte werden sie aufgespalten und unschädlich gemacht. Ist der Holzmulch zur Abdeckung von Baumscheiben und Gehölzanpflanzungen gedacht, reicht eine Kompostierung von etwa vier Wochen. Auf eingewachsene Staudenrabatten darf er frühestens nach einem halben Jahr. Und junge Anpflanzungen, wie neu angelegte Staudenrabatten und Gemüsebeete, vertragen ihn erst nach mindestens einem Jahr. Nur auf Wegen dürfen Sie Holzhäcksel sofort verteilen. Auch frische **Sägespäne** und **Sägemehl** sollten Sie drei Monate zwischenkompostieren, es sei denn, Sie streuen nur ganz dünne Schichten.

Jedem das Seine

Grundsätzlich sollten Sie es wie die alten Klostergärtner halten: Gemulcht wird mit dem Material, das gerade anfällt, und zwar auch dort, wo es anfällt. Oder anders ausgedrückt: Orientieren Sie sich stets an

den natürlichen Lebensbedingungen der Pflanzen. Ehemalige Waldbewohner wie Himbeeren, Brombeeren und Erdbeeren bekommen waldartiges Mulchmaterial, z. B. gemischten Heckenschnitt aus Laub- und Nadelhölzern, während Gemüsepflanzungen mit Rasenschnitt und Krautmulch besser bedient sind.
Natürlich können Sie durch spezielle Mulchmischungen auch Mangelzustände des Bodens gezielt ausgleichen. Mangelt es z. B. an Stickstoff, sollten Sie vor allem Brennnesselmulch und Rasenschnitt nehmen. Fehlt Kali, geben Sie eine Mulchschicht aus Beinwell und – so vorhanden – Farnblättern. Aber gehen Sie bitte jetzt nicht in den Wald und plündern die dortigen Farnbestände. Besser ist es, wenn sie in einer schattigen Gartenecke eine eigene Plantage mit den schnellwachsenden Adler- *(Pteridium aquilinum)* und Trichter- bzw. Straußenfarnen *(Matteuccia struthiopteris)* anlegen. Fehlt dem Boden Kieselsäure, was die Pflanzen oft durch schlappe, weiche Stengel und häufigen Pilzbefall anzeigen, kommt Schachtelhalm- und Brennnesselmulch auf's Beet. Diese beiden dürfen Sie in der freien Natur sammeln, aber räubern Sie nicht die gesamten Bestände, sondern schneiden immer nur ein wenig.
Übrigens sind auch Nachbarn oft sehr froh, wenn sie ihren Hecken- oder Rasenschnitt bei mulchbegeisterten Gärtnern loswerden können. Nach anfänglichem Kopfschütteln stellen mir meine Nachbarn ringsum jetzt regelmäßig zweimal jährlich sackweise Hainbuchenschnitt und später auch das Herbstlaub vor die Tür. Ich zerkleinere das Material dann mit dem Häcksler und verwende es zum Mulchen und Kompostieren.

Mulchpause im Frühjahr?

Auch in dieser Frage sind sich die Gärtner alles andere als einig. Die einen empfehlen, die Reste der winterlichen Mulchdecke im Frühjahr zu entfernen, damit sich der Boden in der Sonne schneller erwärmt. Andere halten das für völlig überflüssig und geben zu bedenken, dass auch in Wald und Feld niemand im Frühjahr den Rechen schwingt.
Ich neige der zweiten Ansicht zu. Allerdings kommt es sehr auf die Dicke der **Mulchschicht** an. Wer 10 cm dicke, ungehäckselte und daher fest verklebte Laubpackungen auf seine Beete gehäuft hat (was man eigentlich ja sowieso nicht tun sollte), der ist gut beraten, wenn er diese Sperrschichten im Frühjahr wieder abträgt. Das Gleiche gilt für Mist aller Art und andere dicke Abdeckungen. Sie gehören auf den Kompost. Allerdings sollte die Erde danach nicht ganz nackt in der Frühjahrssonne liegen. Eine 1 cm dünne Schicht aus Laubhäcksel oder dem ersten Rasenschnitt schützt vor Verdunstung und hält die Tageswärme sogar noch bis in den Abend hinein. Ich hebe mir für diesen Zweck über Winter immer einige Säcke trockenen Herbstlaubes auf, die ich im Frühjahr durch den Häcksler jage und als Ersatz für die über Winter verrottete Mulchschicht vor allem auf den Gemüse-, Kartoffel- und Erdbeerbeeten benutze. Auch eine feine Schicht kleingehäckseltes Stroh ist eine gute Alternative. Der Sinn und Zweck einer **Mulchpause** im Spätherbst entzweit ebenfalls die Gärtnerseelen. Manchmal wird argumentiert, dass glatt gerechte, nackte Beete den Schnecken die Fortbewegung erschweren und sie daher einen anderen Platz für Eiablage und Überwinterung suchen würden. Abgesehen davon, dass die Schnecken ihre Eier meist schon im Spätsommer ablegen, hängt es sehr von der Art der Mulchschicht und der Beetumrandung (siehe Seite 71) ab, ob Schnecken auf einem Beet ihr Winterquartier suchen. Wer seine Beete mit stark duftenden Kräutern umpflanzt und raues Mulchmaterial wie Gerstenspreu oder Fichtenhäcksel an den Rand streut, wird weitgehend Ruhe haben. Außerdem scharren auch die Vögel gerne in der winterlichen Mulchschicht nach leckeren Schnecken bzw. deren Eier. Ich habe aber Verständnis für alle schneckengeplagten Gärtner, die bis zum ersten kräftigen Frost warten und dann erst nochmals ordentlich hacken und den Mulch verteilen.

Laubmulch und Heckenschnitt immer erst 3–4 Wochen anrotten lassen.

Auf Kalkböden

Kornrade	*Agrostemma githago*
Zittergras	*Briza media*
Kornblume	*Centaurea cyanus*
Ackerwinde	*Convolvulus arvensis*
Hopfenluzerne bzw. Schneckenklee	*Medicago lupulina*
Klatschmohn	*Papaver rhoeas*

Auf lockeren oder tiefgründigen Lehmböden

Alle Kletten-Arten	*Arctium*-Arten
Gemeine Wegwarte bzw. Wilde Zichorie	*Cichorium intybus*
Acker(-Kratz)distel	*Cirsium arvense*
Ackerwinde	*Convolvulus arvensis*
Wilde Möhre	*Daucus carota*
Echter Erdrauch	*Fumaria officinalis*
Rote Taubnessel	*Lamium purpureum*
Wiesen-Platterbse	*Lathyrus pratensis*
Strahlenlose Kamille	*Matricatria discovidea*
Spitzwegerich	*Plantago lanceolata*
Ackersenf	*Sinapis arvensis*
Efeublättriger Ehrenpreis	*Veronica hederifolia*
Vogelwicke	*Vicia cracca*

Auf verdichtetem, feuchtem Lehm

Acker-Schachtelhalm bzw. Katzenschwanz	*Equisetum arvense*
Kriechender Hahnenfuß	*Ranunculus repens*
Löwenzahn	*Taraxacum officinale*
Weißklee	*Trifolium repens*

Auf Tonböden

Nickende Distel	*Carduus nutans*
Acker-Schachtelhalm	*Equisetum arvense*
Wiesenmargerite	*Leucanthemum vulgare*
Klatschmohn	*Papaver rhoeas*
Feld-Gänsedistel	*Sonchus arvensis*
Rainfarn	*Tanacetum vulgare*
Huflattich	*Tussilago farfara*

Humusanzeiger

Sonnwend-Wolfsmilch	*Euphorbia helioscopia*
Rote Taubnessel	*Lamium purpureum*
Gemeines Kreuzkraut	*Senecio vulgaris*
Vogelmiere	*Stellaria media*
Persischer Ehrenpreis	*Veronica persica*
Kleine und Große Brennessel	*Urtica urens* und *U. dioica*

Auf Sandböden

Besenheide	*Calluna vulgaris*
Bunter Schachtelhalm	*Equisetum variegatum*
Sandmohn	*Papaver argemone*
Breit- und Spitzwegerich	*Plantago major* und *Pl. lanceolata*
Vogelknöterich	*Polygonum aviculare*
Feldthymian	*Thymus serpyllum*
Acker- bzw. Hasenklee	*Trifolium arvense*
Frühlings-Ehrenpreis	*Veronica verna*

Auf sauren Böden

Besenheide	*Calluna vulgaris*
Reiherschnabel	*Erodium cicutarium*
Wiesenmargerite	*Leucanthemum vulgare*
Ackerminze	*Mentha arvensis*
Kleiner Sauerampfer	*Rumex acetosella*
Acker-Stiefmütterchen	*Viola tricolor*

Anzeiger für Kali

Acker-Gauchheil	*Anagallis arvensis*
Weißer Gänsefuß	*Chenopodium album*
Echter Erdrauch	*Fumaria officinalis*
Liegendes Mastkraut	*Sagina procumbens*
Feldsalat	*Valerianella locusta*
Feld-Ehrenpreis	*Veronica arvensis*
Efeublättriger Ehrenpreis	*Veronica hederifolia*
Dreiblatt-Ehrenpreis	*Veronica triphyllos*

Stickstoffanzeiger

Alle Kletten-Arten	*Arctium*-Arten
Hirtentäschelkraut	*Capsella bursa-pastoris*
Großes Schöllkraut	*Chelidonium majus*
Weißer Gänsefuß	*Chenopodium album*
Ackerwinde	*Convolvulus arvensis*
Sonnwend-Wolfsmilch	*Euphorbia helioscopia*
Franzosenkraut	*Galinsoga parviflora*
Klebriges Labkraut	*Galium aparine*
Rote Taubnessel	*Lamium purpureum*
Breit- und Spitzwegerich	*Plantago major* und *P. lanceolata*
Kriechender Hahnenfuß	*Ranunculus repens*
Ackersenf	*Sinapis arvensis*
Schwarzer Nachtschatten	*Solanum nigrum*
Vogelmiere	*Stellaria media*
Kleine und Große Brennessel	*Urtica urens* und *U. dioica*

Oben links: Der Breitwegerich bevorzugt stickstoffhaltigen Sand.

Oben rechts: Die Ackerwinde liebt nährstoffreichen Lehm.

Mitte links: Der Ackerschachtelhalm zeigt feuchte Lehm- oder Tonböden an.

Mitte rechts: Auch der Löwenzahn wächst gerne auf verdichtetem Lehm.

Unten links: Der Klatschmohn braucht unbedingt Kalk.

Unten rechts: Auf sauren Böden fühlt sich das Acker-Stiefmütterchen wohl.

Ohne Kompost geht gar nichts

Mulchen hat zwar viele Vorteile; dennoch kann sich nicht jeder Gärtner damit anfreunden, besonders, wenn er in feuchten, schneckenreichen Gegenden lebt. Manchmal fällt auch einfach zu viel Grünmasse an oder der Gärtner wünscht sich Spezialerden für seine Pflanzen. Dann ist der sorgfältig aufgesetzte **Komposthaufen** die richtige Alternative. Aber Komposthaufen brauchen ihre Zeit: Ohne besondere Pflege und Umsetzen kann es zwei bis drei Jahre dauern, bis aus Garten- und Küchenabfällen nahrhafte Komposterde geworden ist. Schneller geht es mit den folgenden Rezepten, die besonders für die Neuanlage eines Gartens auf einem Baugrundstück oder eine Umstellung von der traditionellen Kunstdüngerwirtschaft auf biologischen Gartenbau hilfreich sind.

Wie man schnell zu Kompost kommt

Seit wann Gärtner darüber nachdenken, wie sich die **Kompostrotte** beschleunigen lässt, habe ich nicht herausfinden können. Aber mit Sicherheit ist das keine Erscheinung unserer ungeduldigen und schnelllebigen Zeit. Denn schon um 1890 empfahlen Gartenbücher, dem Kompost zur Beschleunigung der Rotte und zur Nährstoffanreicherung verschiedene Kräuter, vor allem Heilkräuter, beizugeben. Daraus hat sich eine richtige Wissenschaft entwickelt, wobei man zwischen mechanischen und biologischen Verfahren unterscheiden kann.

Je mehr Krautbestandteile ein Kompost enthält, desto schneller verrottet er. Noch flotter geht es, wenn man Heilkräuter wie z. B. Ringelblumen oder Brennnessel- und Beinwellblätter hinzufügt.

Eine lebende Decke aus Kürbisranken schützt vor Austrocknung.

Schnellrotte durch häufiges Umsetzen

Zu den mechanischen Methoden gehört die Schnellkompostierung durch **häufiges Umsetzen**, über die in letzter Zeit häufig in Gartenzeitschriften zu lesen war. Sie wurde schon vor 100 Jahren angewandt, ist aber vermutlich schon länger bekannt. Dabei gibt es unterschiedliche Rhythmen. Während die einen den Kompost nur zu Beginn zwei- bis viermal im Abstand von 2–3 Wochen umsetzen und dann auf bewährte Weise reifen lassen, empfehlen andere Gärtner das wöchentliche Umschichten bis zur Reife, die sich innerhalb von 2–3 Monaten einstellen soll. Und vor einigen Jahren hörte ich erstmals von einem Forscher, der seinen Kräuterkompost durch tägliches Wenden sogar innerhalb von drei Wochen zur Reife bringt. Für derartige Zwecke werden auch schon kleine rotierende Kompostsilos angeboten.

Ob diese Form der Schnellkompostierung, wie sie heute ja auch in der kommerziellen Kompostherstellung angewendet wird, wirklich der Stein der Weisen ist, vermag ich nicht zu sagen. Ich hege allerdings meine Zweifel. Denn bei der Schnellkompostierung mit häufigem Umsetzen und den damit verbundenen hohen Temperaturen fühlt sich die übliche Helferschar aus Kompostwurm, Käfer und Assel mit Sicherheit nicht wohl. Dass sich deren Beitrag durch diese mechanisch-thermische Weise der Zersetzung ersetzen lässt, halte ich für unwahrscheinlich.
Wahrscheinlich liegt die Wahrheit in der Mitte zwischen Schnellrotte und traditionellem, langsamem Kompostieren. Das bedeutet, zu Anfang zwei-, dreimal umsetzen, damit die Heissrotte wirklich alle schädlichen Keime abtöten kann. Und dann den Haufen ruhen lassen, damit die Helfer der Natur ihr Werk vollenden können. Ich jedenfalls halte es so und kann auf diese Weise alle halbe Jahre einen fertigen Kompost anstechen.

Heilkräuter für den Kompost

Komposthaufen, die viele Krautbestandteile enthalten, reifen bekanntlich schneller als andere. Der Grund liegt vor allem darin, dass die krautigen Pflanzenteile viel Wasser enthalten und dadurch der Haufen während der Heissrotte nicht austrocknet. Außerdem zersetzt sich Blattmasse schneller als holzige Anteile. Besonders schnell reifen Komposte, die nicht einfach nur einen hohen Krautanteil enthalten, sondern **Heilkräuter**, die auch in der Naturheilkunde verwendet werden. Warum das so ist, weiß man noch nicht so genau. Sicherlich spielen die Mineral- und Nährstoffe einschließlich der Vitamine dieser Kräuter für die Rotte eine wichtige Rolle. Sie wirken sozusagen als »Enzyme« der Rotte. Dazu kommen mit großer Wahrscheinlichkeit auch nichtstoffliche Bestandteile, vermutlich energetische Schwingungen, wie sie beispielsweise auch für die Wirksamkeit der stark verdünnten homöopathischen Arzneimittel verantwortlich gemacht werden. Dass Pflanzen ein individuelles bioenergetisches Schwingungsfeld um sich haben, eine so genannte Aura, wurde seit Jahrhunderten immer wieder beschrieben und ist seit der Kirlian-Fotografie und dem daraus entwickelten modernen Colorplate-Verfahren, die diese Schwingungen sichtbar machen, auch nachgewiesen. Allerdings weiß man (noch) nicht, auf welche Weise diese Schwingungsfelder wirken.
Seit langem bewährt als Kompostbeschleuniger und Kompostverbesserer sind **Brennnessel** und **Beinwell** *(Symphytum officinale)*. Beide enthalten viel Stickstoff. Die Brennnessel liefert zudem noch Kieselsäure, Vitamin C und Eisen, Beinwell vor allem Kali. Auch **Acker-Schachtelhalm**, der beste Kieselsäurelieferant, und **Löwenzahn**, der ebenfalls viel Vitamin C enthält, gelten als gute Rottebeschleuniger. Allerdings brauchen Sie schon größere Mengen frischer Kräuter, um eine Wirkung zu erzielen. Entweder geben Sie die Kräuter gehäckselt oder kleingeschnitten als Zwischenlagen, oder stellen auf übliche Weise eine Jauche her und gießen diese mehrmals unverdünnt über den Haufen.

Kompostkräuter: Echte Kamille, Brennnessel, Löwenzahn und Schafgarbe.

Impfstoffe für den Kompost

Als Fortentwicklung der Kräutermethode kann man die **Kompostimpfung** betrachten, die eine gewisse Ähnlichkeit mit der Homöopathie hat. Hier sind vor allem die berühmten Kompostimpfstoffe der Abtei Fulda und die biologisch-dynamischen Präparate der Anthroposophen zu nennen. Jahrzehntelang waren sie fast nur Eingeweihten zugänglich. Nachdem aber die Schwestern der Abtei Fulda bereits seit Jahren mit großem Erfolg ihre Impfstoffe vertreiben, öffnen sich nun auch die Anthroposophen der interessierten Gärtnerschaft.
Während sich die Schwestern der Abtei Fulda auf ein Rezept der Engländerin Maye E. Bruce stützen, arbeiten die biologisch-dynamischen Gärtner und Landwirte mit Präparaten, die aus Anweisungen von Rudolf Steiner, dem Begründer

der Anthroposophie, entwickelt wurden. Beide Impfstoffe werden seit etwa 80 Jahren hergestellt. Ob sie eine gemeinsame Quelle haben, ist unklar: Die verwendeten Kräuter sind identisch. In der Zubereitungsweise unterscheiden sie sich dagegen enorm.

Das Kompost-Pulver der Abtei Fulda

Das **Kompost-Pulver der Abtei Fulda** besteht aus sechs Kräutern: Echte Kamille *(Matricaria recutita)*, Löwenzahn *(Taraxacum officinale)*, Gemeiner Baldrian *(Valeriana officinalis)*, Schafgarbe *(Achillea millefolium)*, Große Brennnessel *(Urtica dioica)* und Eichenrinde *(Quercus robur)*. Dazu kommt noch eine Honig-Milchzucker-Mischung. Die Blätter und Blüten der Kräuter werden – **vormittags** – gesammelt, getrocknet, sehr fein zerrieben und in getrennten Gläsern möglichst dunkel aufbewahrt. Das Honig-Milchzucker-Pulver wird durch Verreibung hergestellt. Dabei gilt das Mischungsverhältnis 1 Tropfen Honig auf 1 gestrichenen Teelöffel Milchzucker (aus der Apotheke). Für den normalen Hausgarten reicht pro Jahr eine Zubereitung mit 5–10 Teelöffeln Milchzucker.

Der Einfachheit halber stellt man sich aus diesen Bestandteilen eine Vorratsmischung zu gleichen Teilen her, verreibt sie gründlich in einem Porzellanmörser und bewahrt sie in einem Extra-Glas auf. Für die Impflösung, den so genannten Aktivator, nimmt man drei gehäufte Messerspitzen der Vorratsmischung auf ¹/₂ l Regenwasser oder abgestandenes Leitungswasser, füllt alles in eine verschließbare Flasche und lässt die Mischung 24 Stunden ruhen.

Dieser Aktivator, den Sie unter dem Namen »Humofix« auch direkt von den Schwestern der Abtei Fulda beziehen können (siehe Bezugsquellen-Verzeichnis Seite 167), hält etwa drei Wochen. Der Kompost sollte möglichst bald nach dem Aufsetzen geimpft werden. Dazu bohren Sie mit einer Stange, z. B. einem Rechenstiel, tiefe Löcher – bis etwa 15 cm über den Boden – in den Haufen. Ein normales Kompostsilo mit 1 m^2 Grundfläche bekommt fünf Löcher: Eines in der Mitte und je eines in den Ecken, etwa im Abstand von 15 cm zum Rand. Kleinere bzw. größere Haufen erhalten entsprechend weniger bzw. mehr Löcher. In jedes Loch geben Sie 6 Esslöffel Aktivator (vorher schütteln), füllen das Loch mit feingesiebter, trockener Erde auf und stopfen sie mit dem Stiel ordentlich fest.

Damit ist praktisch alles getan: Umsetzen ist nicht nötig, ja sogar schädlich. Jetzt brauchen Sie jetzt nur noch warten, bis der Kompost fertig ist. In warmen Sommern können Sie durchaus schon nach vier Wochen mit fertigem Kompost rechnen; im Winter dauert es allerdings wesentlich länger.

Die Kräuter-Präparate der Anthroposophen

Im Gegensatz zur eher bodenständigen Zubereitung des Fulda-Pulvers erscheint die Zubereitungsform der **biologisch-dynamischen Kompost-Präparate** fast magisch. Zwar werden die gleichen Kräuter verwendet und auch frühmorgens gesammelt, jedoch ganz anders aufbereitet.

Schafgarben-, Löwenzahn- und Kamillenblüten werden jeweils in eine besondere Hülle aus tierischem Material gefüllt – Schafgarbe in Hirschblasen, Kamille in Rinderdärme, Löwenzahn in Rinderbauchfelle –, und darin den Winter über in der Erde vergraben. Die Brennnesseln kommen in einen Stoffsack oder eine Holzkiste und bleiben sogar ein ganzes Jahr im Boden. Die fein gemahlene Rinde der Stieleiche wird in einen Rinderschädel gefüllt, der ebenfalls bis zum nächsten Frühjahr im Uferschlamm eines Teiches oder ersatzweise in einer Regentonne versenkt wird. Und aus den Baldrianblüten wird Saft gepresst, dieser 6 Wochen in offenen Flaschen vergoren und dann zugekorkt kühl und dunkel aufbewahrt. Auch die anderen Präparate werden später nach dem Ausgraben einzeln in verschließbaren Gläsern oder Steinguttöpfen im Dunkeln verwahrt. Diese wiederum stellt man in eine mit Torf

Getrocknete Eichenrinde gibt's auch in der Apotheke.

Steiner-Präperate müssen eine Zeitlang ruhen, z. B. in Kuhhörnern.

gefüllte Holzkiste, um ihre gespeicherten Energien zu konservieren. Denn die Ruhezeit der Präparate im Boden dient der Aufnahme kosmischer Einflüsse, während die organische Umhüllung das tierische Element in das Präparat einfließen lässt. Insofern kann man die biologisch-dynamischen Präparate nach Rudolf Steiner mit Recht als ganzheitliche Mittel bezeichnen. Da Hobbygärtner nur in den seltensten Fällen über alle notwendigen Zutaten, Materialien und Ruheplätze für die Herstellung der Kompost-Präparate verfügen, empfiehlt sich der Bezug der fertigen Mittel über den örtlich zuständigen Berater für biologisch-dynamischen Land-, Obst- und Gartenbau (Adressen im Anhang). Die Mittel sind nach einer Anweisung von Rudolf Steiner meist von 502 bis 507 durchnumeriert.

Die Impfung des Kompostes erfolgt nach einer ähnlichen Methode wie bei der Abtei Fulda. Allerdings werden die Präparate einzeln in einer bestimmten Reihenfolge in die Kompostlöcher gegeben. Dabei gilt: pro Loch nur ein Mittel. Nur das Baldrian-Präparat wird unter kreisendem Rühren mit Wasser verdünnt und zum Schluss über den ganzen Komposthaufen gegossen. Dosis und Zeitpunkt der Impfung richten sich nach der Größe und Art des Kompostes. Da man dieses Wissen schlecht aus Büchern und Broschüren erlernen kann, sollten Sie immer bei einem erfahrenen biologisch-dynamisch arbeitenden Gärtner oder Landwirt »in die Lehre gehen« oder eines der Anwendungsseminare bei einer biologisch-dynamischen Arbeitsgemeinschaft besuchen. Hier können und sollten Sie sich auch mit den geisteswissenschaftlichen Grundlagen der biologisch-dynamischen Wirtschaftsweise zumindest ein wenig vertraut machen.

Das Fladenpräparat

Im Gegensatz zu den sechs Kräuter-Präparaten können Sie das biologisch-dynamische **Fladenpräparat** selbst herstellen, sofern Sie frische Kuhfladen bekommen können. Es wird als Rotteförderer im Kompost und als Bodenaktivator zur flächigen Spritzung verwendet. Es gibt zwei Rezepte:

Nach dem älteren, das von ca. 1920 datiert, wird eine etwa 40 cm tiefe und 60 mal 60 cm große Erdgrube ausgehoben und mit ungeschälten Birkenhölzern (Knüppelholz) ausgelegt. Auf diesen Untergrund kommen frische, aber feste Kuhfladen, die kein Stroh enthalten dürfen. Der Kuhdung wird festgedrückt und mit den Kompost-Präparaten geimpft. Anschließend deckt man die Grube mit Holzlatten oder ähnlichem Material gegen Regen ab. Plastikplanen sind nicht geeignet, da sie die Belüftung unterbinden.

Das zweite Rezept stammt von **Maria Thun** (siehe Seite 127). Sie empfiehlt zusätzlich die Beigabe von Basaltsand (körniges Basaltmehl) und Eierschalen, wobei sie auf 50 l frische Kuhfladen 500 g Basaltsand und 100 g fein gemahlene Eierschalen nimmt. Die Kuhfladen werden zusammen mit den Zusatzstoffen eine Stunde lang in einem breiten Holzbottich mit dem Spaten umgestochen. Anschließend füllt man die Mischung in Holzfässer (alte, saubere Weinfässer), die ohne Boden in den Boden eingegraben sind. Danach wird mit den sechs Kräuter-Präparaten geimpft. Nach vierwöchiger Ruhezeit sticht man erneut um. Das Fladenpräparat ist fertig, wenn es eine dunkelbraune Farbe und krümelige Konsistenz angenommen hat. Das ist beim zweiten Rezept gewöhnlich nach acht Wochen den Fall (im Sommer), beim ersten dauert es etwas länger. Für die Anwendung wird das Fladenpräparat sehr stark verdünnt. Für einen Hausgarten von etwa 600 m² rechnet man nach Maria Thun mit etwa 15 g Präparat auf 2,5 l Wasser. Vor dem Ausbringen müssen Sie die Mischung noch etwa 20 Minuten lang in einer Richtung verrühren. Vor einer Flächenspitzung sollten Sie diese Mischung noch durch ein Leinentuch abseihen, damit die Düsen nicht verstopfen. Zum Begießen des Kompostes ist das natürlich nicht nötig. Wichtig: Grube und Holzfässer kommen immer in besten Gartenboden.

Gärtnern ohne Ideologie

Bisweilen wird behauptet, dass biologisch-dynamische Mittel in **konventionell bearbeiteten Gärten** oder in Gärten, die von Nicht-Anthroposophen bestellt werden, überhaupt **nicht wirken** würden.

Anthroposophen bewahren die fertigen Kompost-Präparate in einer Torfkiste auf, um ihre Energie zu konservieren.

Das stimmt nach meiner Beobachtung nicht. Ich kenne etliche Nicht-Anthroposophen, die mit den Kompost-Präparaten und anderen biologisch-dynamischen Mitteln arbeiten und hochzufrieden sind, ja dadurch erst zur Abkehr von der konventionellen Kunstdüngerwirtschaft gefunden haben, ohne nun gleich überzeugte Steiner-Anhänger zu werden. Natürlich wirken biologische Mittel in einem natürlich bearbeiteten Garten, der von synthetischen Pflanzenschutzmitteln und Kunstdünger verschont bleibt, wesentlich besser, denn das Ganze ist immer mehr als die Summe seiner Teile. Doch auch schon in der Umstellungsphase leisten die biologisch-dynamischen Präparate wie alle anderen natürlichen Mittel aus alter und aus neuer Zeit, seien sie nun gekauft oder selbst hergestellt, einen wichtigen Beitrag, um den Garten in sein Gleichgewicht zu bringen. Und dass man die Arbeit mit biologisch-dynamischen Mitteln wie auch alle anderen Arbeiten im Garten nicht achtlos, sondern mit Sorgfalt, Konzentration und auch einer gewissen Andacht ausführt, ist ebenso selbstverständlich.

Wir sollten uns daher freimachen von Ideologien jedweder Art und ganz auf unsere geduldige Beobachtung und unsere Intuition vertrauen. Nur so sind auch unsere Vorfahren auf all die Mittel gekommen, die wir heute wieder entdecken.

Hefe als Kompoststarter

Zu den neueren Entdeckungen gehört die **Hefe-Zucker-Lösung** zur Beschleunigung der Rotte. Angeblich stammt dieses Rezept aus Österreich. Pro Kubikmeter frisch aufgesetztem Kompost löst man 1 Würfel frische Backhefe (keine Trockenhefe!) und 1 kg Zucker in einer 10-l-Gießkanne mit Regenwasser und überbraust sorgfältig den Kompost damit. Dabei geht man wie bei der Vorbereitung eines Backteiges vor: Zunächst wird die Hefe zerbröselt und mit zwei Esslöffeln Zucker angerührt. Erst wenn die Masse flüssig geworden ist, gibt man sie in die Gießkanne, in der zuvor der restliche Zucker in lauwarmen Wasser aufgelöst wurde. Die Mischung wird sofort auf den Kompost gegossen. Nach meiner Beobachtung sorgt die Hefe-Zucker-Lösung vor allem für höhere Rottetemperaturen, was auf die Gärung zurückzuführen sein dürfte. Denkbar ist ferner, dass Zucker und Hefe die vielen Komposthelfer – Mikroben, Bakterien, Würmer, Käfer und Asseln – anlocken bzw. zu größerer Produktivität anregen. Ich benutze dieses Rezept für meine Laubkomposte, die dadurch schneller reif werden.

Seit einigen Jahren verwende ich übrigens lauwarme Magermilch statt Wasser; denn ich hatte beobachtet, dass die Laubmulchschicht um meine Freilandfarne, die ich einmal im Monat mit Magermilch gieße, besonders schnell und locker verrottet. Und das funktioniert tatsächlich auch bei einem Laubkompost – besonders wenn er ledrige Eichenblätter enthält, die ich vorher oft nochmals kompostieren musste, wenn ich das Häckseln vergessen hatte. Das entfällt jetzt dank der Milch.

Keine Wundermittel

Impfstoffe und andere Kompostzusätze können die Rotte beschleunigen, sie vollbringen aber **keine Wunder**. Wer einen wilden Haufen mit Kräutern schnell zu feinkrümeligem Humus verzaubern will, der wird enttäuscht. Das Kompostmaterial muss immer gut vorberei-

tet sein, also gehäckselt oder geschnitten. Außerdem hängt die Reifezeit auch von der Zusammensetzung und der »Körnung« des Kompostes ab: Holziges Material, wie der Laubheckenschnitt zu Johanni, braucht auch bei Impfung erheblich länger als einfache Grünmasse. Dasselbe gilt für ungehäckseltes Material.
Außerdem müssen Sie den Kompost bei heißer Witterung regelmäßig gießen, damit er nicht austrocknet. Und damit das Wasser nicht einfach wieder abläuft, sollten Sie alle Komposte mit einer Gießfurche versehen. Rechteckige Mieten bekommen je nach Breite ein oder zwei Längsfurchen über die gesamte Länge. Quadratische Silokomposte werden über zwei diagonal verlaufende Furchen begossen.

Die Störenfriede

Aber nicht alles, was in Garten und Küche an organischem Material anfällt, eignet sich auch für die Kompostierung. Dazu zählen vor allem die Zweige von **Lebensbäumen** *(Thuja orientalis und Th. occidentalis)*, von **Scheinzypressen** *(Chamaecyparis, alle Arten)* und von **Wermut** *(Artemisia absinthium)*. Sie alle enthalten Stoffe, die die Kompostrotte stören und verzögern. Wahrscheinlich hemmen sie die Aktivität und den Stoffwechsel der Mikroben. Auch Regenwürmer sind in Komposten, die viel Heckenschnitt von Lebensbaum und Scheinzypresse oder viel Wermut enthalten, nur wenig zu finden, was im Falle des Lebensbaumes auch auf seine hohe Giftigkeit für Mensch und Tier zurückzuführen sein dürfte. Deshalb sollten Sie diese drei tunlichst nicht auf den Kompost geben. Heckenschnitt von Lebensbaum und Scheinzypressen lassen sich aber prima als Heckenmulch verwenden. Am besten geben Sie die Zweige einmal durch den Häcksler und werfen sie ihrem ehemaligen Eigentümer dann gleich wieder vor die Füße. Das geht aber nur, wenn die Hecken nicht direkt an eine Rabatte oder an Gemüsebeete angrenzen. Außerdem liefert der Heckenschnitt eine wunderbare Abdeckung für Gartenwege. Da er nur langsam verrottet, hat man lange saubere Schuhe und geht nach einigen Jahren wie auf weichen Waldwegen. Aber auch hier gilt: Die Wege müssen gut gegen die Beete abgegrenzt sein. Wer auch für diese Verwendung keine Möglichkeit hat, lässt den Heckenschnitt antrocknen und verbrennt ihn. Die Asche kommt dann auf den Kompost oder direkt an die Hecke. Wo offenes Feuer verboten ist, wie z. B. in vielen städtischen Regionen, hilft nur die Entsorgung über die grüne bzw. braune Tonne. Mit dem Wermut ist es einfacher, denn wer hat schon körbeweise Wermutstängel im Garten. Die Stängel und Blätter kann man zu Tee oder Jauche verarbeiten, um damit Schädlinge zu bekämpfen (siehe Seite 70). Wer Johannisbeeren zieht, pflanzt den Wermut sowieso in ihre Nähe und mulcht den Boden unter den Büschen mit seinen Blättern und kleingeschnittenen Stängeln. Und wer keinerlei Verwendung für Wermutblätter hat, kann immer noch den Nachbarn fragen. Ansonsten lassen Sie die Pflanzen doch einfach über Winter stehen und abfrieren. Die Reste von Blättern und Stängeln können Sie im Frühjahr mit der Hand zerbröseln und um die Pflanze herum verstreuen.

Unbesiegbar: Quecke und Giersch

Auch **Quecke** *(Agropyrum repens)*, **Giersch** bzw. **Geißfuß** *(Aegopodium podagraria)* und – meine derzeit besondere Freundin – Ackerwinde *(Convolvulus arvense)* eignen sich nur schlecht für die sofortige Kompostierung, da sie kaum »kleinzukriegen« sind. Bei beiden braucht nur ein kleines Ausläuferstückchen die Rotte zu überstehen, und sofort geht das Unheil wieder los. Deswegen werfen sie heute viele Gärtner gleich in die Mülltonne. Doch damit geht wertvolle Grünmasse verloren. Besser ist es, beide Unkräuter mitsamt den Wurzeln zu Pflanzenjauche zu verarbeiten. Erst wenn die Gärung abgeschlossen ist und sich die Pflanzenteile vollständig aufgelöst haben, können Sie das Fass auf dem Kompost ausleeren. Eine weitere Möglichkeit ist, die Unkräuter zuerst zu trocknen und dann über offenem Feuer zu verbrennen. Die Asche kommt ebenfalls auf den Kompost. Sie können sie aber auch nach Art der Anthroposophen über die Quecken- und Giersch-Nester in Ihrem Garten

Zweige von Scheinzypressen gehöhren nicht auf den Kompost.

Giersch macht man am besten durch Verjauchen unschädlich.

streuen. Solche so genannten Veraschungen (siehe Seite 75) sollen den Unkräutern an diesem Ort bei wiederholter Anwendung langfristig die Lebensenergie rauben – was ich aber leider noch nicht beobachten konnte.

Quecke, Giersch und Ackerwinde sollten Sie stets bei feuchtem Boden jäten und dabei immer so viel Wurzelgeflecht wie möglich entfernen. Denn zumindest die Quecke erwürgt nicht nur ihre Nachbarn, sondern schwächt auch weiter entfernt stehende Pflanzen durch wachstumshemmende Stoffe, die sie über ihre Wurzeln ausscheidet. Bei Neuanlagen empfiehlt sich das Rigolen (siehe Seite 82) und Aussieben der Erde. Oberflächliches Abrupfen beschleunigt nur das Wachstum der Ausläufer und damit den Ausbreitungsdrang. Übrigens: Die Quecke ist nicht nur ein lästiges Unkraut, sondern hat auch heilende Eigenschaften, sowohl für die Pflanzenwelt als auch für den Menschen. So enthalten die langen, unterirdischen Ausläufer (»Wurzeln«) der Quecke neben Saponinen, die in allen lebendigen Organismen die Aufnahme von heilenden Substanzen durch die Zellen verbessern (siehe Seite 42), auch Schleimstoffe und natürliche Antibiotika. Außerdem wurden die Vitamine A und B sowie verschiedene Mineralstoffe und ein besonders hoher Anteil an Kieselsäure nachgewiesen. Daher kann ein Tee aus Quecken-»Wurzeln« ähnlich wie die kieselsäurehaltige Schachtelhalmbrühe als Vorbeugung gegen Pilzerkrankungen verwendet werden. Beim Menschen wirkt dieser Tee schleimlösend und entwässernd. Er wird daher vor allem bei Bronchitis, Gicht und Rheuma empfohlen.

Lieber extra: Kartoffelschalen

Schlechte Kompostgenossen sind auch frische **Kartoffelschalen** aus der Küche. Sie halten sich im Kompost besonders lange frisch und wollen einfach nicht zerfallen, sondern treiben womöglich noch durch. Am besten lassen Sie die Schalen erst einmal kräftig in der Sonne trocknen und einschrumpfen, bevor Sie sie auf den Kompost geben. Noch besser verrotten sie, wenn man sie vorher häckselt. Aus England stammt das Rezept, die Kartoffelschalen extra in einer kleinen Kiste (alte Weinkiste ohne Boden) direkt neben dem Hauptkompost zu kompostieren. Als Solokompost sollen sie besonders schnell zu feiner Erde zerfallen. Diese Variante lohnt sich allerdings nur für Haushalte, in denen reichlich Kartoffelschalen anfallen.

Kartoffelschalen zählen auch zu den Störenfrieden im Kompost. Wo große Mengen anfallen, lohnt sich ein Extrakompost.

Spezialkomposte

Der Lehmkompost

Ein besonders empfehlenswerter Kompost für leichte, magere Böden ist der gute alte Lehmkompost. Er eignet sich zudem vortrefflich für neue Gartenanlagen auf lehmigen Baugrundstücken, um den mehr oder weniger toten Aushub fruchtbar zu machen.

Wenn Sie keinen eigenen Lehm im Garten haben, müssen Sie sich zunächst im Herbst eine Fuhre Lehm besorgen. Früher bekam man Lehm vor allem aus Lehmgruben der Ziegeleien. Heute wenden Sie sich am besten an Bauunternehmen und fragen nach lehmigem Bauaushub, der sonst sowieso meist abgefahren wird. Festen, klebigen Lehm, also Lehm mit hohen Tonanteilen, breiten Sie etwa 10 cm dick aus und lassen ihn über Winter kräftig durchfrieren, damit er mürbe wird. Im Frühjahr wird er dann mit einem Drittel Gartenerde oder Mutterboden vermischt und in etwa 20 cm hohen Schichten aufgesetzt. Dazwischen kommen jeweils etwa 10 cm dicke Lagen aus reiner Gartenerde oder Mutterboden. Krümeliger, mürber Lehm kann sofort aufgesetzt werden. Um den Lehmkompost vor Austrocknung vor allem durch den Wind zu schützen, geben sie ihm einen »Mantel« aus Mutterboden, Reisig oder Grasschnitt. Trotzdem müssen Sie ihn vor allem im Sommer gut feuchthalten, damit die Rotte nicht ins Stocken gerät. Deswegen sollte die Kompostmiete oben auch nicht rund, sondern abgeflacht sein, mit einer Gießrinne in der Mitte. Besonders wirksam ist das wöchentliche Begießen mit verdünnter Brennnessel-Beinwell-Jauche oder mit Kuhfladenjauche, die Sie aus in Regenwasser gelösten Kuhfladen leicht herstellen können. Getrocknete Kuhfladen finden Sie z. B. auf Kuhweiden; bitte aber vorher den Bauern um Erlaubnis fragen! Gegen den Jauchegeruch helfen eine Handvoll Gesteinsmehl oder etwas Baldriansaft. Auch die biologisch-dynamischen Präparate Nr. 501 (Hornkiesel) und 507 (Baldrian) haben sich zur Geruchsbindung bewährt (siehe Seite 18).

Wann der Kompost reif ist, hängt davon ab, ob Sie ihn zusätzlich noch impfen (siehe Seite 18). Geimpfte Komposte sind oft schon nach wenigen Monaten fertig, besonders im Sommer. Die anderen brauchen manchmal bis zu zwei Jahren und müssen in dieser Zeit auch mehrfach umgesetzt werden. Reifer Lehmkompost ist mürbe, krümelig und lässt sich leicht mit der Schaufel verstreuen. Verwenden Sie ihn wegen seiner hohen Fruchtbarkeit nur sparsam oder zum Ausfüttern von Pflanzlöchern z. B. für Kohl und Rosen.

Der Kompost für Bauherren

Sehr empfehlenswert für Bauherren ist die Kompostierung des **Bauaushubs**, vor allem der **Grassoden** und des Mutterbodens. Hinzu kommt eventuell noch ein Lehmkompost (siehe oben).

Beim **Grassodenkompost** müssen Sie rechtzeitig mit Ihrem Bauunternehmer sprechen und am besten vor Ort sein, wenn Planierraupe und Bagger anrücken. Denn wenn diese erst – wie heute üblich – die Mutterbodenschicht flugs auf einen Haufen geschoben haben, ist

Wilder Bauaushub lockt Drahtwürmer & Co. an.

alles zu spät. Lassen Sie zunächst die oberste Bodenschicht in einer Dicke von 5–7 cm, höchstens 10 cm, auf einen Haufen schieben. Danach folgt dann der Mutterboden, der auf einen zweiten Haufen kommt. Erst dann darf der Bagger in die Tiefe gehen und mit dem echten Aushub einen dritten Haufen anlegen, den Sie je nach Beschaffenheit in einen feinen Lehmkompost umwandeln können.

Lassen Sie die einzelnen Haufen nicht lange liegen, sondern machen Sie sich schnell an die Arbeit. Im Prinzip gehen Sie genauso vor wie beim Lehmkompost, nur sind die 20-cm-Schichten diesmal aus Grassoden. Dazwischen kommt wieder Mutterboden. Der Mantel des Kompostes sollte ebenfalls aus einer dünnen Schicht Mutterboden bestehen. Auch wenn Sie jetzt wahrscheinlich eine Menge anderes zu tun haben, soll-

ten Sie die Kompostmiete nach Möglichkeit regelmäßig mit Kräuter- oder Kuhjauche (siehe Seite 18) oder zumindest mit Regenwasser begießen. Geimpfte bzw. mindestens einmal umgesetzte Grassodenkomposte sind binnen eines Jahres fertig.
Die Kompostierung der Grassoden und des Mutterbodens hat übrigens nicht nur den Vorteil, dass rechtzeitig zum Einzug fruchtbare Gartenerde bereitsteht. Sie verhindert auch, wie der große Wiederentdecker des Kompostes, Alwin Seifert, beobachtete, das lästige und massenhafte Auftreten von Drahtwurm und Maulwurfsgrille, das schon so vielen stolzen Gartenbesitzern die Freude am frisch angelegten Garten vergällt hat. Drahtwurm und Maulwurfsgrille (Werre) lieben nämlich unordentlich aufgeschichtete Erdberge mit organischem Material. In kundig aufgesetzten Kompostmieten fühlen sie sich dagegen allein schon wegen der Wärme überhaupt nicht wohl.

Für den Garten nur Mist von Weidetieren nehmen. Meine »Lieferanten« stehen den ganzen Sommer draußen und kommen nur zum Melken in den Stall.

Der Mistkompost

Eine weitere, seit Jahrhunderten bewährte Kompostart ist der **Mistkompost**. Die älteren unter den Lesern können sich bestimmt noch an die Dunghaufen an den Feldern erinnern. Denn vor Erfindung der Miststreuer ließen die Bauern den Mist erst ein, zwei Jahre am Ackerrand verrotten, bevor sie ihn auf dem Feld verteilten. Schon der berühmte Dominikanermönch **Albertus Magnus** (1193–1280 n. Chr.) hatte einjährigen oder dreivierteljährigen Stapelmist empfohlen. Und das hat auch drei gute Gründe: Denn erstens ist frischer Mist oft sehr hitzig, vor allem Pferde- oder Geflügelmist, und verbrennt die Pflanzen. Zweitens bietet er Ungeziefer eine ideale Brutstätte, z. B. den Larven der Kleinen Kohlfliege. Und drittens erschließen sich die wertvollen Bestandteile des Mistes in kompostierter Form am besten für die Pflanzenwelt. In der modernen Fachsprache hieße das: Die Bioverfügbarkeit ist beim kompostierten Mist am höchsten.
Wer große Mengen Mist bekommen kann, sollte ihn für sich nach der Art des Lehmkompostes (siehe S. 22) aufsetzen, wobei der Mist die Lehmschichten ersetzt. Als Zwischenschicht dient wieder Gartenerde. Auch dünne Zwischenlagen aus Stroh- und Grünhäcksel, vor allem Laubheckenschnitt mit reichlich Holzanteil, sind hervorragend geeignet. Bestreuen Sie jede Lage zusätzlich mit Lehmpulver, um die Bindigkeit und Wasseraufnahmefähigkeit des Kompostes zu erhöhen.
Kleinere Mengen werden besser dem ganz normalen Gartenkompost zugesetzt. Diesen können Sie z. B. auch mit einem Säckchen selbstgesammelten, getrockneten Kuhfladen anreichern, so wie ich das seit Jahren tue. Meine Kuhfladen stammen übrigens von einem Weidegatter, an dem die Kühe den ganzen Sommer über morgens und abends geduldig warten, bis der Bauer sie zum Melken in den Stall holt. In der Sonne trocknen die Fladen sehr schnell, sodass ich mir alle paar Wochen mit der Schaufel einen ganzen Sack voll holen kann.
Rinder- oder Kuhmist ist für den Hausgarten der beste, denn er enthält die meisten Nährstoffe und eignet sich für jeden Boden.
Pferdemist zählt zu den hitzigen Düngern – nicht umsonst wird er als Fußbodenheizung für Frühbeete verwendet – und erwärmt auch in kompostierter Form den Boden recht schnell. Für schwere Lehmböden ist er bestens geeignet.
Schweinemist ist nicht so gehaltvoll und sollte daher stets mit anderen Mistarten gemischt werden.
Mit **Geflügelmist** sollten Sie dagegen sehr sparsam sein, denn er ist ungemein scharf und sollte auch in kompostierter Form stark verdünnt werden. Eine gute Möglichkeit besteht darin, ihn in Regenwasser aufzulösen und über den normalen Gartenkompost zu gießen. Auch zur Befeuchtung von Komposten aus Lehm- und Grassoden eignet er sich gut. Nur sehr bedingt für Gartenzwecke geeignet ist der Mist von **Schafen** und **Ziegen**, selbst in kompostierter Form. Wenn überhaupt, gehört er ins Staudenbeet. Im Gemüsegarten hat er nichts verloren, da er dem Gemüse einen muffigen Geschmack verleiht, ganz besonders Kartoffeln und Spargel.

Wichtig: Bei der Kompostierung von Mist darf kein Kalk (auch kein kalkhaltiges Gesteinsmehl) zugesetzt werden, weil dieser den Stickstoff vertreibt!
Grundsätzlich sollten Sie nur Mist von Tieren zum Kompostieren verwenden, die mit **Grünfutter** und anderem Futter aus naturgemäßem Anbau wie Mais, Hafer und Kartoffeln gefüttert werden. Auch die Winterfütterung mit Silage aus eigenem Grünfutter ist in Ordnung. Dagegen sollten Sie bei angeliefertem Silofutter, vor allem bei Futtermehlen, unbedingt auf den Mist verzichten. Denn hier besteht die Gefahr, dass Rückstände von Tiermedikamenten, z. B. Antibiotika, im Garten landen und die nützlichen Mikroorganismen im Boden zerstören.

Der Waldkompost

Wer seine Gemüse- und Blumensetzlinge selbst zieht, sollte sich unbedingt einen **Wald- oder Laubkompost** anlegen. Auch hier folgt das Aufsetzen der Miete dem Prinzip des Lehmkomposts, wobei die Laubschichten und die Zwischenschichten aus Gartenerde nur etwa 5 cm dick sein sollten. Grundsätzlich können Sie alle Blätter von Laub- und Nadelbäumen verwenden. Laub von Obstbäumen verrottet zwar am schnellsten, aber auch die derben Blätter von Buche, Nussbaum oder Eiche lassen sich sehr gut kompostieren, wenn sie mit anderem Laub gemischt und ordentlich feucht gehalten werden. Am besten lassen Sie die Blätter ein- bis zweimal durch den Häcksler laufen oder fahren einige Male mit dem Rasenmäher darüber. Sicherheitshalber sollten Sie wegen der auch in den Blättern enthaltenen Gerbsäuren immer ein wenig Gesteinsmehl über die Laubschichten stäuben, es sei denn, Sie wollen den Kompost einzig und allein für Moorbeetpflanzen und Farne verwenden. Zwar haben einzelne Untersuchungen ergeben, dass der pH-Wert von Laubkomposten auch ohne Zusatz von Kalk nach Abschluss der Rotte neutral ist. Aber das ist nach meiner Erfahrung nicht immer der Fall.
Reine Laubkomposte brauchen bei Impfung (siehe Seite 18) und zweimaligem Umsetzen etwa ein Jahr bis zur Reife. Kompost von Nadelbäumen reift länger; zwei, manchmal auch drei Jahre mit mehrmaligem Umsetzen sind keine Seltenheit, vor allem wenn auch noch das zerkleinerte Holz der Zweige und Äste verrotten soll. Erdbeeren, Kartoffeln und Bohnen gedeihen vorzüglich in solchem Waldkompost, besonders wenn bei der Rotte pro Lage noch eine Handvoll Hornspäne und Knochenmehl zugesetzt wurden. Allerdings dürfen Sie ihn niemals unten in das Pflanzloch oder die Saatfurche geben, da sonst die Pflanzen eine Überdosis an Nährstoffen erhalten und zu schnell wachsen: Bei Erdbeeren werden die Wurzeln zunächst mit ganz normaler Gartenerde bedeckt. Erst dann kommt eine Schicht Waldkompost und zum Schluss nochmals eine dünne Abdeckung aus Gartenerde. Kartoffeln und Bohnen werden erst in die Furche gelegt und dann ebenfalls mit Kompost und Gartenerde zugedeckt.
Wie jeder andere Kompost muss auch der Laubkompost bei oberflächlicher Gabe etwas eingeharkt werden, um die Feuchtigkeit besser zu halten, denn trockener Kompost verliert seine Kraft. Aber fallen Sie bitte nicht ins andere Extrem und graben Sie ihn ganz unter, denn dann schlagen die positiven Effekte ins Gegenteil um.

Gehäckseltes Laub ist nach etwa einem Jahr verrottet.

Nadelholzkompost braucht bis zur Reife mindestens zwei Jahre, oft sogar drei.

Der Fichtennadelkompost

Etwas ganz Besonderes ist der **Fichtennadelkompost**, der wirklich nur aus Fichtennadeln hergestellt wird und eine hervorragende Aussaaterde vor allem für Gemüse abgibt. Um sich das aufwendige Abstreifen der Fichtennadeln von den Zweigen zu ersparen, lässt man sie über den Winter auf einem lockeren Haufen trocknen, bis die Nadeln von selbst abfallen. Diese werden im Frühjahr zusammengerecht, in einer kleinen Holzkiste (Weinkiste ohne Boden) aufgesetzt und mit einer dicken Lage aus angerottetem Laubkompost abgedeckt. Zweimal umgesetzt – wobei die Laubdecke abgenommen wird –, ist der Fichtennadelkompost pünktlich zur Aussaat im nächsten Frühjahr fertig.

Der Tagetes-Calendula-Kompost

Meine Eigenentdeckung ist der **Tagetes-Calendula-Kompost**, den ich zu den Kräuterkomposten zählen würde. Der erste Kompost dieser Art entstand per Zufall vor über zwanzig Jahren, als ich meinen ersten Gemüsegarten anlegte. Um dem mageren Sandboden etwas auf die Sprünge zu helfen, säte ich eine große Fläche mit einer handelsüblichen Mischung aus Studentenblumen (damals vor allem *Tagetes patula*) und Ringelblumen *(Calendula officinalis)* ein. Als Anfängerin ließ ich aber die erfrorenen Pflanzen im Herbst nicht einfach auf den Beeten liegen, sondern schichtete sie mitsamt den Wurzeln ordentlich zu einem riesigen Kompost auf, den ich bis zum übernächsten Frühjahr einfach achtlos liegen ließ. Die inzwischen angelegten Kartoffelpflanzungen brachten trotz Beigabe von Hornspänen und Knochenmehl wenig Ertrag. Im dritten Jahr rodete ich erneut ein Stückchen meiner Wiese, streute wieder Hornspäne und Knochenmehl und bedeckte die Kartoffeln mit einer dicken Schicht des ausgesprochen feinen und sehr würzig duftenden Tagetes-Calendula-Komposts. Obwohl ich vergessen hatte, die Pflanzen anzuhäufeln, war die Ernte eine große Überraschung: Pro Pflanze 15–20 große, ebenmäßig ovale und wohlschmeckende Knollen. Und das ohne Drahtwürmer und Kartoffelkäfer, die in den Jahren zuvor meine Ernte zusätzlich geschmälert hatten. Zehn Jahre lang habe ich den Tagetes-Calendula-Kompost an den verschiedensten Kartoffelsorten ausprobiert. Bis auf das Dürrejahr 1983 war die Ernte stets vorzüglich. Ganz offensichtlich besteht also eine heilsame Partnerschaft zwischen den Blumen und den Kartoffeln – nicht umsonst wuchsen ja früher in den Bauerngärten Studenten- und Ringelblumen immer zwischen dem Gemüse. Diese Wirkung scheint sich auch auf den Kompost zu übertragen. Möglicherweise hilft dieser Kompost auch den Zierpflanzen, die gerne von Nematoden (Wurzelälchen) befallen werden, wie z. B. der Staudenphlox. Inzwischen nehme ich als Studentenblumen allerdings vor allem Tagetes tenuifolia, auch unter dem alten Namen Tagetes signata ssp. pumila im Handel. Zumindest wachsen und blühen die mit diesem Kompost versorgten Phlox-Pflanzen in meinem jetzigen Garten sehr kräftig. Aber das könnte auch am Knoblauch liegen (siehe Seite 58). Ich werde wohl wirklich einmal eine ordentliche Versuchsreihe einrichten müssen.

Tagetes – vor allem die feinblättrige *Tagetes tenuifolia* – und Ringelblumen liefern einen würzigen Spezialkompost für Kartoffeln.

Der Tomatenkompost

Tomaten *(Lycopersicon)* lieben einen Kompost aus eigenen Pflanzenresten. Wer – wie ich – Tomaten in großen Töpfen auf der Terrasse oder im Gewächshaus zieht, hat es besonders leicht: Einfach im Herbst die (Topf)Erde zusammen mit den zerkleinerten Pflanzenresten in einem Extra-Kompostsilo aufsetzen. Dabei etwas Horn- und Knochenmehl und eventuell noch einige Handvoll zerkleinerter Brennnessel- und Beinwellblätter zugeben. Das Ganze zweimal im Abstand von etwa 14 Tagen und dann nochmals Ende März/Anfang April umsetzen – und fertig ist der Tomatenkompost für die nächste Saison. Wer die Tomaten im Freiland zieht, kompostiert die Erde zusammen mit den Pflanzenresten auf dieselbe Weise; am besten an Ort und Stelle in einer kleinen Miete, die den Winter über mit Folie oder Jutesäcken gegen Austrocknung geschützt wird.

Wurzeln schlagen leicht gemacht

Je stärker die Wurzeln, desto besser das Wachstum und höher der Ertrag. Das ist eigentlich eine Binsenweisheit, doch leider gerät sie manchmal in Vergessenheit. Manche Gärtner schießen aber auch im Bemühen, alles perfekt und richtig zu machen, über das Ziel hinaus und versorgen z. B. ihre Jungpflanzen nach dem Motto »Viel hilft viel« einfach zu gut.

Am besten an Ort und Stelle

Das Wichtigste vorweg: Fast alle einjährigen Pflanzen, ob im Gemüsegarten oder im Blumengarten, gedeihen am besten, wenn sie an **Ort und Stelle** gesät werden. Das haben jahrzehntelange Beobachtungen immer wieder bestätigt. Nicht nur, dass die Pflanzen größer und kräftiger werden, sie sind auch widerstandsfähiger gegen Schädlingsbefall und Krankheiten. Wer in milden Gegenden, etwa in Weinbauregionen, lebt, kann das auch leicht machen. Anders ist es jedoch in klimatisch nicht günstigen Gebieten, wie etwa höheren Lagen. Da Samen immer frosthart sind, könnten Sie nach dem Vorbild der Natur zwar grundsätzlich schon fast alle Pflanzen im Herbst säen. Dazu zählen z. B. Salat, Karotten, Kohlrabi, Kohl, Schwarzwurzeln, Petersilie, Lauch und Zwiebeln, wobei Sie jeweils Frühsorten nehmen sollten. Bei anderen Pflanzen sprechen oft dennoch klimatische Bedingungen dagegen. Gerade Gemüse wie z. B. der Brokkoli, aber auch Blumen wie etwa Tagetes, die ursprünglich aus wärmeren Regionen kommen, brauchen höhere Keimtemperaturen, die bei uns erst im Mai oder gar Juni erreicht werden. Dann aber bleibt nicht mehr genug Zeit zum Auswachsen. Oder die Keimlinge werden nach dem zeitigen Auflaufen durch Spätfröste geschädigt. Außerdem sind heute die Gärten meist eher klein, sodass die Beete mit mehreren Kulturen genutzt werden müssen. Manchmal ist auch Vogelfraß ein Problem. Oder die Beete sollen über Winter mit Gründüngung aktiviert werden (siehe Seite 82). Deswegen bleibt häufig nur das Vorziehen der Pflanzen auf der Fensterbank, im Gewächshaus oder im Frühbeet als einzige Methode, zu einer guten und vielseitigen Ernte zu kommen.

Damit's kein Fehlstart wird

Wer seinen Sämlingen etwas ganz besonders Gutes gönnen will, nimmt als Aussaaterde fein gesiebten **Fichtennadelkompost** (siehe Seite 25) und gibt ein wenig Sand hinzu. Auch **Lauberde** aus eigener Produktion, möglichst aus verschiedenen Laubarten mit viel Obstbaumlaub, ergibt eine vorzügliche Aussaaterde, die ebenfalls fein gesiebt und mit etwas Sand vermischt wird. Unsere Urgroßeltern verwendeten auch gerne die Erde von winterlichen **Maulwurfshügeln**, da diese nicht nur sehr feinkrümelig ist, sondern auch aus tieferen Bodenschichten stammt und damit als relativ keimfrei gilt. Aussaaten in Töpfen, die innerhalb der nächsten Tage oder Wochen keimen, werden mit fein **gehacktem Moos** (z. B. aus dem Rasen) abgedeckt. Das Moos hält die Erde feucht und warm und verhindert Schimmelbildung, die mangels Luftaustausch oft unter Glasscheiben oder den modernen Plastikhauben entsteht. Auch Aussaaten von Kaltkeimern, etwa Staudenphlox (*Phlox*-Paniculata-Hybriden oder Rittersporn (*Delphinium*-Hybriden), die zum Überfrieren für einige Wochen nach draußen oder in den Kühlschrank gestellt werden, sollten Sie mit einer dickeren Moosschicht schützen. Sobald der Topf ins Warme kommt, müssen Sie diese Schicht aber durch feingehacktes Moos ersetzt, damit die Keimlinge nicht ersticken.

Saatgutbeizung mit Pflanzenauszügen

Um die Keimfähigkeit zu verbessern und Krankheiten wie z. B. der gefürchteten Umfallkrankheit nach dem Aufgehen der Saat vorzubeugen, wurde das Saatgut früher häufig mit **Kräuterauszügen** gebeizt. Diese Technik war lange in Vergessenheit geraten bzw. ist in der kommerziellen Saatgutzucht durch die Vorbehandlung mit starken künstlichen Giften ersetzt worden. Inzwischen erfreut sich die Kräuterbeizung aber auch dort wieder zunehmenden Interesses. Für den Hausgarten empfehlen sich vor allem die unten beschriebenen Rezepte. Zum Beizen wird das Saatgut in einem feinen Gazesäckchen (feine Mullbinde aus dem Verbandskasten) für 15 Minuten in die Kräuterzubereitung gehängt. Anschließend lässt man die Samen auf Zeitungspapier an der Luft – aber nicht in der Sonne – trocknen und sät sie spätestens am nächsten Tag aus.

Heute fast völlig vergessen ist die altbewährte **Meerrettichbeize**. Dazu werden 100 g Meerrettichwurzeln kleingehackt und 24 Stun-

Hülsenfrüchte keimen besser nach einem längeren Kamillebad.

den in 1 l handwarmes, zuvor abgekochtes Wasser eingelegt (ein so genannter Kaltwasserauszug). Anschließend gut umrühren. Diese Beize ist eine bewährte Hilfe gegen die Umfallkrankheit bei jungen Gemüse- und Blumensämlingen. Saatgut von Pflanzen, die gerne von Pilzkrankheiten befallen werden, sollten Sie mit **Knoblauch** beizen. Auch hier wird ein Kaltwasserauszug aus 100 g frischem, klein gehacktem Knoblauch auf 1 l Wasser hergestellt. Allerdings darf der Knoblauch nicht länger als 1 Stunde im Wasser ziehen. Nach meiner Erfahrung ist diese Beize besonders zur Vorbeugung gegen die Krautfäule an Tomaten und Mehltaubefall an Zierpflanzen wie Ringelblumen und Ritterspornsämlingen geeignet. Achtung: Kohl, Erbsen, Bohnen und Lupinen vertragen keinen Knoblauch!
Wer Knochlauch nicht riechen kann, kann es einmal mit **Schachtelhalm** versuchen. Dazu werden 50 g getrockneter Schachtelhalm zunächst in 1 l Wasser etwa 24 Stunden lang eingeweicht, dann aufgekocht und 30 Minuten auf kleiner Flamme geköchelt. Einfacher ist die Verwendung eines handelsüblichen Schachtelhalmextrakts. Geben Sie 10 Tropfen auf 1 l kaltes, aber abgekochtes Wasser und rühren Sie mindestens 10 Minuten lang kräftig in eine Richtung um.
Um den Blütenansatz bei Blumen, aber auch die Kopfbildung bei Blumenkohl und Brokkoli (deren Köpfe sind tatsächlich Blütenstände) zu fördern, hilft **Baldrianbeize**. Diese wird heute am einfachsten aus einem handelsüblichen Baldrianblütenextrakt hergestellt: Geben Sie ebenfalls 10 Tropfen auf 1 l abgekochtes Wasser und rühren Sie die Mischung nach Art der Schachtelhalmbeize längere Zeit um. Mit einem Baldrianbad lässt sich übrigens auch der Fruchtansatz bei Tomaten steigern. Und auch Zwiebeln und Lauch (Porree) sowie Gurken und Zucchini reagieren auf diese Beize mit besonders kräftigem Wachstum.
Ähnlich wirksam ist **Kamillentee** bei Hülsenfrüchten wie Bohnen und Erbsen. Dazu brühen Sie einen ganz normalen Kamillentee auf und lassen ihn zugedeckt 24 Stunden stehen. Möglichst keine Teebeutel verwenden, sondern ganze, getrocknete Kamillenblüten aus eigener Sammlung oder aus der Apotheke. Bohnen, Erbsen und Lupinen können Sie zum Vorquellen bis zu maximal 24 Stunden im Kamillenbad lassen. Die Samen müssen anschließend sofort in den Boden! Auch Radieschen, Rettiche und Sellerie sind für ein kurzes Kamillenbad dankbar. Möhren dagegen wollen lieber mit Kamillentee gegossen werden.
Die nächste Beize ist zwar nicht pflanzlichen, sondern menschlichen Ursprungs, dennoch möchte ich sie hier erwähnen: die **Urinbeize**. Vorzugsweise sollte Kinderurin verwendet werden. Er soll vor allem die Keimfähigkeit von Gurken- und Kürbissamen fördern, die 12 Stunden in dieser Beize eingelegt werden. Früher gab man die Samen einfach am Abend in den Nachttopf und säte sie am nächsten Morgen sofort in warme Erde. Statt Urin können Sie auch 20fach verdünntes **Chlorwasser** (aus der Apotheke) verwenden. **Milch** eignet sich ebenfalls als Keimhilfe: So gehen Erbsen,

Auch Magermilch hat sich als Saatbeize bewährt.

Bohnen und Gurken schneller auf, wenn sie einen halben Tag in Magermilch gelegen haben und dann sofort ausgesät wurden.
Wer diesen Rezepten misstraut oder keine Zutaten zur Hand hat, sollte zumindest das Saatgut von pilzgefährdeten Pflanzen in **heißem Wasser** beizen. Dazu wird der Samenbeutel für etwa 25 Minuten in 50 °C heißes Wasser gehängt. Benutzen Sie bitte immer ein Thermometer zur Temperaturkontrolle, denn höhere Temperaturen beeinträchtigen die Keimkraft. Heißwasserbeizungen eignen sich vor allem für Sellerie, Kohl, Gurken, Kürbis, Zucchini, Erbsen und Bohnen. Auch hier wird der Samen sofort nach dem Bad ausgesät.
Dasselbe gilt für Blumenzwiebeln und Knollen wie Tulpen, Krokusse, Traubenhyazinthen, Hyazinthen, Holländische Iris, Narzissen, Lilien und Gladiolen, die nach einem Heißwasserbad besser blühen und deutlich seltener von Pilzerkrankungen und Älchen (Nematoden) heimgesucht werden. Sie müssen ebenfalls nach dem Bad sofort gepflanzt werden. Wenn irgend möglich, sollten Sie der Heißwasserbeize für Blumenzwiebeln auch etwas Knoblauch- oder Schachtelhalmextrakt beifügen oder die Zwiebeln gleich in einem heißen Pflanzenauszug beizen.

Setzlinge nur mit Wurzelschnitt

Genauso wie Gehölze und Stauden brauchen auch ballenlose Gemüse- und Blumensetzlinge einen **Wurzelschnitt** vor dem Einpflanzen. Dieser verhindert zum einen, dass lange Wurzeln abknicken und Fäulnis entsteht. Außerdem werden die Wurzelneubildung und dadurch das rasche Einwurzeln und das Wachstum gefördert. Bei vielen Setzlingen empfiehlt sich auch ein **Einkürzen der Blätter**, damit Wurzelgröße und Blattmasse im rechten Verhältnis zueinander stehen und die Pflanzen am Anfang nicht zu viel Wasser verbrauchen.
Der Wurzelschnitt erfolgt immer mit einem scharfen Messer. Denn beim Abknipsen mit den Fingernägeln werden die Wurzeln meist nicht glatt durchtrennt, sondern gequetscht, was ihre Leitungsfähigkeit beeinträchtigt und gleichfalls Fäulnis begünstigt. Entsprechendes gilt auch für das Einkürzen der Blätter.
Von den Gemüsesetzlingen brauchen Salat, Endivien, Rote Bete, alle Kohlarten, Rüben, Sellerie und Lauch (Porree) grundsätzlich einen Wurzelschnitt. Beim Lauch werden zudem alle Blätter um etwa ein Drittel zurückgenommen. Bei den anderen Setzlingen entfernt man gewöhnlich nur einige Außenblätter. Bei sehr trockenem Wetter dürfen Sie auch noch mehr Blätter abschneiden, müssen aber die Herzblätter immer stehen lassen.
Auch einjährige Sommerblumen wie Tagetes, Ringelblumen, Sonnenblumen und andere, die im Anzuchtkasten lange Wurzeln bis auf den Boden gebildet haben, brauchen einen leichten Wurzelschnitt.
Nach dem Wurzelschnitt sollten die Setzlinge noch ein Wurzelbad erhalten, bevor sie ausgepflanzt werden.

Wurzelbäder für Setzlinge

Das Umpflanzen ist für Jungpflanzen immer ein Schock. Um ihnen die Umstellung zu erleichtern, kann man ihnen ein **Wurzelbad aus Kräuterauszügen** bereiten. Inzwischen sind auch fertige Pulver für Wurzelbäder im Handel (Bezugsquelle siehe Seite 166). Setzlinge ohne Wurzelballen tauchen Sie an Ort und Stelle mit der eingekürzten Wurzel kurz in das Bad und pflanzen sie sofort ein. Getopfte Setzlinge werden vor dem Auspflanzen mit dem Kräuterauszug gegossen: Der Wurzelballen sollte gut durchfeuchtet, aber nicht klatschnass sein.
Die Basis jeden Wurzelbades sollte stark verdünnte **Brennessel-Jauche** sein. Sie wird etwa 1:20 mit handwarmem Wasser verdünnt. Niemals kaltes Wasser aus der Leitung nehmen, sonst kommt zum Umpflanzschock noch ein böser Kälteschock hinzu! Je nach Pflanzenart können Sie dem Brennnesselwasser noch andere Kräuterzubereitungen zugesetzen, z. B. **Baldrianextrakt** für Lauchsetzlinge oder **Knoblauchwasser** für Tomaten (siehe Seite 58).
Wer im Frühjahr noch keine Brennnessel-Jauche zur Verfügung hat, kann ersatzweise **Lehmwasser** nehmen. Hat man keinen Lehm

Ein Heißwasserbad schützt Gladiolenknollen vor Pilzbefall.

Wurzelbäder mit Baldrianblüten-Extrakt steigern den Ernteertrag bei Gemüse, besonders von Lauch und allen Kohl-Arten.

im Garten, hilft Lehmpulver (Bentonit) aus dem Gartenfachhandel. Nehmen Sie soviel Pulver, dass das Wasser trüb und undurchsichtig wird. Auch hier können Sie wieder andere Kräuterzubereitungen zufügen.
Für Setzlinge mit langen Wurzeln sollten Sie einen richtigen **Lehmbrei** anrühren. Der Brei verhindert nicht nur, dass die Pflänzchen schnell austrocknen, sondern sorgt auch durch sein Gewicht dafür, dass die Wurzeln gerade ins Pflanzloch kommen. Lehmbrei mit und ohne Kräuterzubereitungen ist besonders für Kohlsetzlinge, Rote Bete und Lauch (Porree) geeignet. Achtung: Kohl verträgt keinen Knoblauch. Auch Rosen wachsen mit Lehmbrei besser an, besonders wenn sie sich vorher schon 24 Stunden lang in handwarmem Wasser vollsaugen konnten.

Angießen: Lauwarm muss das Wasser sein

Um den Setzlingen und Ablegern den Start zu erleichtern, gießt man sie mit **lauwarmem Wasser** an. Dadurch wird das umgebende Erdreich ein wenig angewärmt, sodass der Umpflanzschock nicht zu groß ist. Wichtig: Das Gießwasser nicht direkt an den Wurzelhals bringen, sondern immer im Kreis von außen her gießen, damit die Wurzeln richtig eingeschlämmt werden und Kontakt zur Gartenerde erhalten.
Am besten nehmen Sie dazu **abgestandenes Regenwasser**, machen einen Topf davon heiß und geben soviel in die Gießkanne, dass das Wasser handwarm wird. Ersatzweise können Sie Leitungswasser nehmen, sollten es aber auch vorher abstehen lassen und auf dieselbe Art erwärmen.

Das A und O des Gießens

Grundsätzlich sollten Sie nur **frühmorgens** gießen. Nur wenn die Nächte im Frühjahr noch oder im Herbst schon wieder kalt sind, verschiebt man das Gießen auf den späten Vormittag. Abendliches Gießen ist nur bei extremer Trockenheit im Hochsommer zu empfehlen, wenn der morgendliche Guss nicht ausreicht – und auch dann nur in kleinen Mengen. Ansonsten führt es leicht zu Fäulnis (siehe Seite 121 im Kapitel »Der Mond und die anderen Sterne«) und lockt zudem noch Schnecken an. Wenn die Setzlinge richtig eingewurzelt sind, gilt aber die alte Regel: **Einmal Hacken erspart einmal Gießen.**
Und noch ein Tipp: Gemüsebeete ohne Einfassung sollten Sie am Rand vom Weg her etwas erhöhen, damit beim Gießen nicht das Wasser gleich wieder abfließt.

Anhäufeln – der beste Schutz für Jungpflanzen

Bei vielen Pflanzen sorgt das **Anhäufeln** nicht nur für bessere Standfestigkeit, sondern schützt auch vor Austrocknung und hilft damit Wasser sparen. Das gilt vor allem für Gurken, Bohnen, Erbsen, Kohlsetzlinge und Kartoffeln. Auch Rosen, die im Frühjahr gepflanzt werden, sollten Sie noch für einige Wochen bis zum Austrieb anhäufeln.
Blattgemüse wie Salat werden nicht angehäufelt. Man kann ihnen aber einen kleinen Erdwall zum Schutz geben. Das funktioniert auch bei Erdbeeren, die auf keinen Fall tiefer gesetzt werden dürfen, als sie bislang standen. Ansonsten fault nämlich das Herz.

Bei manchen Pflanzen können Sie sich das Anhäufeln ersparen, indem Sie sie gleich **tiefer setzen**. Das gilt vor allem für Tomaten, die zudem noch schräg eingepflanzt werden; auf diese Weise bilden sie zusätzliche Wurzeln. Im Blumengarten ist diese Methode bei Clematis (alle Arten und Hybriden) Pflicht. Ferner sollte sie auch bei Tagetes (alle Arten) angewandt werden, besonders wenn sie im Anzuchtkasten lange Hälse gebildet haben. Hier kommen die Setzlinge aber gerade ins Pflanzloch.

Frühere Ernte dank Schutzhaube

Während in England und Frankreich eilige Gärtner auch heute noch schöne, aber teure Glashauben über ihre Setzlinge stülpen, um eine frühere Ernte zu erzielen, benutzten unsere Großmütter dazu selbstgemachte **Hauben aus Wachspapier**. Dazu wurde ein Bogen Wachspapier zum Trichter geformt und die unteren Ecken zwecks Standfestigkeit umgeschlagen. Wachspapier ist heute kaum noch erhältlich, dafür gibt es aber die so genannten **Sonnenhüte** aus Plastik, die denselben Zweck erfüllen und obendrein mehrere Jahre halten. Drücken Sie drückt die Hüte gleich nach dem Auspflanzen im April über frisch gepflanzten Setzlinge von Kopfsalat und Kohl, vor allem Blumen-, Weiß- und Rotkohl, etwa 1 cm tief in die Erde. Damit unter dem Hut auch das richtige Triebhausklima entstehen kann, wird die Öffnung mit einem Korken o. ä. locker verschlossen. Allerdings muss regelmäßig kurz gelüftet werden. Erst wenn keine Frostgefahr mehr besteht, nehmen Sie den Korken für einige Tage ganz heraus, um die Pflanzen an das Außenklima zu gewöhnen. Auf diese Weise lässt sich die Ernte um bis zu drei Wochen verfrühen. Außerdem schützen die Hüte vor Schädlingsbefall, vor allem vor Schnecken, der Kleinen Kohlfliege und dem Kohlweißling.

Nicht nur die *Clematis* bildet zusätzlich Wurzeln, wenn man sie beim Einpflanzen schräg und tiefer setzt.

Pflanzennachwuchs aus eigener Produktion

Mit **Saatgut** und **Stecklingen** aus dem eigenen Garten lässt sich eine Menge Geld sparen – sowohl im Gemüse-, als auch im Obst- und im Blumengarten. Dabei sollten Sie immer die beiden folgenden Grundregeln beherzigen: (1) Nur Samen und Stecklinge von kräftigen, gut tragenden oder reichlich blühenden Pflanzen abnehmen bzw. -schneiden. (2) Speziell für die Samenernte gilt: Die ersten Samen des Jahres sind die besten und keimfähigsten.

Sonnenblumensamen muss man rechtzeitig vor den Vögeln schützen.

Mit dem Beutel gegen fremde Pollen

Ein rechtzeitiger Schutz gegen **Fremdbestäubung** ist vor allem dann notwendig, wenn man mehrere, zur gleichen Zeit blühende Sorten einer Art zieht, z. B. verschiedene Salat- oder Tagetes-Sorten. Auch bei Bohnen und Erbsen ist Vorsicht angesagt. Daher werden die Blütenstände bei beginnender Blüte mit einem weiten Gazebeutel (z. B. aus einer alten Mullwindel) geschützt, der den Stängel fest umschließen muss. Damit sich aber trotzdem Samen bilden können, bestäubt man die Blüten im Beutel gegenseitig mit Hilfe eines feinen Pinsels. Ganz besondere Vorsicht ist etwa bei Karottensamen geboten, wenn in der Nähe auch wilde Möhren wachsen. Da kann es leicht passieren, dass die neuen Karotten zwar gut »ins Kraut« gehen, aber keine ordentliche Wurzel bilden, weil sie durch Kreuzung aus Garten- und Wilder Möhre entstanden.
Besonders einfach ist die Saatguternte bei den Pflanzen, auf deren Samen wir es als Gärtner sowieso abgesehen haben: Dazu zählen vor allem **Erbsen** und **Bohnen** sowie verschiedene Kräuter wie **Kümmel**, **Fenchel**, **Dill**, **Senf** und **Koriander** – und auch die **Sonnenblume**. Bei den Hülsenfrüchten bleiben einige Schoten (eigentlich: Hülsen) an der Pflanze, bis sie fahl und trocken geworden sind. Dazu muss die Pflanze auch nicht auf dem Beet bleiben; man kann sie genauso gut an einem warmen, trockenen Ort über einer Wäscheleine aufhängen. Erbsen- und Bohnensamen sowie Lupinensamen bleiben nach Möglichkeit bis kurz vor ihrer Aussaat in den schützenden Schoten, um ihre Keimkraft zu schützen. Allerdings sollten Sie die getrockneten Schoten regelmäßig auf Schädlingsbefall kontrollieren. Bei den Gewürzsamen und Sonnenblumen müssen Sie eigentlich nur rechtzeitig zur Stelle sein, bevor die reifen Körner ausfallen oder den Vögeln zum Opfer fallen. Und selbst wenn sie als Winterfutter für die gefiederten Freunde dienen sollen, müssen Sie die Sonnenblumenkerne frühzeitig ernten oder durch einen Gazebeutel schützen, sonst schlagen sich die Vögel schon im Herbst den Bauch damit voll.

Manche müssen gären

Auch die Ernte der Samenkerne von **Tomaten**, **Gurken**, **Zucchini** und **Kürbissen** gelingt leicht. Lassen Sie die Früchte einfach ausreifen, bis sie ganz weich sind. Schneiden Sie dann die Früchte vorsichtig auf, lösen Sie die Kerne samt anhängendem Fruchtfleisch mit einem Löffel heraus und geben Sie sie in ein Gefäß mit lauwarmem Wasser. Nach ein paar Tagen fängt die Masse an zu gären, wodurch sich das Fruchtfleisch auflöst. Dann werden die Kerne in einem grobmaschigen Sieb abgewaschen und zum Trocknen ausgelegt Gewöhnlich braucht man bei Tomaten 2 bis 3 Früchte zur Saatgutgewinnung, bei allen anderen reicht bereits eine.

Nicht alle Samen gefallen

Eigenes Saatgut von Gemüse und ein- oder zweijährigen Blumen bringt meist ein gutes Ergebnis. Bei ausdauernden Pflanzen wird es schon schwieriger: Denn Sämlinge von **Stauden**, die selbst schon Hybriden (also Kreuzungen) sind, fallen meist nicht echt, d. h. sie

Manche Früchte müssen gären, damit man an ihre Samen kommt. Dazu zählen Zucchini und Kürbis, aber auch Gurken und Tomaten.

unterscheiden sich mehr oder weniger deutlich von ihren Eltern. Dies gilt ganz allgemein für alle so genannten F1-Hybriden. Wer aber auf reine Sorten keinen Wert legt, sondern die bunte Mischung à la Bauerngarten liebt, kann auch hier interessante Eigenkreuzungen ziehen. Aber nicht traurig sein: Mancher Sämling, der sich im ersten Jahr mit überwältigender Blütenpracht präsentierte, übersteht den Winter nicht, weil ausgerechnet bei ihm die Frostempfindlichkeit eines entfernten Vorfahren durchschlägt. Dennoch: Ganz besonders geduldige Gärtner können eine Menge Spaß haben, z. B. mit eigenen Rittersporn-, Iris- oder Taglilienzüchtungen. Phlox ist dagegen nicht besonders geeignet, da der Anteil von Nachkommen mit blassen, verwaschenen Farben sehr groß ist. Lassen Sie sich am Anfang nicht täuschen: Gerade diejenigen, die am kräftigsten wachsen, haben meist die langweiligsten Farben!

Aufbewahrung: trocken, kühl und dunkel

Alle Samen müssen **gut getrocknet** sein, bevor sie für den Winter verpackt werden. Am besten lässt man sie auf einem luftigen Dachboden auf Zeitungspapier nachreifen und trocknen. Niemals dürfen sie in der prallen Sonne liegen, denn das schwächt die Keimkraft ungemein. Größere Samen, z. B. von Rizinus, Kapuzinerkresse und Roter Bete, werden mit der Hand ausgelesen. Feinkörnigen Samen füllen Sie am besten in eine flache Schale (oder einen Suppenteller) und pusten die trockenen Reste des Samenstandes, den Sie zuvor zwischen den Fingern zerbröselt haben, vorsichtig über den Rand.
Anschließend werden die Samen nach Großmutterart in sorgfältig beschriftete Tüten oder Streichholzschachteln gefüllt. Noch praktischer sind allerdings die luftdicht schließenden Filmdöschen von Kleinbildfilmen, die sich Nicht-Fotografen in jedem Fotolabor kostenlos abholen können.
Noch ein Tipp zum Schluss: Auch wenn die eigene Saatgutzucht großen Spaß macht, sollten Sie den Bestand im Garten alle paar Jahre durch zugekauftes Saatgut verjüngen. Das ist spätestens dann notwendig, wenn die Ernte nachlässt oder alle Bechermalven plötzlich dasselbe blasse Rosa zeigen.

Stecklingsvermehrung ohne Stress

Auch die **Stecklingsvermehrung**, die im Hausgarten zu Unrecht fast völlig in Vergessenheit geraten ist,

Wenn die Bechermalven aus eigener Samenzucht nicht mehr kräftig rosa, sondern nur noch verwaschen blühen, sollten Sie neues Saatgut kaufen.

kann eine Menge Geld sparen und macht ebenfalls viel Spaß. Zudem haben Sie mit den selbstgezogenen Pflanzen immer ein persönliches Geschenk für andere Gartenliebhaber zur Hand. Interessant ist sie vor allem bei Zierstauden einschließlich verschiedener Kräuter und bei Ziergehölzen.

Stecklinge von **Stauden** schneiden Sie am besten im Frühjahr, und zwar bevor die Blütenbildung eingesetzt hat. Nur die Stecklinge von **wintergrünen Stauden**, vor allem von den Polsterstauden, sowie **Wurzelschnittlinge** werden im September/Oktober genommen und den Winter über in hellen, aber kühlen Räumen gezogen.

Stecklinge von Halbsträuchern mit **verholzenden Trieben** wie Sonnenröschen *(Helianthemum)* und Strauchveronika *(Hebe)* sowie von mehrjährigen Kräutern wie Lavendel, Salbei, Ysop, Rosmarin, Thymian und Bohnenkraut sollten Sie im August schneiden und ebenfalls in einem hellen, aber kühlen Raum im Haus überwintern lassen.

Steckholz von Ziergehölzen und Rosen sowie von Beerensträuchern und Obstgehölzen wird gewöhnlich im Herbst nach dem Laubfall geschnitten. Eine Ausnahme bilden Stecklinge von immergrünen Laub- und Nadelbäumen einschließlich des Buchsbaumes, die bereits Anfang September genommen werden. Alle Steckhölzer werden wie die Winterstecklinge von Stauden in Sand eingeschlagen und in einem hellen, kühlen Raum überwintert. Man kann sie aber auch vorsichtig mit Moos umwickeln und an einer geschützten Stelle im Freien eingraben. Wichtig ist, dass sie nicht austrocknen. Viele Ziergehölze lassen sich aber auch durch **Grünstecklinge** im Frühjahr vermehren. Dazu zählen Forsythien und andere Frühjahrsblüher sowie der Buchsbaum.

Wundverschluss muss sein

Stark **blutende Stecklinge** hält man einen Moment über eine Feuerzeug- oder Kerzenflamme oder taucht sie ganz kurz in heißes Wasser. Milchsaft, z. B. von Wolfsmilchgewächsen, und Harz wird mit handwarmem Wasser abgewaschen, damit die Stecklinge besser wurzeln. Stecklinge von **immergrünen Nadelgehölzen** bleiben nach dem Schneiden 1 Stunde liegen, sodass sich die Wunde von alleine schließen kann. Dasselbe gilt für Ableger von Dickblattgewächsen wie Fetthenne *(Sedum)* und Hauswurz-Arten *(Sempervivum)*. **Pelargonien-Stecklinge** werden erst in die Erde gesetzt, wenn sie zu welken beginnen, was oft erst nach einem halben Tag oder länger der Fall ist. Fleischige Wurzelstecklinge, z. B. vom Türkenmohn *(Papaver orientale)*, desinfiziert man mit Holzkohlenpulver und lässt sie ebenfalls einige Stunden antrocknen. Auch die Schnittflächen von **Iris-Rhizomen**, geteilten Wurzelstöcken der Astilben und Begonienknollen sowie von Kakteenstecklingen lassen sich so ausgezeichnet vor Fäulnis schützen. Denselben Zweck erfüllt auch pulverisierte Schwefelblüte. Beides erhalten Sie in der Apotheke.

Die stark fäulnisgefährdeten Iris-Rhizome pflanze ich zudem noch auf eine 1 cm dicke Schicht Katzenstreu, die die Rhizome schön trocken hält. In den 15 Jahren, in denen ich das jetzt praktiziere, hatte ich kaum noch Ausfälle. Auch in der Kakteenerde saugt Katzenstreu überschüssige Feuchtigkeit auf und verhindert so eine Fäulnis der Stecklinge. Am besten hat sich bei mir Katzenstreu aus Bimsstein bewährt.

Am Anfang nur magere Erde

Stecklinge vertragen am Anfang nur **magere Erde**. Empfehlenswert sind reiner Sand oder eine Mischung aus handelsüblicher Anzuchterde und Sand, wobei das Verhältnis 1:3, bei sehr fleischigen Stecklingen 1:5 betragen sollte. Sand und fertige Erde müssen sterilisiert werden: Am besten in einem alten Bräter bei 200 °C im Backofen.

Je nach Menge bleibt die Erde 1/2–3 Stunden in der Röhre. Kleinere Mengen lassen sich auch gut in der Mikrowelle desinfizieren. Für ganz Eilige gibt es auch bereits fertig sterilisierte Anzuchterde im Handel, die aber nicht gerade preiswert ist.

Katzenstreu schützt die empfindlichen Iris-Rhizome vor Fäulnis.

Nach dem Bewurzeln brauchen die Stecklinge mehr Nährstoffe: Füllen Sie daher die Anzuchtkiste zunächst mit einer Drainageschicht aus Sand, Kies oder Blähton. Darüber kommt eine fruchtbare Sand-Kompost-Lage. Den Abschluss bildet magere Stecklingserde, die etwa 2–3 cm dick sein sollte.
Es müssen auch nicht immer gleich teure Anzuchtkisten aus Kunststoff sein. Kleine **Obstkistchen**, mit Ölpapier ausgelegt, waren dafür schon immer die preiswerteste Lösung. Statt des heute schwerer erhältlichen Ölpapiers können Sie auch eine dickere Plastikfolie, z. B. einen alten Rindenmulchsack, nehmen.

Blumenzwiebeln aus eigener Produktion

Warum denn immer wieder neue Blumenzwiebeln kaufen? Mit einigen Tricks können Sie sich auch hier den Nachschub selbst heranziehen. Allerdings lohnt sich das nicht bei allen Zwiebelpflanzen. Besonders einfach ist die Anzucht von **Lilien**. Diese werden dazu im Herbst an einem halbschattigen Platz in normaler Tiefe von etwa 20 cm dicht an dicht auf eine dicke Schicht Sand gesetzt. Schließen Sie das Pflanzloch mit einem Gemisch aus normaler Gartenerde, gut verrottetem Waldkompost und Holzasche. Zwar werden die Zwiebeln, wenn überhaupt, nur wenig Blüten treiben, dafür aber um so mehr Tochterzwiebeln, die Sie dann im Herbst aufnehmen und auspflanzen können. Noch schneller geht es, wenn Sie die Zwiebeln in zwei oder drei Lagen übereinander legen. Dieses Verfahren funktioniert auch auf der Terrasse in großen Töpfen oder Kübeln.

Dicht an dicht in mehreren Schichten übereinander gepflanzt, bilden Lilien eine Unmenge an Tochterzwiebeln.

Garten-Hyazinthen lassen sich ebenfalls gut selbst vermehren. Dafür nehmen Sie die Zwiebeln nach dem Einziehen der Blätter auf und kerben ihren Boden mit einem scharfen, aber nicht zu tiefen Schnitt dreimal sternförmig ein. Desinfizieren Sie die Wunde sicherheitshalber mit pulverisierter Holzkohle (Grillholz-Kohle oder aus dem eigenen Kamin) oder Schwefelblüte (aus der Apotheke). Lassen Sie die Wunde einige Tage gut trocknen, bevor Sie die Zwiebel verkehrt herum wieder einpflanzen, wobei Sie auf eine gute Drainage achten müssen. Wie die Lilie wird die Hyazinthe im nächsten Jahr kaum blühen, dafür aber ordentlich Nachkommen bilden. Dasselbe Verfahren funktioniert übrigens auch bei **Kaiserkronen**.

Hausgemachter Dünger

Natürliche Düngemethoden sind heute wieder »in«. Doch dazu braucht man nicht unbedingt die organischen Düngerpulver aus dem Gartencenter. Vieles, was in Haus und Garten an Abfällen anfällt, lässt sich als preiswerter Dünger verwenden – so wie früher.

Zu Unrecht vergessen: Holzasche

Holzasche, z. B. aus dem eigenen Kamin, ist ein vorzüglicher Dünger im Gemüsegarten. Sie enthält viele Mineralstoffe und Spurenelemente, vor allem Kali, Kalk und Bor. Holzasche wird besonders von Sellerie, Kartoffeln und Karotten geschätzt. So erhalten Kartoffeln zur Förderung der Knollenbildung gleich beim Setzen einen dicken Aschemantel. Bei Sellerie geben Sie etwas Asche – vermischt mit Erde – ins Pflanzloch. Und Möhren mögen es, wenn die Asche gleich in die Saatrille gestreut wird, was angeblich auch vor der Möhrenfliege schützen soll. Statt Holzasche können Sie hier auch Urgesteinsmehl nehmen. Nur Erbsen und Bohnen vertragen keine Asche, da sie für diese Gemüse zu viel Bor enthält. Nicht zuletzt vertreibt Asche mit ihrem hohen Kalkgehalt auch lästigen Moosbewuchs auf Beeten und im Rasen.
Holzasche hat außerdem auch pilzhemmende Wirkungen, weshalb sie wie Holzkohle gerne zum Desinfizieren von Schnittwunden an Pflanzen verwendet wird (siehe S. 35). Dass man im Garten nur Asche von unbehandeltem Holz verwendet, versteht sich von selbst.
Ein weiterer hausgemachter Dünger ist die **Tabakasche** von Zigarren und Pfeifen (nicht von Zigaretten!). Sie eignet sich vor allem für Blumen. Wegen des Geruchs ist sie aber nur für Balkonpflanzen und Freilandblumen zu empfehlen. Angeblich hilft Tabakasche auch gegen Raupenbefall aller Art und Blattläuse. Aber auch das sollten Sie nur im Blumengarten ausprobieren.

Holzasche aus dem eigenen Kamin ist ein vorzüglicher Dünger.

Flüssigdünger aller Art

Ein uraltes Rezept ist auch das **Gießwasser mit Eierschalen**. Geeignet sind alle Eierschalen mit Ausnahme von eingelegten Eiern wie etwa Soleier. Die Schalen müssen 2–3 Wochen im Wasser liegen, bevor dieses als leichte Kalkdüngung verwendet werden kann.
Genauso sollten Sie auch das **Kochwasser von Eiern** nicht wegschütten, sondern in einer großen Gießkanne oder in der Regenwassertonne sammeln. Es enthält ebenfalls Kalk. Dadurch sparen Sie auf Dauer ein ganz hübsches Sümmchen Geld. Das gilt auch für das oft erdige Wasser, das beim **Gemüsewaschen** anfällt. Ganz schlaue Gärtner waschen ihr Gemüse sowieso nicht in der Spüle, sondern benutzen ein Extra-Wännchen dazu, das gleich wieder im Garten oder über dem Kompost ausgekippt wird. Besonders praktisch sind viereckige Plastikwännchen, die genau in die Spüle passen und bei Bedarf aus dem Schrank geholt werden. Auch abgestandene Reste von **Mineralwasser** eignen sich hervorragend als düngendes Gießwasser, besonders für Zimmerpflanzen.
Früher wurden Eierschalen und sogar **Knochen** in der Glut des Herdfeuers über Nacht »geröstet«, bis sie sich zu feinem Pulver zerstoßen ließen, und dann als Dünger im Garten ausgebracht. Da heute nur

Für Kalk liebende Pflanzen kommen Eierschalen ins Gießwasser.

noch wenige Haushalte einen echten Herd haben, legt man die Schalen und Knochen in die Kaminglut oder die Glut des Holzkohlengrills.

Fischwasser und Teichschlamm haben als Gartendünger eine uralte Tradition, die aus den Klöstern stammt. Beide sind ungeheuer nährstoffreich und enthalten sehr viel Stickstoff. Fischwasser aus Gartenteichen, Zierbecken und Süßwasseraquarien im Haus wird 1:1 verdünnt (möglichst mit Regenwasser). Teichschlamm, der z. B. beim jährlichen Ablassen von Forellenteichen anfällt und oft gerne von Fischzuchtbetrieben abgegeben wird, kommt am besten in dünnen Schichten auf den Kompost. Sicherheitshalber sollten Sie im Zweifel den Nitratgehalt des Schlammes vorher mit einem handelsüblichen Nitrattest untersuchen. Auch der Schlamm aus dem eigenen Gartenteich macht am besten den Weg zum Kompost. Dagegen hat **Klärschlamm** im Garten nichts verloren.

Rinder- oder Kuhjauche war früher einer der wichtigsten Dünger für den Hausgarten und die Feldwirtschaft. Doch welcher Hobbygärtner hält heute schon Milchvieh? Trotzdem kann man sich solche Jauche leicht selbst herstellen. Entweder sammeln Sie dazu, wie ich, getrocknete Kuhfladen auf Weidepfaden, oder Sie nehmen die handelsüblichen Rinderdung-Produkte in gekörnter Form. Einfach einen halben 5-l-Eimer davon in eine 30-l-Tonne geben, mit Regenwasser auffüllen und je nach Außentemperatur 1–2 Wochen vergären lassen. Gegen den Geruch, der übrigens nur beim Umrühren und Ausbringen entsteht, helfen einige Tropfen Baldrianblütenextrakt. Bitte nehmen Sie keine Gesteinsmehle wie bei Kräuterjauchen, denn sie verbinden sich mit dem Stickstoff des Rinderdungs zu Ammoniakgasen und entweichen in die Luft. Hausgemachte Rinderjauche wird 1:5 bis 1:10 mit Wasser verdünnt und eignet sich hervorragend zum Düngen von Rosen und anderen Nährstoff liebenden Stauden. Im Gemüse- und Obstgarten würde ich sie derzeit sicherheitshalber (wegen der Rinderseuche BSE) nicht verwenden, obwohl sie sich grundsätzlich auch bestens für Starkzehrer wie Kohl eignet. Bringen Sie die Rinderjauche aber nur bei feuchter Witterung oder nach gründlichem Vorwässern aus. Bei trockenem Boden versickert sie zu schnell oder läuft einfach ab. Auf die gleiche Weise können Sie auch andere Mistarten verjauchen, wie z. B. Pferde- und Geflügelmist.

Auch **Kräuterjauchen** zählten früher zu den wichtigen und vor allem sehr preiswerten Düngern aus eigener Produktion. Brennnessel- und Beinwell-Jauche kennt inzwischen wieder fast jeder Gärtner. Aber wussten Sie, dass sich zahlreiche andere Pflanzen und Kräuter zur Verjauchung eignen? So können Sie z. B. eine **Ringelblumen-Tagetes-Jauche** herstellen oder eine **Unkrautjauche**, die besonders gut wirkt, wenn sich darin möglichst viele verschiedene Kräuter befinden. Diese Jauchen können Sie direkt im Garten ausbringen, über den Kompost gießen, um die Rotte zu beschleunigen, oder gezielt zur Schädlingsabwehr einsetzen. Das gilt ganz besonders für Jauchen aus stark duftenden Kräutern wie Wermut, Salbei, Thymian und Lavendel (siehe ab Seite 62).

Der Geruch von Wermutjauche schlägt Kohlweißlinge in die Flucht.

Seltsame, aber wirksame Rezepte

Neben den eher gewöhnlichen Düngemethoden, die ich Ihnen auf den vorhergehenden Seiten vorgestellt habe, gibt es auch eine ganze Reihe von alten »Geheim«-Rezepten, die auf den ersten Blick ziemlich merkwürdig erscheinen. In den vergangenen zwei Jahrzehnten habe ich jedoch etliche davon mit gutem Erfolg ausprobiert und möchte sie Ihnen daher nicht vorenthalten.

Was die Indianer mit toten Fischen machen

Als ich vor 25 Jahren meinen ersten Garten anlegte, sah ich eines Tages voller Erstaunen, wie mein Nachbar sorgfältig einen **toten Fisch** nach dem anderen im Boden vergrub. Auf Nachfrage erfuhr ich, dass es sich um eine alte indianische Düngemethode vor allem für Tomaten handle. Ich muss wohl sehr ungläubig ausgesehen haben. Jedenfalls reichte mir der Nachbarn einen Probefisch und ich verbuddelte ihn streng nach Anweisung. Der Erfolg war verblüffend: Die Fischtomate wuchs wesentlich kräftiger und trug mehr und größere Früchte als ihre nur mit Kompost versorgten Schwestern. Auch schmeckten die Tomaten keineswegs nach Fisch. Seitdem bekommen alle meine Tomaten, auch die im Topf, gleich bei der Pflanzung ihren Fisch.
Wichtig ist, dass der Fisch etwa 10 cm unter den Wurzeln platziert wird. So ist er bereits verrottet, wenn die Wurzeln ihn erreichen. Nach meiner Erfahrung zerfällt er noch schneller, wenn er mehrfach mit dem Spaten durchteilt wird. Pro Tomatenpflanze reicht ein mittelgroßer Fisch, große Exemplare werden einfach auf zwei Pflanzen verteilt. Natürlich müssen Sie keinen Edelfisch wie etwa eine Forelle kaufen. Ich beziehe z. B. die ungeliebten, weil sehr grätenhaltigen Weißfische von Hobbyanglern. Auch roher Fischabfall aus dem Fischladen ist brauchbar – er muss aber unbedingt von Süßwasserfischen stammen. Wenn Ihr Garten in Waldnähe liegt und frei zugänglich ist, sollten Sie den Fisch mit einem Drahtgitter (Kaninchendraht) im Boden schützen. Damit es Ihnen nicht so ergeht wie einem Leser aus der Schweiz, dem ein Fuchs nächtens sämtliche Tomatenfische wieder ausbuddelte und vertilgte.

Tomatenstauden wachsen hervorragend, wenn man beim Pflanzen tote Süßwasserfische, wie z. B. Rotaugen oder Weißfische, mit eingräbt.

Die Milch macht's

Pflanzen mögen ab und an einen Guss **Milch**, allerdings in verdünnter Form. Besonders Farne – im Freiland und im Zimmer –, aber auch Rosen und andere Prachtstauden sowie Tomaten gedeihen besser, wenn sie ein- oder zweimal im Monat mit Magermilch gegossen werden.

Dazu verdünnen Sie Vollmilch im Verhältnis 1:3 mit Regenwasser. Vermutlich sind es zum einen die verschiedenen Mineralstoffe und Spurenelemente in der Milch, zum anderen das tierische Fett, die die Pflanzen kräftig wachsen lässt.
Noch stärker verdünnte Milch, etwa im Verhältnis 1:6, ergibt eine bewährte **Spritzlösung** gegen Pilzkrankheiten, z. B. die Blattfleckenkrankheit bei Tomaten und Kartoffeln. Gespritzt wird einmal wöchentlich, auch vorbeugend, und zwar direkt auf die Blätter.
Noch besser wirkt übrigens **Molke**, die1:1 mit Wasser verdünnt wird. Ich gewinne meine Molke, indem ich Magerquark in einem feinen Tuch kräftig ausdrücke (aus dem Quark backe ich dann einen Kuchen.)

Rosen schätzen Kaffeesatz und klein geschnittene Bananenschalen.

Kaffeesatz, altes Fett und Bananenschalen

Dass Regenwürmer **Kaffeesatz** mögen, ist eigentlich inzwischen weithin bekannt. Aber auch Blumen, sowohl im Freiland als auch im Balkonkasten, danken regelmäßige Gaben von Kaffeesatz mit kräftigem, gesundem Wachstum. Besonders **Rosen** lieben Kaffeesatz. Am besten gibt man ihn zu Füßen der Pflanzen und harkt ihn leicht ein.
Worin das Geheimnis des Kaffeesatzes besteht, ist noch nicht entschlüsselt. Möglicherweise ist es sein Säuregehalt, denn fast alle Blumen – mit Ausnahme vieler Steingartenpflanzen und natürlich der Kakteen – bevorzugen einen leicht sauren Boden. Vielleicht ist es aber auch das Restkoffein, das die Pflanzen aktiviert. Als Vergleich könnten Sie ja einmal einen Versuch mit koffeinfreiem Kaffee machen.
Übrigens werden Pflanzen, die mit Kaffeesatz gedüngt werden, auch seltener von Blattläusen und anderen Blattschädlingen befallen. Auch hier stellt sich die Frage, was die Ursache ist. Für das Koffein könnte sprechen, dass man Blattläuse durch Besprühen mit schwarzem Kaffee schnell loswird. Angeblich erleiden sie einen tödlichen Herzinfarkt.
Rosen haben aber noch weitere merkwürdige Vorlieben. So mögen sie altes, **abgestandenes Fett** tierischen Ursprungs. Besonders sagt ihnen Rindertalg zu, der sich beim Auskochen vom Knochen löst und als dicke, weiße Schicht auf der erkalteten Brühe absetzt. Es darf aber kein Salz zugesetzt sein. Wie beim Mist gilt aber auch hier: Nur das Fett von gesunden, aus naturgemäßer Haltung stammenden Tieren verwenden, am besten von Weidetieren.
Fast gewöhnlich macht sich dagegen die Zuneigung der Rosen zu **Bananenschalen** aus. Das liegt vermutlich daran, dass diese Schalen viele Mineralstoffe und Spurenelemente wie Kalk, Kieselsäure, Kali, Magnesium, Schwefel, Phosphor und Natrium enthalten. Diese können die Rosen, aber auch andere Blumen, vor allem Prachtstauden, gut zur Blatt- und Blütenbildung gebrauchen. Also: Frische Bananenschalen klein schneiden und oberflächlich in die Beete einharken. Aber auch hier gilt, wie bei allen Düngern: Nur in Maßen anwenden.

Teestunde für Farne

Teeblätter eignen sich ebenfalls hervorragend als Dünger, vor allem für **Farne**, sowohl im Garten als auch im Haus. Denn fast alle Farne mögen einen leicht sauren Boden. Besonders dankbar für Teedüngung sind der Rippenfarn (*Blechnum spicant*) und der Tüpfelfarn (*Polypodium vulgare*). Nur die Kalk liebenden Arten wie Hirschzungenfarn (*Phyllitis scolopendrium*) und Milzfarn (*Ceterach officinarum*) oder

Schwarzer Tee ist ein wunderbarer Dünger für fast alle Farne.

Steinfeder *(Asplenium trichomanes)* mögen keinen Tee. Auch bei anderen Streifenfarnen (*Asplenium*-Arten), die oft als »Nestfarn« für die Zimmerkultur angeboten werden, sollten Sie Teeblätter nur sehr fein dosieren und erst abwarten, wie ihnen dieser Dünger bekommt. Im Garten verteilen Sie die Blätter einfach auf dem Boden. Bei Blumentöpfen vermischt man sie mittels einer Gabel leicht mit der oberen Erdschicht. Neben schwarzem Tee eignet sich nach meiner Erfahrung auch grüner Tee, der sich hierzulande in den letzten Jahren wachsender Beliebtheit erfreut. Auch der Inhalt von Teebeuteln ist geeignet, wobei Sie den Beutel entfernen und,auf den Kompost geben sollten.

Was die Mottenkugel alles kann

Die Älteren unter ihnen werden sich noch an die guten alten **Mottenkugeln** erinnern, die für den typisch muffigen Geruch in Urgroßmutters Kleidertruhe sorgten. Diese Naphthalin-Kugeln vertrieben früher aber nicht nur das Ungeziefer aus dem Haus, sondern verschreckten auch die Möhrenfliege im Garten. Dazu wurden die Kugeln ganz fein zerhackt und unter die Erde gemischt, mit der die Saatrille zugedeckt wurde. Auch meine Großmutter kannte dieses Rezept, und ich kann mich nicht erinnern, dass die Möhren danach muffig schmeckten.

Außerdem helfen Mottenkugeln auch gegen die Kräuselkrankheit bei Pfirsichen. Das jedenfalls wird aus England berichtet. Das Prinzip erscheint mir jedoch durchaus plausibel. Denn Naphthalin war früher ein wichtiges Konservierungsmittel, das die Bildung von Schimmelpilzen verhinderte. Und die Kräuselkrankheit der Pfirsichblätter ist schließlich auch eine Pilzerkrankung. Möglicherweise schreckt der muffige Geruch zudem Insekten ab, die den Pilz übertragen.

Wer es versuchen möchte, muss unbedingt Mottenkugeln aus Naphthalin nehmen, die man in der Apotheke für ein paar Cent bekommt. Alle anderen Mittel, die zum Teil starke synthetische Gifte wie z. B. Lindan enthalten, sind völlig ungeeignet. Naphthalin-Kugeln müssen in einem dicht schließenden Gläschen aufbewahrt werden, sonst »mufft« schnell das ganze Haus.

Mottenkugeln aus Naphthalin vertreiben nicht nur die Möhrenfliege, sondern halten angeblich auch die Kräuselkrankheit von Pfirsichbäumen fern.

Vorgänger und ständige Nachbarn

Gelbsenf ist ein uralter Gründünger und Mulchlieferant.

Dass sich vor allem im Gemüsegarten bestimmte Pflanzen in ihrer Entwicklung gegenseitig unterstützen bzw. hemmen und vor Schädlingen schützen, ist als **Mischkultur** inzwischen weit verbreitetes Gärtnerwissen. Das bekannteste Beispiel ist die Partnerschaft von Möhren und Zwiebeln. Wer mehr über diese Art von Mischkultur wissen möchte, sei auf die Literatur im Anhang verwiesen, besonders auf die hervorragenden Bücher von Marie-Luise Kreuter und Gertrud Franck. Hier möchte ich Ihnen dagegen einige weniger bekannte Beispiele von guten und schlechten Fruchtfolgen und Nachbarschaften vorstellen.

Gute Vorgänger

Wer sich ein neues **Erdbeerbeet** anlegen möchte, sollte darauf im Vorjahr **Brennnesseln** ziehen. Am einfachsten ist es, sich im Frühjahr einige Setzlinge vom Wegesrand zu besorgen. Brennnesseln lockern mit ihrem dichten Wurzelgeflecht den Boden hervorragend und sorgen für eine gute Humusbildung. Die Nesseln werden erst kurz vor dem Setzen der Erdbeeren entfernt. Ihre Wurzeln kommen auf den Kompost oder werden kleingehäckselt mitsamt dem Laub als Mulchdecke für die junge Pflanzung verwendet.

Ebenfalls eine gute Bodengare für Erdbeeren liefern **Frühkartoffeln**, vor allem, wenn sie zusammen mit **Gelbsenf** *(Sinapis alba)* gezogen wurden. Auch hier bleibt das Kraut des Gelbsenfs als Mulchdecke auf dem Beet, während die Wurzeln im Boden verrotten. Auch **Grünkohl** und **Rosenkohl** freuen sich über eine Vorkultur aus **Frühkartoffeln**. Dann empfehlen die meisten Gärtner aber, den **Gelbsenf** wegzulassen und stattdessen besser **Tagetes** und **Ringelblumen** zu pflanzen. Allerdings gibt es auch einige, wie z. B. die langjährig erfahrene Mischkultur-Spezialistin Gertrud Franck, die diese Vorsichtsmaßnahme für überflüssig, ja sogar schädlich hält. Sie ist der Überzeugung, dass Gelbsenf als Mitglied der Familie der Kreuzblütler kein Überträger der für Kohl so gefährlichen Kohlhernie oder auch für Älchen ist. Nach ihrer Beobachtung sorgt eine Vor- oder Zwischenkultur von Gelbsenf für eine nachhaltige Gesundung des Bodens, gerade für Kohl.

Diese Tipps zur Vorkultur gelten aber nicht nur im Hausgarten. Man kann sie genauso gut und erfolgreich auch in großem Stil im Erwerbsgartenbau und in der Landwirtschaft anwenden. Für die Zuckerrübenanbauer unter Ihnen hier noch eine Neuentdeckung auf alter Grundlage: Vorkulturen aus **Ölrettich** *(Raphanus sativus* var. *oleiformis)*, so hat die Biologische Bundesanstalt für Land- und Forstwissenschaft in mehrjährigen Studien herausgefunden, können älchenverseuchte Rübenäcker sanieren. Ölrettich wirkt ähnlich wie Tagetes auf zweierlei Arten: Ein Teil der Älchen stirbt in der Rettichwurzel ab, aus dem anderen Teil entwickeln sich nur männliche Nachkommen, was die Fortpflanzung drastisch reduziert. Besonders geeignet zur Bodensanierung sind die Sorten 'Adagio', 'Nemex', 'Pegletta', 'Radical', 'Remonta', 'Resal', 'Rimbo', 'Trick' und 'Ultimo'. Die Sorte 'Nemex' wird unter der Rubrik »Bodenkuren« auch von Versandsamenhandlungen für Hobbygärtner angeboten (Bezugsquelle siehe Seite 166) und übrigens auch zur Desinfektion von kohlhernieverseuchten Böden empfohlen.

Fingerhut tut Kartoffeln gut

Roter Fingerhut *(Digitalis purpurea)* ist ein vorzüglicher Partner von **Kartoffeln**, **Tomaten** und **Äpfeln**. Er sorgt für kräftiges, gesundes Wachstum und reiche Ernte. Woran das liegt, ist unbekannt. Die Medizin schätzt Digitalis-Präparate als wertvolles Herzmittel, vielleicht wirkt es auch auf Pflanzen ähnlich anregend. Achtung: Alle Fingerhut-Arten sind hochgiftig und dürfen niemals zur eigenen Herzmittelherstellung verwendet werden!!! Außerdem müssen sie vor neugierigen Kinderhänden geschützt werden. Ansonsten sollten Sie mit Fingerhut-Partnerschaften lieber warten, bis die Kinder groß geworden sind, und stattdessen andere, ungefährlichere Freundschaften pflegen. In meinem jetzigen Garten stehen die Fingerhüte der Kinder wegen z. B. mitten in einem riesigen Schattenbeet unter dem Apfelbaum und sind auch vom Weg aus nicht mit der Hand zu erreichen.

Wer einmal Fingerhut im Garten hat, braucht sich um Nachwuchs nicht zu sorgen. Lassen Sie einfach die Samen einer besonders kräftigen Pflanze ausreifen und ausfallen. Nach dem Aufgehen müssen die Keimlinge unbedingt vereinzelt werden, bevor sie im August/September an ihren endgültigen Platz kommen. Bei allen anderen Pflanzen schneiden Sie den Blütenschaft sofort nach dem Abblühen tief ab. Auf diese Weise können Sie zumindest einige Exemplare dieser normalerweise zweijährigen Pflanze noch ein weiteres Jahr durchbringen.

Wer reichlich Kartoffeln, Äpfel und Tomaten ernten will, sollte die drei immer mit Rotem Fingerhut zusammenpflanzen.

Sehr beliebt: Borretsch und Spinat

Erdbeeren gedeihen besonders gut in Gemeinschaft mit **Borretsch** oder **Gurkenkraut** *(Borago officinalis)*. Der Grund liegt wahrscheinlich in den Saponinen des Borretschs. **Saponine** sind pflanzeneigene Kohlenstoffverbindungen, die die Aufnahmefähigkeit der Zellen für Nährstoffe erhöhen. Es gibt eine Vielzahl von Pflanzen, die – jeweils individuelle – Saponine bilden. Vermutlich geben die Wurzeln des Borretschs Saponine an den Boden ab, wo sie von den Erdbeeren aufgenommen werden. Aus diesem Grund gehören auch immer einige Pflanzen Gurkenkraut ins **Kohlbeet** und auch zu **Kohlrabi**. Denn die Erfahrung hat gezeigt, dass Kohl in Begleitung von Borretsch wesentlich kräftiger wächst und festere Köpfe bildet, die sich auch länger lagern lassen als ohne Begleitung. Ob Borretsch selbst auch Kohlschädlinge abwehrt oder diese an den durch die Borretsch-Saponine besonders gestärkten Kohlpflanzen keinen Gefallen finden und deshalb zu schwächeren Exemplaren in der Nachbarschaft abwandern, ist nicht geklärt. Auf jedem Fall sind Schädlinge im borretschgesäumten Kohlbeet eine seltene Erscheinung. Eine ähnliche Freundschaft besteht zwischen **Spinat** und **Zwiebeln**: Je näher der Spinat an der Zwiebel steht, desto besser gedeiht er. Und

Borretsch ist ein guter Partner für Erdbeeren, Kohl und Kohlrabi, er sorgt für ein kräftiges Wachstum.

auch die Zwiebeln schätzen offenbar die Nähe des Spinats. Möglicherweise sind es auch hier die Saponine des Spinats, die die Zwiebeln zu größerem und festerem Wachstum anregen. Dafür sorgt die Zwiebel vermutlich mit ihrem bakterien- und pilzhemmenden Wirkstoff Alliin für gesundes Wachstum des Spinats.

Auch Gurken schätzen Gesellschaft

Ein guter Partner im **Gurkenbeet** ist der **Dill** *(Anethum graveolens)*, der den zarten Jungpflanzen anfangs Schatten spendet und später als Gewürz im frischen Gurkensalat und beim Einlegen unverzichtbar ist. Überhaupt gilt Dill im Gemüsegarten als gerne gesehener Nachbar: Auch **Karotten** schätzen es sehr, wenn sie in ihren Reihen Dill finden. Am besten werden beide gleichzeitig in derselben Rille ausgesät, denn schon der Dillsamen soll die bekanntermaßen nicht gerade zuverlässige Keimfähigkeit des Karottensamens erhöhen. Und genauso mögen auch Rote Bete, Salat, Erbsen und Zwiebeln das starkduftende Dillkraut in ihrer Nähe, das zudem als beliebte Futterpflanze die Bienen zur Bestäubung anlockt.

Kohlrabi und **Gurken** sind ebenfalls ein gutes Paar, weil das Blätterdach der Kohlrabis die jungen Gurkenpflänzchen vor zu viel Sonne schützt und den Boden feucht hält. Aus diesem Grund scheinen Gurken auch einjährige **Sonnenblumen** zu lieben. Zudem produzieren auch die Sonnenblumen eigene Saponine, die möglicherweise auch die Gurken stärken. Ich habe im Laufe der Jahre die verschiedensten Sonnenblumensorten ausprobiert und bin schließlich bei den niedrigen Sonnenblumen , z. B. den Sorten 'Teddybär', 'Gelber Knirps' oder 'Zwerg Sunspot', gelandet, die alle nicht sehr viel höher als 40 cm werden. Sie reichen als Schattenspender völlig aus und sind nicht solche argen Nährstofffresser wie ihre hohen Geschwister, die dadurch zum Konkurrenten für die Gurken werden. Außerdem dienen die niedrigen Sonnenblumen den Gurken auch als willkommene Rankhilfe (siehe Seite 98).

Weitgehend ungeklärt ist, wie **Basilikum** *(Ocimum basilicum)* die **Kürbisgewächse**, zu denen ja auch die Gurken zählen, vor Mehltau schützt. Dass es funktioniert, wird immer wieder beschrieben und ich habe keinen Grund, daran zu zweifeln, obwohl ich es selbst noch nicht ausprobiert habe. Basilikum enthält große Mengen ätherischer Öle und ebenfalls Saponine. Mehltau ist jedoch eine Pilzkrankheit. Die Sporen des Pilzes werden zwar auch durch Insekten übertragen,

Niedrige Sonnenbumen schützen die Gurken vor zu viel Sonne.

die das Basilikum mit seinem intensiven Geruch durchaus abwehren könnte. Aber es bleibt immer noch der Wind als Hauptüberträger. Auch hier könnten es die Saponine des Basilikums sein, die die Blattzellen der Gurkenpflanze gegen die Besiedlung mit dem Mehltaupilz widerstandsfähiger machen.

Pfefferminze und Kohl

Die **Pfefferminze** *(Mentha × piperita)* hat gerne Gesellschaft, die, wie sie, einen frischen, nahrhaften und humusreichen Boden bevorzugt. Als gute Partnergelten vor allem alle Kohlarten und der Kopfsalat. Warum diese drei gerne zusammen wachsen, ist bislang weitgehend ungeklärt. Als sicher gilt, dass die Pfefferminze mit dem starken Duft ihrer ätherischen Öle lästige Kohlweißlinge und Drahtwürmer fern hält. Deswegen wurde sie schon vor Jahrhunderten in den Klostergärten mit Kohl und Kopfsalat zusammengepflanzt. Ob und was jene beiden der Pfefferminze Gutes tun, weiß man jedoch noch gar nicht.

Zwischen **Sellerie** *(Apium graveolens)* und **Kohl** besteht ebenfalls eine tiefe Freundschaft. Sellerie schützt den Kohl mit seinem starken Duft – der sogar in dessen botanischem Namen als Artbezeichnung aufgenommen ist (graveolens = stark duftend) – vor Kohlweißlingen und der Kleinen Kohlmücke. Dagegen bewahrt der Kohl seinen Partner zuverlässig vor Rostbefall. Sellerierost tritt grundsätzlich nur bei zu starker Nässe auf, in Begleitung von Kohl aber trotzdem fast nie. Das liegt vermutlich daran, dass der Kohl mit seinen kräftigen Stängeln und seiner großen Blattmasse das Zuviel an Wasser einfach verdunstet bzw. wegspeichert.

Nur eine liebt Wermut

Obwohl er fast allen Nachbarn die Lebensenergie raubt (siehe Seite 49), hat sogar der **Wermut** *(Artemisia absinthium)* eine Freundin, nämlich die **Johannisbeere**. Sie ist praktisch die einzige Pflanze, die es nicht nur mit dem Wermut aushält, sondern in seiner Gesellschaft auch noch besonders gesund wächst. Das gilt sowohl für die Beerenobstgehölze als auch für Zierjohannisbeeren. Denn der Wermut schützt sie beide vor dem gefürchteten Säulenrost, einer Pilzkrankheit, die als Zwischenwirt fünfnadelige Kiefernarten (siehe Seite 49) brauchen. Wie der Wermut das macht, ist ungeklärt. Er produziert aber eine Menge unterschiedlichster Substanzen, vom giftigen Thujon über starke Bitter- und Gerbstoffe bis zu Harzen sowie Vitamin B und C. Vor allem die Bitter- und Gerbstoffe kommen als Ursache für die Pilzabwehr in Frage.

Wildkräuter als Partner

In Zeiten kleiner Hausgärten ist es zwar sehr verständlich, die Partnerschaften vor allem unter dem Gesichtspunkt der Effizienz auszuwählen und daher nur auf Nutzpflanzen zu setzen. Aber auch nicht-essbare Pflanzen, die gemeinhin als **Unkräuter** bezeichnet werden, können gerade im Gemüsegarten, aber auch im Obstgarten sehr wertvolle und heilsame Partnerschaften mit den Kulturpflanzen bilden. So fungieren z. B. die Vogelmiere, die niedrigen Ehrenpreis-Arten, der Gundermann, die Rote Taubnessel und sogar der Weißklee als lebende Mulchdecke und schützen den Boden vor Austrockung. Sie locken mit ihren Blüten Insekten an, die sich zum Teil auch über Schädlinge hermachen und für gute Bestäubung von Fruchtpflanzen wie Gurken, Bohnen, Erbsen und auch Beerenobst sorgen. Außerdem sind sie oft Aufwertungspflanzen (siehe Seite 11), die die Bodenbestandteile aufschließen und für die anderen Pflanzen nutzbar machen, z. B. der Weißklee, der Stickstoff sammelt. Und nicht zuletzt haben sie noch den Vorteil, dass sie ganz von selbst erscheinen und sich den Platz suchen, der zu ihnen passt. Daher sollten wir eigentlich ja auch nicht von Unkräutern, sondern besser von **Wildkräutern** sprechen. Nur wenn sie ihre Nachbarn allzu sehr bedrängen, sollten wir eingreifen und diese Kräuter in ihre Schranken weisen.

Freundschaften im Blumengarten

Über gute – und schlechte – Partnerschaften im Blumengarten weiß man noch nicht sehr viel. Das liegt wahrscheinlich einfach daran, dass man die meisten Blumen nicht essen kann und deswegen an guten Erträgen nicht so stark interessiert ist wie bei den Gemüse- und Obstarten.

Ein ausgesprochen gutes Paar sind der **Rittersporn** (*Delphinium*-Hybriden) und die hohen **Bartiris**, auch Schwertlilien genannt (*Iris*-Barbata-Eliator-Hybriden). Ich habe diesen Tipp, den ich vor Jahren von einer Irisgärtnerin bekam, schon mehrfach ausprobiert. Alle Iris, die neben Ritterspornen stehen, sind das ganze Jahr über frei von Blattflecken und treiben besonders kräftige Rhizome. Die Gründe dafür sind mir bislang eher schleierhaft. Vielleicht sind es Wurzelausscheidungen der Rittersporne, vielleicht holt sich die Iris mit ihren langen Wurzeln aber auch nur eine Extraportion Nährstoffe aus der gut gedüngten Rittersspornerde. Denn Rittersporne brauchen viel Nährstoffe und bekommen deshalb bei mir auch ordentlich Kompost. Dagegen spricht allerdings, dass ich auch meine anderen Iris-Pflanzen nicht hungern lasse.

Sehr gut vertragen sich bekanntermaßen alle Blumen und Stauden mit **Ringelblumen** *(Calendula officinalis)*, **Tagetes** *(Tagetes patula* und *T. tenuifolia)* und **einjährigem Sonnenhut** *(Rudbeckia hirta)*. Hier sind es eindeutig die Wurzelausscheidungen, die die gefürchteten Fadenwürmer oder Älchen (Nematoden) an ihrer Vermehrung hindern. Besonders der durch Wurzelälchen, aber auch Stengelälchen gefährdete Staudenphlox (*Phlox*-Paniculata-Hybriden) und die Chrysanthemen (*Dendranthema*-Hybriden, vor allem *D.*-Grandi-

Das scheinbare Durcheinander von Blumen und Gemüse in den alten Bauerngärten bietet den Pflanzen optimale Wachstumsbedingungen und einen perfekten Schutz vor Schädlingen.

flora-Hybriden) sind für eine Unterpflanzung mit einer oder mehrerer dieser drei Abwehrpflanzen dankbar. Aber auch alle anderen Blumen lieben ihre heilsame Nachbarschaft. Allerdings sollten Sie Ringelblumen nicht zu dicht und schattig setzen, um Mehltaubefall zu verhindern. Und auch Tagetes brauchen Platz, um sich voll entwickeln zu können. Nur von den feinblättrigen Tagetes tenuifolia setze ich stets zwei oder drei Pflanzen zusammen, um schöne dichte Büsche zu erzielen. Einzelpflanzen wirken hier für meinen Geschmack zu armselig.

Die Rose steht nicht gern allein

Als sehr gute Partner gelten seit jeher auch **Rosen** und stark duftende Kräuter wie **Lavendel**, **Salbei**, **Thymian** und **Ysop**, da diese Blattlausbefall verhindern. Allerdings bevorzugen Rosen und Kräuter sehr unterschiedliche Standorte. Denn Rosen lieben als ehemalige Waldrandbewohner keineswegs die pralle Sonne, wie fälschlicherweise oft angenommen wird. Dafür bevorzugen sie tiefgründigen, nahrhaften und feuchten Boden. Bei den Kräutern dagegen ist es gerade umgekehrt. Je heißer, magerer und trockener der Standort, desto besser gedeihen sie. Deswegen wirken Kräuter im Rosenbeet häufig etwas »zurückgeblieben«. Wer sich nicht die Mühe machen will und für die Kräuter oder die Rosen jeweils zumindest Extra-Erde zubereitet, sollte es einmal mit etwas anderen Kräutern probieren. Beispielsweise kann man die ebenfalls Halbschatten und Feuchtigkeit liebende **Pfefferminze** *(Mentha x piperita)* in den Hintergrund setzen und **Basilikum** *(Ocimum basilicum)* an den sonnigen Rand des Beetes. Auch die **Weinraute** *(Ruta graveolens)* mit ihrem starken Geruch

Eine klassische Kombination: Aromatisch duftender Lavendel hält Blattläuse von den Rosenbeeten zuverlässig fern.

bietet eine Alternative, denn sie wächst praktisch überall. Genauso ist es mit dem **Rainfarn** *(Tanacetum vulgare)* und dem **Baldrian** *(Valeriana officinalis)*. Ein schöner und nützlicher Rosenbegleiter ist übrigens das **Gurkenkraut** bzw. der Borretsch *(Borago officinalis)*, dessen strahlend blaue Blüten fast mit jeder Rose gut harmonieren. Außerdem liefert es wachstumsfördende Saponine. Und nicht zuletzt bekommt auch die Nachbarschaft von **Buchsbaum** *(Buxus)* den Rosen gut – den Läusen dagegen schlecht.
Da Monokulturen sehr viel anfälliger sind als Mischpflanzungen und reine Rosenbeete auf die Dauer auch für das Auge langweilig werden, können Sie die Rosen mitsamt ihren Begleitern aus der Kräutergemeinschaft in die Staudenrabatte integrieren. Denn hier fühlen sich einerseits die Rosen ausgesprochen wohl, wie uns die traditionellen englischen Rabatten immer wieder vor Augen führen. Andererseits wachsen auch die nahrhaften, feuchteren Boden liebenden Kräuter im Staudenbeet nicht nur sehr gut, sondern sorgen mit ihren vielfältigen Wurzelausscheidungen und Düften für gesundes Wachstum und reichlich Bienenflug.
Wenn Sie Ihre Rosen ins Staudenbeet setzen, sollten Sie ihnen unbedingt einige **Schafgarben** *(Achillea millefolium)* zur Seite stellen. Denn das buschige Schafgarbenkraut ist ein ideales Winterlager für Marienkäfer, deren Nachkommen im nächsten Jahr den Rosenblattläusen schnell den Garaus machen. Ich fand diesen Tipp eines aufmerksamen Hobbygärtners vor einigen Jahren in irgendeiner Zeitschrift und kann seine Beobachtung nur bestätigen. Ganz kühne Gärtner setzen sogar Rosen ins Gemüsebeet. Auch das macht Sinn und hat eine uralte Tradition, die ebenfalls bis in die Klostergärten zurückreicht.

Noch mehr Kunterbuntes

Das Durcheinander von Gemüse, Blumen und Kräutern ist das augenfälligste Kennzeichen der alten Bauerngärten. Und das aus gutem Grund, denn vielseitige Kulturen sind eben erheblich weniger anfällig für Schädlinge und Krankheiten als Monokulturen. Schon in den noch älteren Klostergärten wurden Gemüse, Blumen und Kräuter zusammengepflanzt, allerdings etwas systematischer. So empfahl die Äbtissin Hildegard von Bingen **Sellerie** und **Schwertlilien** *(Iris)* zusammenzupflanzen. Auch **Knoblauch** und **Fenchel** sowie einjähriges **Bohnenkraut** *(Satureja hortensis)* und natürlich **Ringelblumen** galten bei ihr als allgemein gute Partner. Paare aus anderen Klostergärten sind **Weinraute** *(Ruta graveolens)* und **Akelei** (»Elfenschuh«, *Aquilegia vulgaris*) sowie **Basilikum** *(Ocimum basilicum)* und **Veilchen** *(Viola odorata)*. Das **Mutterkraut** *(Tanacetum parthenium,* syn. *Chrysanthemum parthenium)* durfte sich wie die Ringelblumen praktisch überall ausbreiten.
Weitere beliebte Partnerschaften waren: **Bechermalven** *(Lavatera trimestris)* mit **Salat**, **Karotten** und **Petersilie**; **Kapuzinerkresse** *(Tropaeolum majus)* mit **Kartoffeln**, **Tomaten**, **Radieschen** und **Rettich**; **Jungfer im Grünen** (auch »Braut in Haaren«, *Nigella damascena*) mit **Rosen**, **Kohl** und **Salat**. Als neue gute Partnerin vor allem für Gemüse gilt übrigens die **Goldrute**

(Solidago canadensis). Und auch die **Pimpernelle** *(Sanguisorba minor)*, die wie die Goldrute ebenfalls viel eigene Saponine produziert, ist überall eine gern gesehene Nachbarin.

Schlechte Vorgänger

Vor allem **Tomaten** sind als Vorgänger im Garten etwas schwierig. So wollen **Rote Bete** nicht dort wachsen, wo vorher Tomaten standen. Ebenso stehen **Kartoffeln**, **Fenchel**, **Gurken** und **Erbsen** lieber weit entfernt von den Paradiesäpfeln. Da aber Tomaten im Garten sowieso nicht wandern mögen, sondern am liebsten immer am gleichen Platz wachsen (siehe Seite 50), lässt sich dieses Problem leicht lösen.

Die **Rote Bete** ist ohnehin ein heikler Geselle. Denn außer Spinat und Tomaten hasst sie auch **Kartoffeln**, **Mais** und **Lauch**, und zwar sowohl als Vorgänger als auch als direkte Nachbarn. Die Gründe dafür sind bislang noch unklar, zumal sich die Rote Bete mit Zwiebeln, einem nahen Verwandten des Lauchs, sehr gut verträgt. Möglicherweise liegt es nicht an unverträglichen Wurzelausscheidungen oder Gerüchen der ungeliebten Partner, sondern schlicht daran, dass Kartoffeln, Mais und Lauch Starkzehrer sind und der langsam wachsenden Roten Bete nicht mehr genügend Nährstoffe übrig lassen.

Rote Bete sind zwar sehr gesund, aber leider recht heikle Partner.

Zwar ist **Spinat** für viele Pflanzen im Gemüsegarten eine ideale Vor-, Neben- und Nachkultur, denn er hält den Boden feucht und sorgt offenbar auch mit seinen Wurzelausscheidungen für gesundes Wachstum seiner Nachbarn. Doch **Karotten**, **Rote Bete** und **Mangold** können seine Gesellschaft nicht vertragen, besonders, wenn er zuvor auf ihrem Beet stand. Daher sollten Sie die Beete, die im nächsten Jahr für diese Gemüse gedacht sind, auch über Winter besser mit Feldsalat oder einer anderen Gründüngung einsäen.

Was sonst noch nicht gut geht

Eine besonders schlechte Nachbarschaft besteht zwischen **Gladiolen** auf der einen und **Erdbeeren**, **Äpfeln** und **Kartoffeln** auf der anderen Seite. Dies habe ich – leidvoll – in meinem eigenen Garten erlebt. Drei Jahre lang ärgerte ich mich über den kümmerlichen Wuchs meiner Erdbeeren, die ich an den Rand eines Apfelspaliers gesetzt hatte. Obwohl sie mit feinstem Waldkompost aus eigener Produktion versorgt wurden und von den besten Mutterpflanzen abstammten, war mit ihnen kein Staat zu machen. Ein Versuch mit neuen Erdbeerpflanzen schlug genauso fehl. Dass auch die Apfelbäumchen nicht gut ansetzten, führte ich zunächst noch auf ihr junges Alter zurück. Bis ich schließlich in einem englischen Buch las, dass Gladiolen einer der ärgsten Feinde von Erdbeeren und Äpfeln sind. Und ausgerechnet Gladiolen hatte ich seit drei Jahren auf die andere Seite des Spaliers gepflanzt. Das war natürlich das letzte Mal. Und siehe da: Nicht nur die Erdbeeren, sondern auch die Apfelbäumchen setzten schon im ersten gladiolenfreien Jahr wesentlich besser an als zuvor. Allerdings gab es dann an anderer Stelle ungewohnten Ärger: Aus purer Verzweiflung hatte ich die Gladiolen nämlich an den Rand eines Kartoffelbeetes gesetzt. Alle Kartoffeln, die bis zu 1 Meter entfernt von den stolzen Blumen wuchsen, waren über und über mit Schorf befallen. Außerdem fielen sie deutlich kleiner aus, als ihre weiter entfernt stehenden Schwestern. Ein erneuter Versuch mit Folgejahr brachte exakt dasselbe Ergebnis.

Die Gründe für diese Unverträglichkeit sind offenbar nicht nur in dem großen Nährstoffbedarf der Gladiolen zu suchen, die den Erdbeeren, Apfelbäumen und Kartoffeln nicht mehr genügend »Futter« übrig lassen. Diese Pflanzen scheinen sich aus einem anderen Grund nicht riechen zu können. Jeden-

Schorf an Kartoffeln (rechts), die direkt neben Gladiolen wuchsen.

Nematoden tummeln sich gerne beim Fuchsschwanz.

falls riet das besagte Buch dringend, zumindest bei Erdbeeren und Apfelbäumen mit Gladiolen einen Abstand von mehreren Metern einzuhalten. Und das gilt nach meiner Erfahrung auch für Kartoffeln. Nachdem ich die schwierigen Gladiolen noch einige Jahre auf einem Extrabeet gezogen hatte, verschenkte ich sie schließlich. Stattdessen startete ich mit Montbretien *(Crocosmia x crocosmiiflora)* einen Versuch, die ich aus Irland mitgebracht hatte. Die Pflanzen fügten sich viel besser in den Blumenrabatten ein als die steifen Gladiolen. Und außerdem vertragen sie sich bestens sowohl mit dem Apfelspalier als auch mit den Kartoffeln.

Die Pontische Eberraute gehört nicht ins Kräuterbeet.

Vorsicht ist ferner beim **Fuchsschwanz** *(Amaranthus-Hybriden)* geboten. Diese einjährige Pflanze, deren dunkelrote oder leuchtendgrüne Blütenähren sich so wunderbar für Trockensträuße eignen, steht in dringendem Verdacht, für die Vermehrung von Wurzel- und Stengelälchen (Nematoden) zu sorgen. Daher sollte man sie sicherheitshalber nicht zu älchengefährdeten Stauden wie **Phlox** und **Chrysanthemen** setzen. Bei mir bekommt der Fuchsschwanz zudem sicherheitshalber eine Unterpflanzung aus Tagetes und Ringelblumen.

Schwierige Partnerinnen sind auch die **Eberraute** *(Artemisia abrotanum)* und die **Pontische Edelraute** *(Artimisia pontica)*, ganz besonders im Kräuterbeet. Zwar sind sie nach meiner Beobachtung nicht so aggressiv wie ihr naher Verwandter, der **Wermut** *(Artemisia absinthium)*, der fast alle Nachbarn am Wachstum hindert (siehe Seite 49).

Dafür beeinträchtigen sie den Geschmack feiner Kräuter, die in ihrer unmittelbaren Nähe wachsen. So schmecken vor allem **Salbei** und **Dill** dann streng und bitter. Ursache sind vermutlich die starken ätherischen Öle der *Artemisia*-Arten, die über ihre Wurzelausscheidungen zu den Nachbarn gelangen.

Dasselbe gilt für die **Weinraute** *(Ruta graveolens)*. Auch sie beeinträchtigte in meinem Garten den Geschmack von **Salbei**, **Dill**, **Fenchel** und **Kümmel**. Und weil ich nicht sicher bin, ob sie nicht sogar den Geschmack von Gemüse verfälschen und ich es bislang auch nicht auf einen Versuch ankommen lassen wollte, wachsen alle drei »Rauten« bei mir in den Blumenrabatten – zur allseitigen Zufriedenheit.

Auch Bäume machen Probleme

Problematisch kann auch die Nachbarschaft von **Kiefer** und **Johannisbeere** werden. Denn Kiefern können als Zwischenwirte für den gefürchteten **Säulen- oder Blasenrost** an Johannisbeeren fungieren, der seltener auch Stachelbeeren befällt. Allerdings wartet diese Rostart ausschließlich auf fünfnadeligen Kiefern, wozu z. B. die **Zirbelkiefer** *(Pinus cembra)* und die **Strobe** oder **Weymouthskiefer** *(Pinus strobus)* zählen. Bei Befall müssen Sie entscheiden, wer bleiben darf. Übrigens: Zierjohannisbeeren leiden ebenfalls!

Ähnlich verhält es sich mit **Wacholder** und **Birnbaum**. Hier dient vor allem der **Sadebaum** *(Juniperus sabina)* als Hauptwirt für den **Birnengitterrost**, der sich besonders in Norddeutschland epidemieartig ausgebreitet hat. Auch der **Chinesische Wacholder** *(Juniperus chinensis)* und die **Rotzeder** *(Juniperus virginiana)* sind durch diesen Pilz gefährdet. Dagegen ist der **Gemeine** (Säulen-)**Wacholder** *(Juniperus communis)* rostfrei. Hier gilt ebenfalls: Entweder Ziergehölz

Die Birnengitterrost ist eine weit verbreitete Pilzerkrankung.

oder Obstbaum. Da aber ein kranker Wacholder niemals zu heilen ist, sollte besser er entfernt werden – auch zugunsten der Birnbäume in Nachbars Garten.
Als schlechte Partner gelten seit alters her **Walnuss** *(Juglans regia)* und **Esche** *(Fraxinus)*. Schon der römische Arzt und Gelehrte Plinius der Ältere warnte davor, beide nebeneinander zu pflanzen. Warum sie sich nicht vertragen und sich gegenseitig die Lebensenergie rauben, ist unklar. Doch bestätigten mir mehrere Gehölzexperten, dass man einem Walnussbaum niemals eine Esche, gleich welcher Art, zugesellen sollte. Im Hausgarten allerdings dürfte sich das Problem eher selten stellen, da hier der Platz sowieso nur für einen der beiden Bäume reicht.

Ausgeprägte Charaktere

Wie wir Menschen, so haben auch manche Pflanzen ganz ausgeprägte Persönlichkeiten, die sich in besonders heftigen Vorlieben und Abneigungen zeigen. So mögen die einen bestimmte Nachbarn ganz besonders oder eben überhaupt nicht. Andere fühlen sich als Eremiten am wohlsten und wieder andere sind sogar sich selbst nicht grün. Manche möchten am liebsten in Ruhe gelassen werden, andere dagegen brauchen besonders viel Zuwendung. Ich möchte Ihnen jetzt einige dieser besonderen Persönlichkeiten aus dem Gemüse-, Obst- und Blumengarten vorstellen.

Am liebsten alleine

Von dieser Sorte gibt es erfreulicherweise nur wenige Vertreter im Gartenpflanzenreich. Der schlimmste ist der bereits mehrfach erwähnte **Wermut** *(Artemisia absinthium)*, der fast alles, was in seiner Nähe wächst, zu bekämpfen sucht. Untersuchungen haben ergeben, dass die Nachbarpflanzen des Wermuts ihre Wurzeln nach innen biegen, also weg vom Wermut. Nach bisherigen Erkenntnissen sind es die starken Bitterstoffe, Harze und Gerbstoffe, die für andere Pflanzen unverträglich sind. Sogar Quecke und Giersch, die sonst alles überwachsen, kapitulierten in meinem Garten vor dem muffeligen Kollegen. Dagegen ließen sich die Staudensonnenblumen und die Ackerwinde in ihrem Wucherdrang nicht im Geringsten beeindrucken und schoben ihre Triebe sogar direkt durch die Wermutstaude.
Auch die Tierwelt hat ihre Probleme mit dem Wermut, Regenwürmer mögen sich nicht in seiner Nähe aufhalten, Schmetterlinge und Bienen sind ebenfalls nur selten auf seinen Blüten anzutreffen. Die Ursache ist vermutlich das im ätherischen Öl des Wermuts enthaltene Gift Thujon. Allerdings hatte mein Wermut in diesem Jahr zum ersten Mal Blattläuse, und zwar reichlich. Wermut ist jedoch nicht gleich Wermut. Es kommt offenbar auch auf die Sorte an. Nach meiner Beobachtung ist der wildwachsende Wermut der Schlimmste, während sich Gartensorten wie etwa die stark silbrige 'Lambrook Silver' durchaus mit anderen Stauden vertragen.

Wermut schützt Johannisbeeren vor Säulenrost, einer Pilzerkrankung.

Zumindest wächst ein Exemplar dieser Sorte bei mir seit Jahren in trauter Eintracht mit einem Phlox, ohne dass dieser irgendwelche Wachstumshemmungen zeigt.

Ein naher Verwandter des Wermuts, der **Beifuß** *(Artemisia vulgaris)*, stört ebenfalls das Wachstum seiner Nachbarn und sollte deshalb auch einen Sonderplatz bekommen. Er enthält wie dieser Gerb- und Bitterstoffe sowie Thujon, allerdings in geringerer Menge und Stärke. Pflanzen Sie ihn aber möglichst weit entfernt vom Wermut, um Verwechslungen zu vermeiden, denn beide ähneln sich in Blatt und Habitus, wobei die extrem bitteren Blätter des Wermuts tiefer eingeschnitten sind und bei trockenem Standort silbriger schillern als die des Beifuß. Übrigens sind die Beifußblätter, die kurz vor der Blüte gesammelt werden, ein wunderbares Gewürz für schwere und fette Fisch-, Fleisch- und Pilzgerichte, das die Verdauung erleichtert. Auch Hülsenfrüchte liegen dank Beifuß nicht so schwer im Magen.

Der dritte im Bunde der Einsiedler, der einen Extraplatz bevorzugt, ist der **Liebstöckel** *(Levisticum officinale)*, das bekannte Maggikraut. Er ist ebenfalls ein Gewürz- und Heilkraut, enthält Gerbstoffe, Bitterstoffe und das Gift Cumarin, das in hohen Dosen auch für den Menschen gefährlich ist. Es ist als Mäusegift bekannt und wird in Giftködern verwendet. Genauso wie Wermut und Beifuß hemmt Liebstöckel das Wachstum seiner Nachbarn und breitet sich zudem kräftig aus. Allerdings hält er sich nicht lange am selben Platz. Daher sollte er nach 3–4 Jahren zwecks Verjüngung geteilt und umgepflanzt werden. Dagegen brauchen Wermut und Beifuß im Frühjahr nur kräftig zurückgeschnitten zu werden, um neu durchzutreiben. Eventuell empfiehlt sich noch ein Rückschnitt vor der Blüte, spätestens Ende Juni, um zu starkes Wachstum zu unterbinden. Alle drei hemmen übrigens nicht nur ihre Nachbarn, sondern sind auch mit sich selbst unverträglich. Das heißt: Wo einmal Wermut, Beifuß oder Liebstöckel gestanden haben, wächst auf lange Zeit kein Artgenosse mehr.

Jedes Jahr am selben Platz

Das ist das Motto der Konservativen unter unseren Gartenpflanzen. Am wenigsten kann die **Tomate** Abwechslung vertragen. Sie besteht jedes Jahr auf demselben Platz, der allerdings sonnig und möglichst wind- und regengeschützt sein sollte. Zwar mag sie auch den normalen Gartenkompost ganz gerne. Noch lieber ist ihr aber ein Spezialkompost aus den Pflanzenresten ihrer vorjährigen Geschwister (Rezept siehe Seite 27: Spezialkomposte).

Die **Kartoffel** zählt ebenfalls durchaus zu den konservativen Pflanzen. Wo sie sich einmal wohlgefühlt hat, möchte sie gerne auch im nächsten Jahr stehen. Am liebsten mag sie eine vollsonnige, windgeschützte Lage in lockerem, sandig-humosem Boden. Allerdings braucht sie jedes Jahr eine neue Gabe Kompost, dem Sie schon beim Aufsetzen etwas Lehm (Bentonit) sowie Horn- und Knochenmehl zugesetzen sollten.

Pfingstrosen sind die konservativsten Pflanzen im Ziergarten.

Der Altmeister der Kompostwirtschaft, Alwin Seifert, zog mit diesem Kompost 17 Jahre hintereinander auf dem gleichen Platz Kartoffeln, ohne dass die Ernte nachließ. Vielleicht möchten Sie aber auch einmal eine Spezialmischung aus Tagetes- und Ringelblumenkompost (siehe Seite 27) probieren. Gegen Bodenmüdigkeit hat sich außerdem eine Begleitpflanzung mit Tagetes und Ringelblumen bewährt. Dasselbe gilt für Mischkultur mit Gelbsenf.

Nicht nur 'Türkenlouis' kann Umpflanzen und tiefes Hacken nicht vertragen, alle Türkenmohn-Sorten sind dafür extrem empfindlich.

Lasst mich bloß in Ruhe

Zu den besonders Sensiblen unter unseren Gartenpflanzen gehören vor allem einige Stauden. Allen voran die **Pfingstrosen** (*Paeonia*-Arten und -Hybriden). Sie möchten am liebsten jahrezehntelang an ihrem windgeschützten Platz in der Sonne stehenbleiben. Da Pfingstrosen nicht tiefer als 5 cm gepflanzt werden dürfen – sonst blühen sie nicht und fallen oft der Stängelfäule zum Opfer –, vertragen sie auch nur oberflächliches Hacken. Für die jährliche Kompostgabe im Herbst empfiehlt sich daher ein vorsichtiges Entfernen der obersten Bodenschicht, die dann durch Kompost ersetzt wird. Wegen der Stängelfäule darf der frostgefährdete Austrieb der Pfingstrose im Frühjahr keinesfalls angehäufelt werden. Schützen Sie den Austrieb bei Bedarf also besser nach Großmutterart mit einem großen Eimer.

Auch die **Silberkerze** (*Cimicifuga*, alle Arten) mag keine Abwechslung. Als ehemaliger Waldbewohner ist sie zudem nicht an Bodenbearbeitung durch Hacken oder sogar Graben gewöhnt. Sie bevorzugt einen frischen, halbschattigen bis schattigen Standort unter großkronigen Laubbäumen und möchte dort ganz in Ruhe gelassen werden. Da die Silberkerze mit den Jahren einen starken und breiten Horst bildet, müssen Sie von vornherein genügend Platz einplanen. Gut geeignet ist eine Begleitpflanzung aus **Farnen**, die ebenfalls einfach ihre Ruhe haben wollen. Beiden reicht im Grunde das alljährliche Herbstlaub als Nahrung. Wer ihnen etwas besonders Gutes tun möchte, streut ihnen im Frühjahr noch ein wenig Horn- und Knochenmehl zu Füßen oder zusätzlich noch eine Portion Waldkompost aus eigener Herstellung. In trockenen Sommern müssen Sie wässern, am besten mit einem bereits während des Austriebs im Frühjahr verlegten Tropfschlauch.

Zu den »Mimosen« im Staudenbeet zählt ferner der **Türkenmohn** *(Papaver orientale)*. Mit seinen langen Pfahlwurzeln ankert er tief im Boden und lässt sich als ältere Staude nicht mehr verpflanzen. Deshalb beharrt auch der Mohn auf einem festen Platz, was Sie bei der Planung der Staudenrabatte einkalkulieren sollten. Dass er es aber auch dort manchmal nicht sehr lange aushält, sondern nach der frühsommerlichen Blüte einfach auf Nimmerwiedersehen verschwindet, liegt meist an Staunässe im Boden. Denn seine fleischigen Wurzeln können leicht faulen, besonders wenn sie durch tiefes Hacken verletzt wurden. Daher empfiehlt sich – wie bei der Pfingstrose – nur eine vorsichtige oberflächliche Bodenbearbeitung, wobei die Kompostgabe am besten während der sommerlichen Ruhezeit erfolgen sollte. Bei schwerem Boden müssen Sie zudem unbedingt für eine tiefe Dränage aus dicken Kies-, Sand oder Splittschichten sorgen.

Das Tränende Herz besteht auf seinem festen Platz, es möchte nicht verpflanzt werden und verträgt nur eine oberflächliche Bodenbearbeitung.

Genauso empfindlich sind die **Lupinen** (*Lupinus*-Polyphyllus-Hybriden) und das **Tränende Herz** *(Dicentra spectabilis)*. Sie wollen im Prinzip genauso behandelt werden wie der Türkenmohn.

Die **Taglilien** (*Hemerocallis*-Arten und -Hybriden) bevorzugen gleichfalls für Jahrzehnte denselben Platz und beanspruchen mit den Jahren gut und gerne 1 m^2 für sich. Taglilien wollen ebenfalls nur oberflächlich mit Kompost versorgt und bei andauernder Trockenheit einmal wöchentlich durchdringend gewässert werden. Nur wenn sie zu groß geworden sind oder Ableger gewünscht werden, sollte man sie aufnehmen und teilen. Bis sie zur alten Blühfreudigkeit zurückfinden, dauert es dann aber meist 1–2 Jahre.

Stockrosen *(Alcea ficifolia* und *A. rosea)* mögen ebenfalls keine Unruhe und benötigen für sich viel Platz an einem sonnigen, aber windgeschützten Ort. Stehen sie zu dicht, kann die Pflanzung schnell unter Malvenrost leiden. Daher möglichst 50 cm Platz zwischen den einzelnen Pflanzen lassen. Vor Mauern sollten Sie wegen der dort geringeren Luftzirkulation einen Abstand von mindestens 30 cm einhalten. Weil Stockrosen so empfindlich sind, werden sie oft nur als zweijährige Pflanzen gezogen, obwohl sie bei richtigem Standort und guter Pflege mit sofortigem Zurückschneiden nach der Blüte und regelmäßiger oberflächlicher Kompostgabe mehrere Jahre ausdauern.

Ausgesprochen ruhebedürftig sind ferner die **Lilien** (*Lilium*-Arten und -Hybriden). Je länger sie an einem Platz stehen, desto besser gedeihen sie – vorausgesetzt, sie wurden anfangs nicht zu dicht gesetzt. Allerdings brauchen sie reichlich Nährstoffnachschub in Form von Kompost, den man im Herbst oder im zeitigen Frühjahr vor dem Austrieb verteilt. Dazu wird der Boden über den Zwiebeln vorsichtig bis zu einer Tiefe von etwa 10 cm abgehoben und durch frische, mit reichlich Kompost vermischte Gartenerde ersetzt. Auf ähnliche Weise können Sie zu dicht gewordene Lilien-Horste ausdünnen, ohne dass Sie alle Zwiebeln aus dem Boden nehmen müssen: Die Erde vorsichtig bis zu den Zwiebeln abtragen, die Töchter vorsichtig mit einer kleinen Gabel (ausrangierte Küchengabel) von der Mutter lösen und aus der Erde heben.

Lilien wachsen zwar am liebsten immer am gleichen Platz, haben aber gerne Gesellschaft zu ihren Füßen. Dazu eignen sich vor allem schattenspendende Bodendecker, die aber keinen zu starken Wurzelfilz bilden sollten. Gute Partner sind z. B. Immergrün *(Vinca minor)*, Kriechgünsel (*Ajuga reptans)* sowie die niedrige Edelraute *(Artemisia*

Auch die Taglilien bleiben möglichst ungestört.

schmidtiana 'Nana'), die ihre feingeschlitzten silbrigen Blätter den Winter über abwirft. Kapuzinerkresse *(Tropaeolum majus)* ist, wenn die Farben zusammenpassen, gleichfalls eine gute Nachbarin. Außerdem lieben Lilien einige Knoblauchpflanzen *(Allium sativum)* in unmittelbarer Nähe, die sie vor Schimmelpilzen und anderen Erkrankungen schützen (siehe Seite 58).

Stets im Mittelpunkt

Keiner außer mir. So lautet der Wahlspruch der Narzißten, die ebenfalls vor allem den Staudengarten regieren. Allen voran steht der **Rittersporn** (*Delphinium*-Hybriden), der allenfalls ein weiteres seiner Geschwister in seiner unmittelbaren Nähe ertragen kann. Am liebsten hat er es aber, wenn alle »Verwandten« mindestens 1 m Abstand halten. Um ihm nicht die Laune zu verderben, sollten Sie daher Barrieren aus anderen hochwachsende Stauden pflanzen, z. B. hohe Raublattastern *(Aster novae-angliae)*, Sonnenbraut (*Helenium*-Hybriden) und Goldrute (*Solidago*-Hybriden) sowie Staudensonnenblumen (*Helianthus*-Arten) und die hohen Sonnenhut-Arten *(Rudbeckia maxima* und *R. nitida)*. Bei den beiden letztgenannten empfiehlt sich allerdings die Pflanzung in großen Plastiktöpfen mit einem stark erweiterten Abzugsloch im Boden, um ihren unbändigen Ausbreitungsdrang im Zaum zu halten. Diese Zwischenpflanzungen haben zudem den Vorteil, dass sie die Lücken in der Rabatte schließen, die sonst nach der ersten Ritterspornblüte Anfang Juli entstehen – es sei denn, Sie verzichten auf eine Nachblüte im Herbst und lassen die Stängel stehen. Der Boden um die Rittersporne sollte außerdem alljährlich im Frühjahr weiträumig, aber vorsichtig abgetragen und durch eine neue Kompost-Gartenerde-Mischung ersetzt werden.

Ein echter Narzisst: Der stolze Rittersporn erträgt seinesgleichen nur in mindestens einem Meter Abstand.

Nicht ganz so auf Abstand bedacht ist der **Staudenphlox** (*Phlox*-Paniculata-Hybriden). Er erträgt immerhin Pflanzungen in Dreiergruppen. Mehr sollten es aber nicht sein, denn sonst droht Kümmerwuchs. Ursache ist aber nicht, wie beim Rittersporn, eine Selbstunverträglichkeit, sondern das erhöhte Risiko von Krankheits- und Schädlingsbefall. Besonders Echter Mehltau und Stängelälchen machen sich gerne in größeren Phloxpflanzungen breit. Außerdem kommt die Flammenblume, wie der Phlox auch heißt, in kleineren Gruppen sowieso besser zur Geltung. Übrigens: Staudenphlox ist keineswegs ein Liebhaber praller Sonne. Lieber wächst er im Halbschatten in leicht saurem Boden.

Wo einmal eine Rose stand, gedeiht auf lange Jahre keine andere »Königin der Blumen« mehr.

Immer die Ersten

Eine heikle Gruppe bilden die Eifersüchtigen und Nachtragenden unter unseren Gartenpflanzen. Sie müssen immer die Ersten sein und können es überhaupt nicht ertragen, wenn an ihrem Platz schon vorher ein enger Verwandter gestanden hat. Im Blumengarten ist es vor allem die **Rose**, die sich nicht mit sich selbst verträgt. Soll ein alter Stock durch eine Jungpflanze ersetzt werden, muss der Boden stets weiträumig und bis in 1 m Tiefe ausgetauscht werden. Und selbst das ist nicht immer eine Garantie dafür, dass die »Königin der Blumen« die Vorgängerin nicht doch noch übel nimmt.

Fast genauso anspruchsvoll ist der **Rittersporn**, von dem schon im vorherigen Abschnitt die Rede war. Auch er mag nicht dort gedeihen, wo vorher schon Seinesgleichen wuchs. Das gilt sogar für Teilstücke derselben Pflanze. Da für Rittersporn aber leichter ein neuer Platz in der Rabatte zu finden ist als für Rosen, z. B. im Tausch mit anderen Leitstauden, die ebenfalls von Zeit zu Zeit geteilt werden müssen, ist ein Bodenaustausch hier nur selten notwendig.

Genauso heikel ist die sommerblühende **Staudenmargerite** (*Leucanthemum maximum* bzw. *L.-Maximum*-Hybriden). Und nicht nur das: Sie muss sogar alle 2–3 Jahre umziehen, weil sie es am alten Platz nicht mehr aushält. Man nimmt an, dass die Margerite sich mit bestimmten Wurzelausscheidungen sozusagen selbst den Boden vergiftet. Je kräftiger sie wächst, desto mehr Gift produziert sie. Die Urmutter der Gartenmargeriten, die einfache **Wiesenmargerite** oder **Wucherblume** *(Leucanthemum vulgare)*, vagabundiert deshalb von sich aus durch die freie Natur.

Ähnlich verhält es sich mit der Petersilie. Wo dieses Küchenkraut einmal gestanden hat, wächst auf Jahre hinaus kein neues mehr. Oft keimen die Samen noch nicht einmal. Daher gehört die Petersilie nicht aufs Kräuterbeet, sondern

Alle zwei bis drei Jahre muss die Staudenmargerite umziehen, weil sie sich den Boden selbst vergiftet.

Solch kraftstrotzende Petersilienbüschel erhält nur, wer dieses Küchenkraut jedes Jahr an einen neuen Platz sät.

Im zweiten Jahr wächst die Petersilie nur noch kümmerlich und gelb.

sollte ebenfalls durch den Garten wandern. Außerdem ist sie auch ein schwieriger Partner für andere Pflanzen, obwohl sie mit ihrem starken Geruch viele Schädlinge wie Möhrenfliege und Älchen fernhält. Nur sehr kräftige Nachbarn wie etwa Tomaten, Möhren oder Rote Bete können aus dieser Eigenschaft auch Nutzen ziehen. Salat dagegen geht neben Petersilie schnell ein. Aber auch wenn sie jedes Jahr einen neuen Platz bekommt, heißt es warten: Denn die Petersiliesamen keimen sehr langsam. Die alten Germanen glaubten deshalb, dass die Petersilie erst siebenmal zum Teufel und zurück wandern müsse, bevor sie keimen dürfe. Im Mittelalter empfahl man aus diesem Grunde, die Petersilie an Karfreitag zu säen, da dann der Weg zum Teufel nicht so weit sei, weil er schon auf der Erde ist. Gleich nach der Petersilie kommt die **Gartenkresse** *(Lepidium sativum)*, die sich ebenfalls nicht mit sich selbst verträgt, ja noch nicht einmal im gleichen Topf wie im Vorjahr wachsen mag. Auch sie muss jedes Jahr wandern. Aber möglichst nicht durch den Garten, denn sie ist noch aggressiver zu ihren Nachbarn als die Petersilie. Im Grunde halten es nur die Tomaten neben ihr aus. Deswegen sollten Sie die Kresse besser in jährlich wechselnden Töpfen auf der Terrasse oder der Fensterbank ziehen und die Saaterde im Herbst auf den Kompost geben, damit sie entgiftet wird.

Fast ebenso schwierig ist der **Meerrettich**, der es allerdings immerhin 3 Jahre am gleichen Platz aushält. Danach muss er umziehen und darf keinesfalls an eine Stelle gepflanzt werden, wo in den vergangenen 10 Jahren schon einmal ein Kollege stand. Wenn es gar nicht anders geht, müssen Sie den Boden weiträumig und vor allem sehr tief austauschen.

Hochgradig selbstunverträglich sind auch **Erbsen**. Sie brauchen jedes Jahr einen neuen Standort und dürfen erst wieder nach 5–6 Jahren auf ein altes Erbsenbeet zurückkehren – sofern dort nicht inzwischen **Bohnen** gepflanzt wurden. Dann verlängert sich die Wartezeit erneut um mindestens 3–4 Jahre.

Vorsicht: Säen Sie keine (Bitter-) Lupinen als Gründüngung auf ehemalige Erbsen- bzw. Bohnenbeete, denn sie werden nur schwache Wurzeln treiben. Auch als Vorkultur für Erbsen bzw. Bohnen eignen sich Lupinen nicht, da sie als Hülsenfrüchte mit dem heiklen Gemüse eng verwandt sind!

Erdbeeren wachsen und tragen am besten, wenn das neue Beet vorher mindestens fünf Jahre Erdbeerpause hatte und in der Zwischen-

Auch die Erbsen sind hochgradig mit sich selbst unverträglich. Jedes Beet braucht mindestens fünf Jahre Erbsenpause.

zeit gut mit Kompost versorgt wurde. Wo der Platz nicht reicht, sollten Sie den Boden ebenfalls austauschen – allerdings nicht ganz so tiefgründig wie beim Meerrettich; 20–25 cm reichen aus. Die entfernte Erde lässt sich als Zwischenlage im Komposthaufen prima biologisch wiederbeleben. Erdbeerkulturen lassen ohnehin meist nach 3–4 Jahren in ihrem Ertrag nach und sollten dann ersetzt werden.

Kohl und **Kartoffeln** sollten ebenfalls durch den Gemüsegarten wandern, denn sie sind ausgesprochene Starkzehrer, die den Boden auslaugen. Außerdem nimmt bei jährlichen Stammplätzen die Gefahr von Pilzerkrankungen (Kohlhernie bzw. Knollenfäule) zu. Bei Platzmangel in kleinen Gärten bleibt Ihnen auch hier nichts anderes übrig, als den Boden möglichst schon im Herbst auszutauschen und ebenfalls als Zwischenlagen im Kompost biologisch wieder aufzuwerten.

Bei jährlicher Bepflanzung derselben Beete mit Kohl und Kartoffeln habe ich ausgezeichnete Erfahrungen auch mit Holzkohle bzw. Holzasche aus dem Kamin bzw. vom Osterfeuer gemacht, womit ich die Pflanzlöcher für die Kohlsetzlinge bzw. die Kartoffelfurchen ausfüttere. Asche und Kohle liefern reichlich mineralische Nährstoffe und wirken deutlich pilzhemmend.

Nicht ganz so empfindlich sind die **Tulpen**. Zwar würden sie am liebsten auch immer die Ersten sein, lassen sich aber durch eine Zwischenpflanzung von Tagetes und Ringelblumen gut besänftigen. In dieser Partnerschaft können sie sogar für einige Jahre den Sommer über im Boden bleiben, ohne in der Blühwilligkeit nachzulassen. Voraussetzung ist allerdings, dass sie anfangs nicht zu dicht gesetzt werden und nach dem Einziehen im Frühsommer reichlich Kompost erhalten.

Keine Chance für Schädlinge & Co.

Vorbeugung ist die beste Therapie

Wie für die menschliche Gesundheit gilt auch für die Gesundheit der Pflanzen der alte Satz: Vorbeugung ist die beste Therapie. Einiges dazu habe ich Ihnen schon im vorigen Kapitel, im Abschnitt »Vorgänger und ständige Nachbarn« (Seite 41–49), berichtet. Hier möchte ich Ihnen noch ein paar weitere altbewährte Tipps und Tricks gegen spezielle Schädlinge und Krankheiten verraten.

Knoblauch, der beste Freund des Gärtners

Knoblauch *(Allium sativum)* ist seit alters her als Heilpflanze und auch als Bannmittel bekannt. Dass er gegen Vampire hilft, ist eher eine neuere »Beobachtung« des späten Mittelalters. Die alten Germanen bannten mit seiner Hilfe vor allem böse Geister aller Art. Dazu brauchte es noch nicht einmal eine leibhaftige Knoblauchzwiebel, allein schon der Ausspruch des Namens der Pflanze hob angeblich böse Zauberkräfte auf. Dabei ist durchaus vorstellbar, dass unsere Vorfahren zu diesen bösen Geistern und Zaubern auch Schädlinge und Erkrankungen in den Gärten und auf den Feldern zählten. Denn für die alten Germanen war – wie für alle Anhänger von Naturreligionen – das Auftauchen solcher Widrigkeiten Ausdruck für göttliche Strafen oder eben Verwünschungen böswilliger Mächte. Möglicherweise haben sie einfach die Beobachtung gemacht, dass die Pflanzen in Gemeinschaft mit Knoblauch besser gediehen und schlossen daraus, dass der Knoblauch sie vor dem bösen Zauber schütze.

Knoblauch ist wegen seiner bakterien- und pilzabtötenden Wirkung fast überall im Garten ein gern gesehener Partner.

Natürliches Antibiotikum für Mensch und Pflanze

Neben dem stark duftenden ätherischen Öl Allicin enthält Knoblauch vor allem das Alliin, eine Schwefelverbindung, die Bakterien und Pilze vernichtet. Dass Schwefel ein wirksames Antipilzmittel ist, weiß man ebenfalls seit alters her. Auch die moderne Medizin bescheinigt dem Knoblauch eine ausgeprägte bakterien- und pilzabtötende Wirkung. Er gilt deshalb als ein natürliches Antibiotikum. Allerdings, das haben neuere Forschungen ergeben, zeigt nur natürlicher Knoblauch diese Wirkung. Die geruchlosen Knoblauchpillen, so stellte sich heraus, verlieren offenbar mit dem Geruch auch ihre Wirksamkeit. Was einmal mehr zeigt, dass das Ganze doch mehr ist als die Summe seiner Teile: Denn das Zerlegen der Pflanze in ihre einzelnen Wirkstoffe und eine Verabreichung dieser Einzelsubstanzen erzielt nicht denselben Effekt wie das Einnehmen des gesamten wirksamen Pflanzenteiles – hier der Knoblauchzehe. Übrigens: Knoblauch soll einen noch intensiveren Geschmack und eine bessere Wirkung entwickeln, wenn man sein Laub drei Wochen vor der Ernte zusammenbindet.

Ein gern gesehener Nachbar

Dass sich Knoblauch schon als wirksame Saatgutbeize für viele Pflanzen eignet, habe ich schon erläutert (siehe Seite 29). Auch nach dem Keimen ist er ein wichtiger

Eine Knoblauch-Unterpflanzung schützt Tomaten vor der Braunfäule.

und heilsamer Partner, sowohl im Gemüse- als auch im Blumen- und im Obstgarten. Knoblauch ist fast immer eine gern gesehene Nachbarpflanze. Nur die Hülsenfrüchte wie Erbsen, Bohnen, Linsen und Lupinen können ihn nicht neben sich ertragen.

Besonders hilfreich hat sich der Knoblauch im Gemüse- und Obstgarten erwiesen, weil es da natürlich vor allem auf eine gute Ernte ankommt. Hier wird er insbesondere wegen seiner pilzverhütenden Eigenschaft geschätzt. So schützt er Gurken vor Mehltau, Erdbeeren und Himbeeren vor Grauschimmel, letztere auch vor der Rutenkrankheit. Als Unterpflanzung von Tomaten verhütet er bakterielle Erkrankungen wie z. B. die Braun- oder Krautfäule, die nicht nur die Blätter schädigt und absterben lässt, sondern auch die Entwicklung der Früchte beeinträchtigt und braune Fäulnisstellen verursacht. Außerdem vertreibt er mit seinem strengen Geruch die Erdbeermilbe, die Erdbeerälchen und die Möhrenfliege.

Auch Obstgehölze, vor allem Spalierobst, gedeihen besser, wenn zu ihren Füßen Knoblauch wächst. Die Gehölze erweisen sich nicht nur als widerstandskräftiger gegen z. B. Obstbaumkrebs und Schorfbefall, auch andere Erkrankungen, wie etwa die weit verbreitete, ebenfalls durch einen Pilz verursachte Kräuselkrankheit bei Pfirsichen, treten dank Knoblauchbegleitung wesentlich seltener auf.

Auch Blumen lieben Knoblauch

Genauso hilfreich ist der Knoblauch im Blumengarten. Bekannt ist seine pilzverhütende Wirkung vor allem bei Zwiebel- und Knollenpflanzen wie Tulpen und Lilien. Auch Rosen werden erheblich seltener von Mehltau und Sternrußtau befallen, wenn sie gemeinsam mit Knoblauch wachsen. Außerdem scheinen Blattläuse den strengen Knoblauchgeruch nicht zu mögen, denn sie lassen alle Pflanzen in Frieden, die in Gemeinschaft mit der vielseitigen Zwiebel wachsen.

Eine vorzügliche Partnerschaft besteht auch zwischen Knoblauch und Staudenphlox (*Phlox*-Paniculata-Hybriden), der ganz besonders durch Mehltau sowie durch Wurzel- und Stängelälchen gefährdet ist. Diese Entdeckung machte ich vor über zehn Jahren rein zufällig, als ich ein kleines Stück einer gerade geteilten Phloxstaude der Sorte 'Juliglut' aus Platzmangel in der Rabatte kurzerhand übergangsweise im Erdbeerbeet einquartierte. Dabei hatte ich sie aus Versehen genau auf eine Knoblauchzehe gesetzt. Aus dieser Zehe entwickelten sich im Laufe der nächsten zwei Jahre stattliche Zwiebeln, die völlig mit dem Wurzelstock des Phlox verwuchsen und die ich aus Be-

In meinem Garten wachsen fast alle *Phlox*-Paniculata-Hybriden in inniger Gemeinschaft mit Knoblauch.

quemlichkeit nicht entfernte, genausowenig wie ich den Phlox an seinen ursprünglich geplanten Standort umpflanzte. Und eines Tages fiel mir dann plötzlich auf, dass 'Juliglut' im Erdbeerbeet wesentlich kräftiger wuchs und blühte, ja tatsächlich glühte, als seine knoblauchfreien Geschwister derselben Mutterpflanze. Außerdem hatte diese Pflanze weder Probleme mit Mehltau noch mit Älchen. Inzwischen wachsen – bis auf wenige Ausnahmen, die ich zu Vergleichszwecken noch knoblauchlos halte – alle meine Phloxstauden in enger Gemeinschaft mit Knoblauch. Die Zwiebeln teile ich nur dann, wenn ich die Phloxstauden teile und neu aufpflanze – also alle 4–5 Jahre.

Auch als Jauche und Tee

Besonders empfindliche und gefährdete Pflanzen können Sie auch mit **Knoblauch-Jauche** oder **Knoblauch-Tee** direkt behandeln. Für die Jauche nehmen Sie 500 g frische, fein zerhackte Knoblauchzehen auf 10 l Wasser und lassen die Mischung in einem Steinguttopf oder einem Fass vergären. Je nach Witterung dauert das 1–3 Wochen. Sobald sich die Jauche geklärt hat, wird sie durch ein feines Tuch (Mullwindel) abgeseiht und im Verhältnis 1:10 mit abgestandenem Regenwasser verdünnt auf den Boden gespritzt. Dort wirkt sie als Stärkungsmittel und verhindert die Vermehrung von schädlichen Pilzen, z. B. von Grauschimmel und Mehltau. Unverdünnt verwendet man die Knoblauch-Jauche zur Abwehr der Möhrenfliege.
Für die Herstellung von Knoblauch-Tee existiert eine ganze Reihe verschiedener Rezepte. Ich bevorzuge die Zubereitung eines Konzentrats: Dazu werden 10 g feingehackte Knoblauchzehen mit 1 l heißem, aber nicht mehr kochendem Wasser überbrüht. Das Ganze etwa 24 Stunden ziehen lassen, abseihen und in eine dunkle Flasche füllen. Im kühlen Keller oder Kühlschrank hält sich diese Vorratslösung nach meiner Erfahrung bis zu 3 Wochen. Knoblauch-Tee empfiehlt sich besonders zur Vorbeugung von Echtem Mehltau: So sollten Sie z. B. bei mehltaufördernden Wetter, etwa trockenheißen oder schwül-warmen Frühsommertagen, nicht nur Ihre Gurkenbeete, sondern auch Ihre Phlox-, Rittersporn- und Asternstauden alle 4–5 Tage mit Knoblauch-Tee besprühen. Dazu wird das Konzentrat im Verhältnis 1:3 mit abgestandenem Regenwasser verdünnt. Noch wirksamer ist Knoblauch-Tee, wenn man dem Konzentrat 1 Teelöffel feinstes Paraffin (aus der Apotheke) als Netzmittel zugibt. Nicht vergessen: Erbsen, Bohnen, Lupinen und Kohl vertragen keinen Knoblauch-Tee! Für sie empfehlen sich Jauche und Tee aus Wermut zur Schädlingsabwehr (siehe Seite 70).

Geruchsarme Alternativen

Wer nicht den ganzen Garten mit Knoblauch bepflanzen will, kann als Ersatz auch **Schnittlauch** *(Allium schoenoprasum)* verwenden. Im Gemüsegarten eignet er sich, wie gesagt, wunderbar als Beeteinfassung (siehe Seite 92). Aber pflanzen Sie ihn bitte nicht zu Buschbohnen, Erbsen, Kohl, Spargel und Tomaten. Schön macht sich Schnittlauch übrigens auch im Blumenbeet, wo er mit seinen hell-lila Blüten gar nicht als Fremdling auffällt und kräftig die Bienen anlockt.
Ob auch **Knolau**, eine neue Kreuzung aus Knoblauch und Schnittlauch, dieselben heilenden Eigenschaften hat, habe ich immer noch nicht ausprobiert. In Anbetracht der Elternschaft nehme ich es aber an. Versuchen Sie es doch einfach einmal. Knolau hat feines, lauchartiges Laub, bildet aber keine Zwiebeln. Er schmeckt deutlich nach Knoblauch und wird in der Küche wie Schnittlauch verwendet.
Eine gute Alternative zum Knoblauch im Erdbeerbeet sind auch **Zwiebeln** und **Lauch** (**Porree**), die ebenfalls Grauschimmel verhindern und Erdbeerälchen sowie Erdbeermilben vertreiben. Lassen Sie die Wurzeln von Zwiebeln und Lauch nach der Ernte ruhig im Boden: Sie verrotten dort und reichern die Erde weiter mit günstigen Stoffen an. Lauch und Zwiebeln können, wie der Knoblauch, auch den Winter über im Boden bleiben. Während der Lauch als Wintergemüse nach und nach abgeerntet wird, treiben Wintersteckzwiebeln und Knoblauch im Frühjahr und ermöglichen eine zeitige Ernte. Ich ernte ohnehin nicht alle Knoblauchzwiebeln, sondern lasse immer einige stehen, damit sie sich selbst ausbreiten können. Alle zwei bis drei Jahre nehme ich die dann sehr großen Zwiebeln auf und verteile die einzelnen Zehen über das ganze Beet.

Tomaten, vielseitige Helfer

Gleich nach dem Knoblauch kommt hinsichtlich der Vielseitigkeit die **Tomate** *(Lycopersicon esculentum)*, vor allem zur Schädlingsabwehr, wobei ihre Wirkung

Tomaten liefern nicht nur wohlschmeckende Früchte. Auch ihr Kraut lässt sich im Garten vielfältig zur Schädlingsabwehr verwenden.

vorwiegend durch den intensiven Geruch des Krauts erklärt wird. Möglicherweise hilft sie aber auch noch auf andere Weise, denn Tomaten gehören zu den Nachtschattengewächsen. Viele zum Teil hochgiftige Vertreter dieser Pflanzenfamilie, wie der Bittersüße Nachtschatten (*Solanum dulcamara*), das Schwarze Bilsenkraut (*Hyoscyamus niger*) und der Gemeine Stechapfel (*Datura stramonium*), spielten in der mittelalterlichen Magie und Heilkunde eine wichtige Rolle und werden zum Teil heute noch, vor allem in der Homöopathie, verwendet. Auch die grünen Teile der Tomate einschließlich der unreifen Früchte enthalten das hochgiftige Alkaloid Solanin mit saponinähnlichen Wirkungen sowie das Tomatin, das nachgewiesenermaßen bestimmte Pilze abtöten kann. Selbst wenn Sie in sehr rauen Lagen leben und mangels Gewächshaus auf Tomaten bislang verzichtet haben oder sie einfach nicht mögen, sollten Sie sich ein oder zwei Buschtomaten allein schon für die Gesundheit Ihrer sonstigen Pflanzen ziehen.

Gemüse: fast immer mit Tomaten

Vor allem im Gemüsegarten sind Tomaten unverzichtbare Partner. Fast alle lieben sie, nur ihre Verwandten, die Kartoffeln, sowie Rote Bete, Erbsen und Fenchel vertragen ihre Gesellschaft nicht. Alle anderen – allen voran die Wurzelgemüse wie Karotten, Radieschen, Rettiche und Sellerie – gedeihen gesund und kräftig, wenn sie zusammen mit Tomaten stehen. Auch Salat, Spinat, Lauch und Bohnen sowie alle Kohlarten wachsen gerne in ihrer Nähe. Dasselbe gilt für den Spargel. Wie die Tomate im Einzelnen hilft, ist, wie gesagt, noch weitgehend unerforscht. Sicher ist jedoch, dass ihr starker Geruch eine Menge Schädlinge wie Erdflöhe, Möhrenfliegen, Lauchmotten, Kohlfliegen, Kohlweißlinge, Spargelfliege, Spargelkäfer und Spargelhähnchen abschreckt. Allerdings müssen Sie jetzt nicht Ihren ganzen Garten mit hohen Tomatenstauden bepflanzen, denn dann könnten Sie bald einen eigenen Tomatenhandel aufmachen. Auch die kleinwüchsigen Sorten, etwa 'Minibel', eignen sich wunderbar, zumal sie nicht soviel Schatten werfen, weniger Nährstoffe und natürlich auch weniger

Tomaten und Bohnen bilden eine heilsame Partnerschaft.

Wasser brauchen. Pflanzen Sie die Tomaten, auch wenn das zunächst unpraktisch erscheint, immer als Mittelreihe in die Beete, damit möglichst viele Partner von ihren stärkenden und heilenden Wirkungen profitieren können. Eine dicke, begehbare Mulchdecke oder einige breite Trittsteine machen die Versorgung der Pflanzen und später auch die Ernte zum Kinderspiel.
Nur das Karottenbeet sollten Sie mit niedrig wachsenden Tomatenstauden umpflanzen. Denn englische Versuche haben gezeigt, dass die Möhrenfliege nicht von oben auf ihre Opfer herabstößt, sondern sich fast im waagerechten Flug von der Seite den Karotten nähert. Versperrt man ihnen diese Flugbahnen durch niedrige Netzzäune oder Begleitpflanzungen, drehen sie zu leichter erreichbaren Karotten in der Nachbarschaft ab.

Nicht zuletzt hilft sich die Tomate auch selbst: Am besten gedeiht sie mit einer Mulchdecke aus ihrem eigenen Laub, am einfachsten aus ausgegeizten Seitentrieben. Auch Kompost aus den vorjährigen Tomatenpflanzen bekommt ihr bestens (Rezept siehe Seite 27). Und da die Tomate ja am liebsten jedes Jahr am gleichen Platz wächst (siehe Seite 51), können Sie Ihre Mischkulturen so planen, dass die Partner zur Tomate wandern und nicht umgekehrt – was die Planung erfahrungsgemäß sehr vereinfacht.

Tomatenblätter gegen lästige Insekten

In besonderen Notfällen können Sie auch Tomatenlaub als Mulch auslegen. Das ist z. B. bei plötzlichem **Erdflohbefall** in der Radieschenreihe angebracht. Auch **Ameisen** suchen sich lieber andere Wege, wenn sie auf Tomatenlaub stoßen. Im Kohlbeet vertreiben Tomatenblätter die **Kohlfliegen** und **Kohlweißlinge** mit ihrem durchdringenden Geruch. Und genauso hassen die **Rebläuse** Tomatenduft. Bedenken Sie aber, dass das Abschneiden der Blätter die Tomatenpflanze und damit den Ertrag schwächt. Wer viele Tomatenstauden zieht, hat meist genügend ausgegeizte Triebe zur Verfügung. Ansonsten sollten Sie eine Pflanze als alleinigen Blätterlieferanten ziehen.
Noch wirksamer ist das Überbrausen der gefährdeten Kohlpflanzen mit einem **Kaltwasserauszug** aus Tomatenlaub. Dazu nehmen Sie 2 Hand voll Blätter oder noch besser ausgegeizte Triebe, zerkleinern sie sehr fein und lassen sie in 2 l abgestandenem Regenwasser 2–3 Stunden lang ziehen. Anschließend übersprühen sie die Pflanzen mehrfach, damit der Kohlweißling sie durch den Tomatenduft nicht mehr als Kohl erkennt. Da der Auszug wegen des Solanins eventuell schwach giftig ist, sollten Sie ihn nicht mehr kurz vor der Ernte sprühen.

Mit Wohlgeruch gegen Blattlaus & Co.

Lavendel, Thymian und Salbei sorgen nicht nur für Wohlgeruch im Garten, sondern schützen ebenfalls vor den verschiedensten Schädlingen. Aber sie sind nicht die Einzigen: Auch andere Kräuter helfen mit ihren starken **ätherischen Ölen** gegen Schädlinge. Daher sollten Sie kräftig duftende Kräuter niemals in einen Kräutergarten verbannen, zumal ihre Düfte dort gar nicht richtig zur Geltung kommen und sie überdies oft sehr

Auch die panaschierten Sorten des Salbeis vertreiben Schädlinge.

unterschiedliche Standorte bevorzugen. Viel besser ist es, sie dorthin zu pflanzen, wo sie sich wohlfühlen und gleichzeitig gebraucht werden. So verwirren Lavendel *(Lavendula*-Arten), Thymian *(Thymus*-Arten), Rosmarin *(Rosmarinus officinalis)*, Ysop *(Hyssopus officinalis)* und Salbei *(Salvia officinalis)* den Geruchssinn der **Blattläuse**. Gleichzeitig treiben sie die **Ameisen** in die Flucht, die sich gerne als Beschützer der Blattläuse betätigen, weil sie deren süße Ausscheidungen (den Honigtau) lieben. Und sie sorgen dafür, dass die lästigen **Spargelfliegen**, **Spargelkäfer** und **Spargelhähnchen** ihre Lieblingsspeise nicht mehr finden. Auch Basilikum *(Ocimum basilicum)* ist ein guter Helfer gegen **Blattläuse** an Obst, Gemüse und Blumen sowie gegen **Lilienhähnchen** an Lilien und Kaiserkronen.
Dass das ein- und mehrjährige Bohnenkraut *(Satureja hortensis* und *S. montana)* mit seinem starken Geruch die Schwarze **Bohnenblattlaus** abhält, ist seit langem bekannt. Auf dieselbe Weise schützen auch Dill *(Anethum graveolens)*, Salbei und Beifuß *(Artemisia vulgaris)* den Kohl vor **Kohlweißlingen**, Salbei hält außerdem auch die **Möhrenfliege** fern.
An den Rand des Salatbeetes können Sie Kerbel *(Anthriscus cerefolium)* pflanzen, um **Blattläuse** sowie **Schnecken** und **Ameisen** fernzuhalten. Außerdem soll Kerbel auch gegen **Echten Mehltau** schützen und überdies den Salat zart halten.
Im Obstgarten hat sich seit langem die Kapuzinerkresse *(Tropaeolum majus)* zur Abwehr von Läusen, vor allem der lästigen **Blutlaus**, bewährt. Aber auch die gewöhnliche Gartenkresse *(Lepidium sativum)* leistet hier hervorragende Dienste, zumal sie hier mit ihrer Aggressivität anders als im Gemüsegarten keinen Schaden anrichten kann. Allerdings muss sie jährlich wandern, doch kann sie Gelbsenf *(Sinapis alba)* gut ersetzen. Wichtig ist, dass Sie Kresse und Senf im Gegensatz zur Kapuzinerkresse schon vor der Samenbildung abmähen und

Lavendel dient seit alters her als Blattlausschreck.

Kapuzinerkresse hält die Blattläuse von den Obstbäumen fern.

unterhacken. Denn wenn sie zu lange stehen,werden die Stengel der Pflanzen zu hart und verrotten nicht mehr so leicht.
Im Blumenbeet machen sich auch Anis *(Pimpinella anisum)*, Koriander *(Coriandrum sativum)* und Katzenminze *(Nepeta*-Arten) zur **Blattlaus- und Raupenabwehr** gut.

Scharfmacher gegen Drahtwürmer

Drahtwürmer werden durch die scharfen Ausdünstungen des Meerrettichs *(Armoracia rusticana)* in die Flucht getrieben, weshalb unsere Urgroßeltern an jede Ecke des Kartoffelbeetes einen Meerrettich pflanzten. Außerdem soll er vor »bösen Geistern« schützen, womit wahrscheinlich vor allem die **Kartoffelkäfer** gemeint sind. Übrigens soll auch Kohlrabi mit seinem intensiven Geruch die Drahtwürmer vertreiben.
Drahtwürmer lieben saftiges, weiches Pflanzenmaterial. Daher dürfen Sie auf gefährdete Pflanzungen, wie Salat und Kartoffelbeete, nur gut verrotteten Kompost geben.

Meerrettich treibt Drahtwürmer und Kartoffelkäfer in die Flucht.

In Holzstangen überwintern oft die Sporen des Bohnenrostes.

Auch auf Mulchdecken aus Frischkompost sollten Sie verzichten und stattdessen lieber angetrockneten Rasenschnitt oder Strohhäcksel verteilen. Als Fangpflanzen dienen einige Salatpflanzen am Rand des Kartoffelbeets, die vernichtet (verbrannt) werden müssen, sobald sie welken.

Erdflöhe hassen Feuchtigkeit

Gegen **Erdflöhe** helfen häufiges Hacken oder eine feuchte Mulchdecke, am besten mit vielen Tomatenblättern. Auch früh gesetzte Kohlrabi sowie Salat schützen vor allem Radieschen und Rettiche vor Erdflöhen. Vermutlich ist es ihr Blätterdach, das den Boden schattig und feucht hält, was die wasserscheuen Erdflöhe vertreibt. Außerdem mögen sie keine Holzasche. Streuen Sie diese nicht nur auf die Erde, sondern auch auf die Pflanzen. Nach Regenfällen müssen Sie die Ascheschicht erneuern. Und nicht zuletzt sollen auch blühende Ginsterzweige den Erdflöhen den Appetit verderben.

Ein Feinschmecker: die Spargelfliege

Spargelfliegen legen ihre Eier von April bis Juni in die Schuppen der gerade auf der Erde hervorlugenden Spargelköpfe. Die Larven zerfressen dann die Stangen bis hinunter zum Wurzelstock und richten große Schäden an. Glücklicherweise lassen sich Spargelfliegen aber leicht täuschen: Dazu steckt man etwa spargelbreite weiße Holzstäbchen in die Erde, lässt das obere Ende etwa 3 cm herausschauen und bestreicht es mit Raupenleim. Die Fliegen, die das Holz für einen Spargelspross halten, bleiben daran kleben.

Bohnenrost liebt Holz

Die Sporen des **Bohnenrosts** überwintern gerne im Holz der Bohnenstangen. Bei Befall müssen Sie die Stangen unbedingt vernichten (am besten durch Verbrennen!) Ziehen Sie künftig die Stangenbohnen an Drähten oder dicken Plastikschnüren (Wäscheleine oder dünne Schiffsseile); dort können sich Pilzsporen nicht einnisten.

Vorsicht Fallobst!

Fallobst ist eine wunderbare Brutstätte für Schädlingslarven aller Art. So sitzen in heruntergefallenen Kirschen oft die Larven der **Kirschfliege**, die sich später im Boden verpuppen und dort überwintern. Auch die Larven des **Apfelwicklers** kriechen aus dem Fallobst flugs zum Baumstamm und verpuppen sich hinter den schützenden Rindenschuppen. Daher müssen Sie Fallobst sofort auflesen und entweder tief im Kompost versenken, damit die Heißrotte den Schädlingen den Garaus machen kann, oder es weit entfernt von Obstgehölzen den Vögeln und Igeln zum Fraß vorwerfen. Heruntergefallene, vergärende Kirschen sind übrigens auch eine Delikatesse für Schmetterlinge, besonders für den Admiral. Deponieren Sie die zusammengerechten Kirschen an einem Gehölzrand, und der Admiral wird nicht lange auf sich warten lassen, manchmal kommt gleich eine ganze Truppe.

Wolle statt Leimring

Leimringe sind ein altbewährtes Mittel gegen Frostspanner an Obstgehölzen, besonders Apfel- und Kirschbäumen. Leider bleiben aber manchmal auch nützliche Insekten daran hängen. Eine alte, ebenso wirkungsvolle wie für Nützlinge völlig unschädliche Fangmethode ist der **Wollgürtel** aus frischer Schafwolle. Dazu binden Sie einen dicken Strang ungewaschene Wolle fest um den Stamm. Die flugunfähigen Weibchen des Frostspanners machen auf ihrem herbstlichen Weg zu den Winterknospen der Bäume in der leicht fettigen Wolle Halt und legen dort ihre Eier ab. Spätestens Ende Januar müssen Sie den Wollgürtel abnehmen und vernichten, sonst schlüpfen die leuchtend grünen Raupen der Frostspanner. Vor dem Verbrennen oder Entsorgen in der Mülltonne schauen Sie bitte nach, ob nicht auch Nützlinge wie Marienkäfer, Ohrwürmer und Florfliegen in der Wolle überwintern und setzen sie dann im Garten unter einer Laubdecke wieder aus.

Statt eines Wollgürtels können Sie auch einen etwa 15 cm breiten Ring aus **Wellpappe** nehmen. Er wird ebenfalls im Herbst dicht an den Stamm angelegt. Bei älteren Bäumen mit dicker Borke bürsten Sie den Stamm am besten vorher ordentlich mit einer Drahtbürste ab; für jüngere Stämme mit noch dünner Rinde verwenden Sie eine weichere Wurzelbürste, um die Rinde nicht zu verletzten. Die Wellpappe wird ebenfalls spätestens Ende Januar abgenommen und vor der Vernichtung auf Nützlinge kontrolliert.

Frostspanner legen ihre Eier gerne in einfache Wellpappegürtel.

Hühner – die beste Hilfe im Obstgarten

Hühner sind im Obstgarten eine große Hilfe, da sie scharenweise

Seit einigen Jahren erfreuen sich die hübschen Seidenhühner als Schädlingsvertilger im Garten wachsender Beliebtheit.

Raupen, Larven und Puppen aus dem Boden kratzen und vertilgen. Man sollte sie daher nicht nur im Sommer, sondern auch im Winter im Obstgarten eifrig scharren lassen. Wer keine eigenen Hühner hat, kann sich vielleicht einige vom Nachbarn ausborgen. Schon nach einer Woche hat das liebe Federvieh kräftig unter den Schädlingen aufgeräumt. Und wer gar keine Möglichkeit der Hühnerhilfe hat, sollte alles tun, um möglichst viele Vögel, vor allem Meisen und Finken, in seinen Garten zu locken.

Stammpflege muss sein

Besonders junge Bäume brauchen einen **Winterschutz** für ihren Stamm. Hauptgrund ist der Frost, der bei ungeschützten Stämmen leicht Risse verursacht, durch die dann die verschiedensten Krankheitskeime eindringen können. Aber auch die älteren Bäume sind für eine winterliche Stammpflege sehr dankbar. Zwar sind sie durch ihre dicke Borke vor dem Frost weitgehend geschützt, dafür legen aber gerne Schädlinge wie etwa die gefürchteten Frostspanner ihre Eier zur Überwinterung in Ritzen der Borke ab. Daher sollten Sie spätestens im Dezember die alljährliche Stammpflege vornehmen.

Dazu werden die Stämme zunächst sorgfältig abgebürstet. Bei alten mit dicker Borke überzogenen Stämmen nehmen Sie am besten eine Drahtbürste. Für junge Stämme eignet sich diese brachiale Methode jedoch nicht; hier empfiehlt sich eine mittelgrobe Schuhbürste, wie man sie zum Entfernen des Schmutzes an den Schuhen verwendet. Anschließend werden eventuelle Wunden und erkrankte Stellen bis ins gesunde Holz ausgeschnitten und mit einem Wundverschluss versehen. Dafür können Sie eines der handelsüblichen Mittel nehmen. Unsere Urgroßeltern rührten sich den Wundverschluss (Baumkitt) allerdings noch selbst an, was auch heute noch leicht möglich ist.

Baumkitt nach Urgroßmutterart

In einem Gartenbuch aus dem Jahre 1877 fand ich folgendes Rezept, wobei als Grundmaß die Menge gilt, die etwa in einen (ausrangierten) Hut passt. Man nehme 1/2 Teil frische, feste Kuhfladen, 1/2 Teil Lehm, eine Hand voll Kuh- oder Rehhaare und ein halbes Pfund dickes Terpentin (Baumharz). Außerdem brauchen Sie noch eine Schweins- oder Ochsenblase und eine alte, unbeschichtete Pfanne, die Sie anderweitig nicht mehr benutzen wollen. Als Lehmersatz können Sie auch eines der handelsüblichen Lehmprodukte, z. B. Bentonit, nehmen. Kuhhaare und Tierblase erbitten Sie am besten vom Bauern oder Metzger. Terpentin können Sie als »weißes Pech« bzw. Harz, das an Nadelbäumen herunter läuft, im Wald selbst sammeln oder auf Bestellung von Apotheken beziehen. Dann müssen Sie aber unbedingt dickes Terpentin = Harz verlangen, sonst erhalten Sie es als Öl, das für Ihre Zwecke unbrauchbar ist.

Und so wird der Baumkitt hergestellt: Verrühren Sie den fein zerstoßenen Lehm und die Tierhaare mit den Kuhfladen zu einer festen, aber geschmeidigen Masse. Diese geben sie dann in die Pfanne, verteilen das Terpentin-Harz in Flöckchen darüber und erwärmen das Ganze vorsichtig auf kleiner Flamme, bis das Harz weich wird und sich gut unterrühren lässt. Anschließend füllen Sie den Kitt in eine Schweins- oder Ochsenblase und vergraben die zugebundene Blase an einem geschützten Ort in der Erde. Das Vergraben dient der Konservierung des Wundverschlusses. An der Luft würde die Masse schnell brüchig und hart werden. Bei Bedarf graben Sie die Blase aus, entnehmen die benötigte Menge und vergraben die fest verschlossene Blase sofort wieder. Mit diesem Kitt sollen sich alle heilbaren Wunden an den Bäumen heilen lassen.

Mit Kalk und Lehm durch den Winter

Nachdem alle Wunden verschlossen sind, wird der gesamte Stamm angestrichen. Am bekanntesten ist der weiße **Kalkmilchanstrich**, den es ebenfalls fertig zu kaufen gibt. Sie können ihn sich aber auch selbst anrühren: Für drei große Obstbäume brauchen Sie etwa 2,5 kg gelöschten Kalk (niemals Branntkalk verwenden!) auf 10 l Wasser. Ein anderes Rezept empfiehlt 2 kg Kalk, 1 kg Ofenruß (Holzruß oder Holzasche) auf ebenfalls 10 l Wasser. Geben Sie nicht die ganze Wassermenge auf einmal zum Kalk (und zum Ruß), sondern teigen sie erst langsam an, damit es keine Klümpchen gibt.

Anschließend bestreichen Sie den gesamten Stamm bis hoch in den Kronenansatz ein- bis zweimal mit der Kalkmilch. Am besten nehmen Sie dazu eine alte Malerquaste und schützen Ihre Augen mit einer Schutzbrille. Streichen Sie nur bei trockenem Wetter, sonst ist Ihre ganze Mühe umsonst, weil der Anstrich nicht trocknet und vom Regen schnell wieder abgewaschen

Für heilsame Baumanstriche auf Lehmbasis gibt es viele Rezepte. Zur Grundmischung gehören immer Kuhfladen und Schachtelhalm-Brühe.

wird. Obwohl der Kalkanstrich heute wieder häufiger verwendet wird, ist er nicht der beste. Denn er reflektiert zwar das Sonnenlicht und verhindert so, dass die Rinde zu mürbe wird, wirkt insgesamt aber nur oberflächlich.

Besser ist ein tief wirkender, nährender und **heilender Anstrich aus Lehm, Kuhfladen und Heilkräutern**. Dieser schützt nicht nur vor der Sonneneinstrahlung, sondern versorgt den Stamm mit wichtigen Nährstoffen und fördert damit das Zellwachstum. Außerdem verhindert er Schädlings- und Krankheitsbefall und schützt vor **Wildverbiss** durch Kaninchen, Hasen und andere Tiere.

Fertige Lehmmischungen zum Anrühren sind ebenfalls heute im Handel. Viele Gärtner bevorzugen aber ihr eigenes Hausrezept. Für die Grundmischung empfiehlt sich folgendes, uralte Rezept: Verrühren Sie 1 Teil Lehm (ersatzweise ein handelsübliches Lehmpulver) und 1 Teil frische feste Kuhfladen mit noch warmer Schachtelhalm-Brühe zu einem sämigen Brei. Dabei sollten Sie die Brühe (Herstellung siehe Seite 29 sowie in Büchern zum Bio-Garten, z. B. von M. L. Kreuter, siehe Literaturverzeichnis Seite 168) ebenfalls nach und nach zugeben und das Ganze mindestens 12 Stunden ausquellen lassen, damit der Anstrich später am Baum nicht wieder aufplatzt. Wer keinen Schachtelhalm zur Hand hat, kann heute auch auf ein handelsübliches Mittel zurückgreifen. Nach dem Ausquellen tragen Sie den Lehmbrei bei trockenem Wetter auf die Stämme auf. Hier empfiehlt sich wieder die Malerquaste. In sehr nassen Wintern sollten Sie den Anstrich im Februar an frostfreien Tagen wiederholen.

Nur die wenigsten Gärtner verwenden die reine Grundmischung. Fast alle fügen noch andere Zutaten bei. Dabei sind Ihrer Experimentierfreude praktisch keine Grenzen gesetzt. In alten Büchern wird meist die Zugabe von Wermut-, Wurmfarn- oder Rainfarnabkochungen empfohlen, die eventuell noch vorhandene Schädlinge abtöten bzw. einen Neubefall abwehren sollen. Statt Schachtelhalmbrühe geben manche Rezepte auch Wasserglas (Natriumsilikat) als Zusatz an. Dieses Mittel, das Sie ebenfalls im Gartenfachhandel und in Apotheken bekommen, enthält wie der Schachtelhalm sehr viel Kieselsäure, die pilzhemmend wirkt.

Eine moderne Abwandlung des alten Grundrezepts ist das folgende: 10 Teile Lehm, 6 Teile Kuhfladen, 1 Teil Gesteinsmehl oder Algenkalk, 1 Teil Holzasche. Angerührt wird mit 1:10 verdünnter Schachtelhalm-Brühe.

Und nicht zuletzt können Sie dem Lehmanstrich auch spezielle homöopathische Mittel für Pflanzen zusetzen (siehe Seite 72), was sich besonders bei verletzten oder erkrankten Bäumen empfiehlt.

Wenn es trotzdem einmal brennt

Manchmal hilft alle Vorbeugung nichts – Schädlinge oder Krankheiten sind plötzlich trotzdem da. Häufig wurden sie einfach durch neuerworbene Pflanzen oder schlechtes Saatgut eingeschleppt. Und oft spielen auch extreme Witterungsbedingungen eine Rolle oder eine etwas nachlässige Pflege, z. B. zu wenig Gießen in Hitzeperiode oder schlechte Bodenlockerung. Auch in Gärten, die gerade von der konventionellen Wirtschaftsweise und Schädlingsbekämpfung auf biologische Methoden umgestellt werden, gibt es häufig solche Rückschläge.

Staudenastern vertragen bei Mehltaubefall ohne Probleme einen kräftigen Rückschnitt mit der Heckenschere.

Genaue Schadensaufnahme

Doch bevor Sie zu härteren Bandagen greifen, sollten Sie sich das Ausmaß des Schadens zunächst genau betrachten. Sind z. B. nur die Triebspitzen oder obersten Blätter von Spalierbäumen, Beerenobststräuchern und Ziergehölzen von Blattläusen oder Raupengespinsten o. ä. überzogen, reicht oft einfaches **Abschneiden und Vernichten** der befallenen Teile. Man kann sie übrigens auch auf den Kompost geben, sollte sie aber dann in der Mitte vergraben, damit die Schädlinge durch die Heißrotte sicher vernichtet werden. Auch **Echter** oder **Falscher Mehltau** lässt sich häufig mit der Schere in Grenzen halten: So können Sie z. B. Herbstastern mit glatten Blättern (*Aster novi-belgii* und andere *Aster*-Arten) und Lungenkraut (*Pulmonaria*-Arten), die beide in feucht-warmen Juniwochen bevorzugt von diesen Pilzkrankheiten heimgesucht werden, einfach scharf zurückschneiden. Sie treiben dann – meist – gesund wieder durch. Übrigens hielten unsere Vorfahren den Mehltau für eine Strafe der Sonne und nannten ihn daher »Sonnenregen«.

Bei Juni-Mehltau an Astern reicht oft radikales Zurückschneiden.

Bei anderen Pflanzen, gerade im Gemüsegarten, aber auch bei früh blühenden Blumen ist das hingegen nicht so einfach: Wer möchte schon seine Gurken, Tomaten, Kohlpflanzen oder Rittersporne köpfen? Hier hilft nur die **direkte Bekämpfung** der Schädlinge und Krankheiten an der Pflanze. Bei Schädlingen hat man noch die Wahl zwischen Einfangen und Vernichtung an Ort und Stelle. Krankheiten müssen immer direkt an der Pflanze bekämpft werden, wobei Tees und Brühen aus Kräutern eine wichtige Rolle spielen. Wie beißende Brennnessel-Brühe und Rhabarber-Tee hergestellt werden, möchte ich Ihnen allerdings nicht noch einmal erläutern. Dazu lesen Sie bitte die hervorragenden Bücher von Marie-Luise Kreuter. Hier will ich Sie dagegen mit einigen alten Tricks und Tipps aus Urgroßmutters Garten bekannt machen, die weitgehend in Vergessenheit geraten sind.

Mit Trichter und Tüchern auf Schädlingsjagd

Gegen den **Himbeer- oder Erdbeerblütenstecher** helfen einige Salatpflanzen als Fangpflanzen. Die Insekten halten sich gerne unter und zwischen den Salatblättern auf und können dann leicht abgesammelt werden. Himbeerblütenstecher lassen sich auch gut mittels eines Fangtrichters fangen. Dazu nehmen Sie ein großes Glas, z. B. ein Gurkenglas, und stecken einen weiten Trichter aus Papier in die Öffnung. Dieses Glas halten Sie nun unter die Himbeerruten, auf die sie mehrfach kräftig klopfen: Die Käfer fallen dann durch den Trichter ins Glas und werden entweder an weit entfernter Stelle wieder ausgesetzt oder mit kochendem Wasser getötet. Das Abklopfen geschieht am besten morgens.

Auf ähnliche Weise wird man auch des **Apfelblütenstechers** habhaft. Unter befallenen Bäumen werden, ebenfalls morgens, alte Bettlaken ausgebreitet. Dann klopft man die Äste kräftig ab, z. B. mittels eines Besenstiels. Die heruntergefallenen Käfer kommen ebenfalls in ein Glas und werden wie die Himbeerblütenstecher entsorgt.

Ein Brett für Erdflöhe

Wenn **Erdflöhe** in Massen auftreten, hilft das Fangen mittels eines **Leimbretts**. Dazu bestreichen Sie ein breites Brett dick mit Raupenleim und bewegen es langsam in etwa 5 cm Höhe über das befallene Beet. Angelockt durch die Bewegung, springen die Erdflöhe hoch und bleiben am Leim kleben. Diese Fangmethode funktioniert jedoch nur bei warmem, trockenem Wetter.

Mit Meerrettich gegen Monilia

In alten Büchern wird oft ein **Tee aus Meerrettich** gegen **Monilia** (Fruchtfäule) an Steinobst, wie Kirschen, Zwetschgen, Pflaumen, Renekloden und Mirabellen, empfohlen. Hacken Sie 250–300 g frische Merretichblätter und –wurzeln klein und überbrühen Sie diese mit 1 l heißem, aber nicht mehr kochendem Wassers. Lassen Sie den Tee 24 Stunden ziehen, bevor Sie ihn durch ein feines Tuch abseihen und ihn 1:10 mit abgekochtem Wasser verdünnen. Gespritzt wird alle zwei Wochen, auch direkt in die Blüte und vorbeugend – eventuell auch im Wechsel mit Schachtelhalm-Brühe.

Blattlausmittel: eine lange Liste

Blattläuse lassen sich gut mit **Streichhölzern** bekämpfen, die kopfüber möglichst dicht neben die Pflanze in die Erde gesteckt werden. Es müssen aber schwefelhaltige Streichhölzer sein. Die Pflanze nimmt den Schwefel mit den Wurzeln auf, die Blattläuse sterben daran innerhalb von 1–2 Wochen. Weil Schwefel in größeren Mengen auch für die menschliche Gesundheit nicht unbedenklich ist und zudem den Geschmack verändert, sollten Sie diese Methode nur an Zierpflanzen – auch im Zimmer – anwenden. Diese Methode funktioniert nicht nur bei akutem Befall, sondern kann auch vorbeugend angewendet werden.

Auch kalter schwarzer **Kaffee** oder **schwarzer Tee** macht den Blattläusen den Garaus. Entweder besprüht man sie direkt oder man gießt die befallenen Pflanzen mit Getränkeresten. Angeblich sterben

Die Mehlige Kohlblattlaus erscheint vor allem in feuchten Sommern.

die Blattläuse den Herztod. Auch hier sollte die Anwendung auf Zierpflanzen beschränkt bleiben. Außerdem sollten Sie sicherheitshalber zunächst einige wenige Versuchspflanzen behandeln, denn nicht alle Pflanzen vertragen eine Kaffee- oder Teedusche gleich gut; empfindlich sind etwa Usambaraveilchen *(Saintpaulia)* oder Bubiköpfchen *(Soleirolia)*.

Zimmerpflanzen, aber auch Rosen und Tomaten können Sie von Blattläusen befreien, indem Sie Schaum von Geschirrspülmitteln aus **Neutralseife** auftupfen. Nach 15 Minuten sind die Blattläuse gewöhnlich erledigt. Dann müssen Sie gut nachspülen.

Auch der stark gerbsäurehaltige **Tee aus Efeublättern** galt früher als bewährtes Mittel gegen Blattläuse und andere saugende Insekten. Der Tee wird wie Meerrettich-Tee aus frischen Blättern hergestellt und im Verhältnis 1:5 verdünnt auf die Blattlauskolonien an Zierpflanzen, Obstgehölzen und Bohnen gesprüht. Achtung: Nur Blätter verwenden, keine Früchte, denn diese sind auch für den Menschen giftig! Übrigens können regelmäßige Spritzungen mit Efeu-Tee bei Äpfeln die **Schorfanfälligkeit** mindern. Das haben neuere wissenschaftliche Untersuchungen ergeben. Hier sind es nicht die Gerbstoffe, sondern die Saponine des Efeus (siehe Seite 42), die das Gewebe der Äpfel widerstandsfähiger gegen den Schorfpilz machen. Fast ebenso wirksam gegen Blattläuse soll ein Tee aus frischer Rinde oder frischen Blättern der **Stieleiche** *(Quercus robur)* sein, der ebenfalls viel Gerbsäure enthält. Auch er wird wie Meerrettich-Tee (siehe Seite 69) hergestellt und direkt auf die Blattläuse gesprüht. Gegen Blut- und Schildläuse an Obstgehölzen hat sich ein Kaltauszug aus **Wurmfarn** *(Dryopteris filix-mas)* bewährt. Dazu geben Sie 1 kg frische Blätter oder 100 g getrocknete, pulverisierte Blätter auf 10 l Wasser und lassen die Mischung 24 Stunden ziehen. Der Auszug wird unverdünnt mehrfach im Winter an frostfreien Tagen auf Stamm und Äste gespritzt. Für eine Vorratslösung geben Sie 10 g getrocknete Wurmfarnblätter und 1 l abgestandenes Regenwasser in eine Flasche und verschließen diese fest. Nach 2 Wochen ist der Kaltauszug gebrauchsfertig, muss aber etwa 1:10 verdünnt werden. Zur Bekämpfung gewöhnlicher Blattläuse wird noch stärker verdünnt, nämlich 1:50.

Nicht nur gegen Blattläuse, sondern auch gegen verschiedenste andere saugende und fressende Ungeziefer und sogar gegen Schnecken helfen **Wermut-Tee** und **Wermut-Brühe**. Für den Tee werden 100 g frische oder 10 g getrocknete Wermutblätter mit 1 l kochendem Wasser überbrüht und nach 24 Stunden durch ein feines Tuch abgeseiht. Für Wermut-Jauche lassen Sie 300 g frische oder 30 g getrocknete Wermutblätter in 10 l Wasser 1–2 Wochen lang gären, bis die Flüssigkeit nicht mehr schäumt. Wermut-Tee hat sich besonders im Obst- und Gemüsegarten bewährt, wo er unverdünnt gegen **Blattläuse** und **Kirschfruchtfliegen**, 1:2 verdünnt gegen **Brombeer- und Erdbeermilben** gespritzt wird. Wermut-Jauche dagegen tötet die Schädlinge nicht ab, sondern verwirrt mit ihrem starken, stechenden Geruch den Geruchssinn der Tiere. Besonders bewährt hat sie sich als Schutz vor **Kohlweißling**, **Möhrenfliege** und **Apfelwickler**, wobei sie etwas verdünnt werden sollte. Nach Regen muss allerdings erneut gespritzt werden. Auch **Schnecken** und **Ameisen** sowie die **Larven der Dickmaulrüßler** meiden Beete, die mit Wermut-Jauche gegossen sind. Am besten ziehen Sie eine Geruchsbarriere, indem Sie einfach am Beetrand mit der Jauche entlang gießen.

Letzte Möglichkeit: Pyrethrum-Pulver

Wenn alles nichts half, griffen unsere Urgroßmütter gerne zum **hausgemachten Pyrethrum-Insektenpulver**, das sie aus der Persischen Kamille bzw. Dalmatinischen Insektenblume (*Tanacetum cinerariifolium,* syn. *Pyrethrum cinerariifolium)* herstellten. Diese Pflanze ist nicht zu verwechseln mit der Bunten Sommermargerite *(Tanacetum coccineum,* syn. *Chrysanthemum coccineum* bzw.

Wermut-Tee vertreibt Blattläuse, Milben und Fruchtfliegen.

Pyrethrum roseum), einer hübschen Schnittblume. Zur Herstellung des Pulvers trocknete man die gelben Blütenscheiben der voll erblühten Blumen ohne die äußeren Blütenblätter an einem warmen, luftigen, aber schattigen Ort auf Zeitungspapier. Sobald sie staubtrocken waren, wurden sie in einem Mörser zu feinem Pulver zerstoßen und in fest verschließbaren Gläsern aufbewahrt.

Das hausgemachte Pyrethrumpulver ist sehr wirksam, tötet allerdings sämtliche Insekten, gleichgültig ob Schädling oder Nützling. Außerdem ist es stark fischgiftig, auch wenn es sich innerhalb von 48 Stunden abbaut. Zur Insektenbekämpfung stäubte man das Pulver morgens direkt auf die noch taufeuchten Pflanzen. Außerdem räucherten unsere Urgroßmütter mit diesem Pulver auch ihre Wohnungen aus, um Holzwürmer, Wanzen und anderes Ungeziefer abzutöten. Es galt auch als bewährtes Flohpulver für die Haustiere. Für beide Zwecke würde ich das hausgemachte Pulver heute nicht mehr empfehlen, sondern wegen der kniffligen Dosierung immer auf handelsübliche Pyrethrum-Mittel zurückgreifen, die allerdings aus natürlichen Pyrethrum-Wirkstoffen hergestellt sein müssen. Auf synthetische Pyrethroide, die wesentlich länger wirken, sollten Sie verzichten. Bei der Arbeit mit Pyrethrum-Mitteln sollten Sie sicherheitshalber immer die übliche Schutzkleidung aus Schutzbrille und Mundschutz tragen, obwohl die Wirkstoffe als ungiftig für Warmblütler gelten. Die Wartezeit beträgt heute im Gemüsebau 7 Tage, im Obstbau 21 Tage.

Eine unendliche Geschichte: Schnecken

Was haben sich Gärtner nicht schon alles gegen **Nacktschnecken** einfallen lassen – und doch sind sie jedes Jahr aufs Neue wieder da. Mein ganz persönlicher Tipp nach langjährigem – vergeblichem – Kampf: Schließen Sie Frieden mit den Weichtieren, denn Schnecken sind durchaus auch nützlich. Sie vertilgen faulige Blattreste und verhindern auf diese Weise, dass sich Infektionen im Garten ausbreiten. Und da Schnecken lieber Angewelktes fressen, können Sie ihnen leicht ein Friedensangebot machen. Legen Sie ein paar angewelkte Salatblätter, kleingeschnittene Möhrenreste und was sonst noch beim Gemüseputzen und Jäten anfällt in die Nähe gefährdeter Beete und Pflanzen. Und Sie werden sehen: Die Schnecken werden sich mit Heißhunger darauf stürzen und die saftigen Pflanzen weitgehend in Ruhe lassen.
Nur wenn man ihnen gar nichts mehr übrig lässt, werden die Schnecken »wild«. Diese Erfahrung musste ich vor Jahren machen, als ich fast alle Beete mit unüberwindlichen Schneckenzäunen verbarrikadiert hatte. In ihrer Not wanderten die Schnecken nicht etwa zum Nachbarn ab – was ja auch keine Lösung ist –, sondern kletterten voller Verzweiflung in den Laubgehölzen und sogar im Türkenmohn herum, der mit seinen filzigen Blättern als absolut schneckenuntauglich gilt. Seitdem gibt es bei mir statt Zäunen **Schneckenfutterplätze**.
Allerdings muss man ihrer Vermehrung Grenzen setzen. Dazu gehört, dass man im Herbst die Beete mehrfach mit einem kleinen Krail (Dreizack) lockert, sodass die abgelegten Eier an die Oberfläche kommen. Amseln und andere Vögel werden sich mit Begeisterung darauf stürzen. Und die paar Regenwürmer, die dabei mitverspeist werden, kann der Gärtner leicht verschmerzen. Besonders gerne legen Schnecken ihre Eier in feucht-warme Erde, wie sie am Kompostplatz zu finden ist. Daher sollten Sie die Ränder von offenen Mieten und die aus Silos herabfallende Erde im Herbst sorgfältig kontrollieren. Ich lege z. B. die Eier mit einer kleinen Schaufel gut sichtbar auf ein Brett. Innerhalb weniger Stunden haben die Vögel damit kurzen Prozess gemacht. Auch wenn Sie Frieden mit den Schnecken schließen, sollten Sie sie natürlich auch nicht unabsichtlich anlocken. Gerade wenn Sie Ihre Beete mulchen, müssen Sie das richtige Material verwenden,

Mit einzelnen Schnecken kann der Gärtner auch Frieden schließen. Auch die Umsiedlung, etwa an den Waldrand, ist eine praktikable Möglichkeit.

denn sonst vergreift sich eine Schnecke dann doch am Salat.
Sehr bewährt ist das **Mulchen mit Brennnesseln**: Legen Sie die Stängel aber stets unzerkleinert auf Beete und Wege, damit sich die unangenehmen Brennhaare möglichst lange halten. Gehäckselte Nesseln verrotten zu schnell. Auch spitze Materialien wie **Gerstenspreu** mit den langen Grannen oder **grober Nadelholzhäcksel** können helfen. Allerdings gehört frischer Nadelholzhäcksel nicht in den Gemüsegarten, da er für Jungpflanzen zu viel wachstumshemmende Stoffe (siehe Seite 12) enthält. In eingewachsenen Staudenrabatten, Gehölzpflanzungen und Erdbeerbeeten ist er hingegen eine gute Lösung – wenn er nicht zu dick aufgetragen wird: Eine Schicht von 1 cm Stärke reicht.
Einzelne Pflanzen kann man mit einem breiten Ring aus **Holzruß** oder **Holzasche** schützen. Auch **Sand**, **Kalk** und **Sägespäne** sind geeignet, da sie am Schneckenschleim kleben bleiben und so der Schnecke die Fortbewegung erschweren. Der Schutzring muss aber nach jedem Regen erneuert werden, weshalb sich diese Methode wirklich nur für Einzelpflanzen eignet. Das beste Beispiel ist der Rittersporn, dessen saftiger Austrieb auch für gemästete Schnecken immer noch eine besondere Delikatesse dargestellt.
Schutzpflanzungen sind ebenfalls eine gute Lösung: Petersilie, Salbei und andere Kräuter mit starken ätherischen Ölen können eine wirksame Duftbarriere bilden.
Aber, wie gesagt: Es funktioniert nur, wenn die Schnecken Ausweichmöglichkeiten haben, ansonsten kriechen auch durch die Petersilie und sogar durch den bitteren Wermut hindurch.
Dass in alten Gartenbüchern überraschend wenig Hinweise zur Schneckenbekämpfung zu finden sind, ist sicherlich auch mit der damals üblichen Geflügelhaltung zu erklären. Oft wurden **Enten** und **Hühner** in den Gemüse- und Obstgarten zum Aufräumen getrieben. Heute empfehlen sich für diesen Zweck vor allem **Zierenten**.
Ein Paar Indischer Laufenten reicht, um das Schneckenproblem zu lösen. Allerdings müssen Sie auf eine strenge Erziehung der Enten achten. Ich kenne einen Gärtner, der mit Enten seinen Garten zwar schneckenfrei bekam. Dafür ruhte das Federvieh aber bevorzugt in der Staudenrabatte, die in kurzer Zeit völlig plattgewalzt war. Ein Entenhaus und mit Stroh vorbereitete Liegeplätze im Freien müssen daher unbedingt sein.
Seit einiger Zeit werden auch **Seidenhühner** empfohlen, eine uralte Rasse aus Ostasien (siehe Bild Seite 65), die bei uns erst seit 60 Jahren bekannt ist. Für den durchschnittlichen Hausgarten reichen drei Tiere, zwei Hennen und ein Hahn, aus. Seidenhühner erhält man nur beim Züchter (siehe Seite 167).

Von besonders gefährdeten Einzelpflanzen, z. B. Dahlien, halten breite Ringe aus Sägespänen, Holzasche oder Kalk die gefräßigen Schnecken fern.

Mit Kohljauche gegen Kohlhernie

Die **Kohlhernie** ist eine gefürchtete Pilzkrankheit im Gemüsegarten. Befallene Beete lassen sich aber mit Kohljauche entseuchen. Sie wird wie jede andere Kräuterjauche hergestellt, indem man Blätter von möglichst verschiedenen Kohlarten in einer Tonne aufschichtet, mit Regenwasser auffüllt und das Ganze je nach Witterung 2–3 Wochen gären lässt. Vor dem Ausbringen sollte die Jauche etwa 1:5 verdünnt werden. Gießen Sie die Beete über eine Vegetationsperiode, bei starkem Befall auch zwei Jahre lang, jeweils alle vier Wochen. Dadurch werden die Pilzsporen zum Keimen angeregt, gehen aber ein, weil sie keine

Indische Laufenten, die es in verschiedenfarbigen Rassen gibt, gelten als unerbittliche Schneckenjäger. Für einen normalen Hausgarten reicht ein Entenpaar völlig aus.

Wirtspflanze finden. Während dieser Kur sollten Sie für eine tiefgründige Durchlüftung des Bodens sorgen, etwa durch den Anbau von tief wurzelnder Gründüngung. Wählen Sie aber in diesem Fall zur Sicherheit keine Kreuzblütler wie Ölrettich *(Raphanus sativus var. oleiformis)* oder Senf *(Sinapis alba)*. Außerdem sollten Sie mindestens zwei Jahre lang keinen Kohl auf dem entseuchten Beeten ziehen, sondern stattdessen viele heilende Pflanzen, etwa Ringelblumen *(Calendula officinalis)*, sowie Zwiebeln, Knoblauch und Porree setzen. Ob die Kur angeschlagen hat, können Sie im dritten Jahr mit zunächst einigen wenigen Probe-Kohlpflanzen testen.

Homöopathie für kranke Pflanzen

In vielen Wildkräutern, Kulturpflanzen, Mineralstoffen und Spurenelementen stecken Heilkräfte, die sowohl Menschen als auch Zier- und Nutzpflanzen helfen können. Das gilt sogar für die ursprünglich nur für den menschlichen Gebrauch entwickelten Zubereitungen dieser Stoffe, z. B. den homöopathischen Mitteln. Ich kenne eine ganze Reihe ausgebildeter Homöopathen, die auch ihre Pflanzen mit den klassischen homöopathischen Einzelmitteln nach dem Prinzip »Ähnliches mit Ähnlichem« behandeln. Und auch ich habe schon einige Versuche mit dieser inzwischen 200 Jahre alten Heilmethode an Pflanzen gemacht. Man muss sich im Prinzip nur in die kranke oder verletzte Pflanze »versetzen« und überlegen, wie sich die Pflanze vermutlich »fühlt«. Auf diese Weise kann man dann das passende homöopathische Mittel herausfinden.

Meinen ersten Versuch in dieser Richtung unternahm ich mit einem alten Säulenkaktus, der mich seit über 25 Jahren begleitet. Vor elf Jahren fiel er beim Umzug herunter, wobei alle drei Säulen im oberen Drittel abbrachen. Meine Erstversorgung mit Glattschneiden der Wundflächen und Desinfizierung mittels Schwefelblüte hatte zwar insofern Erfolg, als dass keine Fäulnis auftrat, doch der Kaktus verweigerte fortan jegliches Wachstum. Er wirkte wie ein erstarrter Obelisk. Das ging drei Jahre so, ohne dass sich irgendeine Veränderung ergab. Eine befreundete homöopathische Ärztin riet mir, dem Kaktus das homöopathische Mittel

Auch homöopathische Mittel und verschiedene Bach-Blüten können kranken Pflanzen helfen.

Von den Bach-Blüten-Mitteln gibt man ein bis zwei Tropfen in eine mit abgestandenem Wasser gefüllte Sprühflasche.

Arnica (*Arnica montana,* Bergwohlverleih) zu verabreichen. Arnica gilt in der Homöopathie für Menschen als das wichtigste Mittel bei traumatischen Verletzungen mit anschließender Erstarrung. Und mein Kaktus war ja auch durchaus traumatisiert, in körperlicher Hinsicht durch das Abbrechen der Triebe, in geistig-seelischer Hinsicht durch den Schrecken des Herunterfallens. Also bekam er beim nächsten Gießen einige Kügelchen **Arnica C 30** ins Gießwasser. Es tat sich nichts. Erst nach der dritten Gabe, sechs Wochen später, verwandelte sich seine zwischenzeitlich stumpfe graue Farbe langsam wieder in das alte, satte Dunkelgrün. So blieb es während seiner gesamten Winterruhe. Eine weitere Gabe des Mittel im zeitigen Frühjahr brachte dann endlich den Durchbruch: Aus ruhenden Augen direkt unterhalb der Schnittflächen trieb der Kaktus an allen drei Säulen neu aus und erfreut sich seither bester Gesundheit!

Neben **Arnica** eignen sich sicherlich auch die anderen homöopathischen Notfallmittel wie **Hypericum** (*Hypericum perforatum,* Johanniskraut), **Ledum** (*Ledum palustre,* Sumpfporst oder Wilder Rosmarin) und **Calendula** (*Calendula officinalis,* Ringelblume) zur Versorgung von verletzten Pflanzen oder Bäumen. So könnte man geteilte Stauden oder frisch geschnittene Obstbäume damit behandeln. Allerdings, so denke ich, gilt auch hier wie beim Menschen: Je früher die Therapie einsetzt, desto besser der Erfolg. Außer den homöopathischen Einzelmitteln gibt es inzwischen auch spezielle Kombinationsmittel nur für Pflanzen. Sie bestehen aus mehreren Substanzen, wozu vor allem Mineralstoffe und Spurenelemente, aber auch Umweltgifte gehören, und sind homöopathisch zubereitet, dass heißt, stark verdünnt und damit potenziert. Diese Mittel wirken nach meiner Beobachtung aber nur bei bereits geschädigten oder geschwächten Pflanzen. So heilten z. B. die Wunden zweier fast rundum am Stamm an Obstbaumkrebs erkrankter, fünfjähriger Goldparmänen aus meinem Apfelspalier nach der Versorgung mit dem nicht mehr erhältlichen ASK-P und einem handelsüblichen Wundverschlussmittel über dem strengen Winter 1995/96 hervorragend ab. Beide Bäumchen trieben im Frühjahr gut durch und trugen auch erstmals einige Früchte. Vergleichbare Wirkungen haben nach zahllosen übereinstimmenden Berichten von Hobbygärtnern auch Silpan® und Biplantol®-Lösung vor allem bei erkrankten oder durch Umweltverschmutzung geschädigten Gehölzen.

Zur vorbeugenden Stärkung der Widerstandsfähigkeit von Jungpflanzen scheinen sich dagegen die Mittel nicht zu eignen. Jedenfalls wuchsen die nur mit reinem Wasser versorgten Aussaaten von Tagetes und Tomaten weitaus besser und kräftiger als ihre Kollegen, die jeweils dreimal mit einer der homöopathischen Lösungen gegossen worden waren. Die Gründe dafür habe ich noch nicht herausfinden können; im Falle von ASK-P schädigte möglicherweise die alkoholische Trägerlösung des Mittels die zarte, aufgehende Saat.

Auch Bach-Blüten können helfen

Auch eine weitere Gruppe von Naturheilmitteln, die so genannten **Bach-Blüten** (nach Dr. Bach), die in ihrer Herstellung den homöopathischen Mitteln etwas ähneln, können verletzten und kranken Pflanzen durchaus helfen. An erster Stelle sind hier die **Notfall-Tropfen** (Rescue-Tropfen) zu nennen, eine Mischung aus sechs verschiedenen pflanzlichen Einzelmitteln, die ebenfalls bei körperlich und geistig-seelisch verletzten Menschen stabilisierend wirken. Bei Pflanzen scheint dies genauso zu sein. Zumindest heilte ein in der Astgabel auseinandergebrochener Ast eines meiner Apfelbäumchen innerhalb von vier Wochen wieder ein, während eine gleichartige, aber unversorgte und nur mit Bast umwickelte Bruchstelle an einem gleichaltrigen Geschwisterbäumchen nicht mehr zu retten war. Auch Schnittblumen sollen durch einen Tropfen Notfallmittel länger halten. Zumindest schwören das gleich mehrere befreundete Hobbygärtner, die sonst durchaus mit beiden Beinen auf dem Boden stehen.

Ferner scheinen auch einzelne Bach-Blüten-Mittel kranken oder geschwächten Pflanzen helfen zu können. So kann angeblich die Bach-Blüte **Crab Apple**, deren Leitsymptom das Sich-beschmutzt-Fühlen ist, auch von Mehltau befallene Pflanzen heilen. Ich habe das noch nicht ausprobiert, halte es aber nicht für völlig abwegig. Denn Mehltau würden wir Menschen mit Sicherheit als Beschmutzung empfinden, warum sollte es eine Pflanze nicht auch tun?

Wer sich für diese Art der naturheilkundlichen Behandlung von Pflanzen interessiert, sollte sich einen Ratgeber zum Thema Homöopathie oder Bach-Blüten für Menschen besorgen, die einzelnen Mittel sorgfältig studieren und einfach eigene Versuche anstellen. Am besten lassen Sie zu Vergleichszwecken eine gleichartige Pflanze unbehandelt und versorgen eine weitere nach bewährter Großmutterart mit Kräutertee & Co.

Mit Veraschungen gegen Schädlinge und Unkraut

Die Methode der **Veraschung** zählt wie die Homöopathie und die Bach-Blüten-Behandlung zu den so genannten energetischen Methoden. Sie gehört heute zum biologisch-dynamischen Garten- und Landbau und wurde aus Vorträgen entwickelt, die der Begründer der Anthroposophie, Rudolf Steiner, 1924 zum Thema Land- und Gartenbau hielt. Jedoch ist das Prinzip wesentlich älter: Schon die mittelalterliche Volksheilkunde arbeitete mit der Verbrennung bestimmter Stoffe. Und auch die altägyptische und die südamerikanische Volksmedizin kannte das Verbrennen von pflanzlichen bzw. tierischen Substanzen und die Verwendung der Asche zu heilenden Zwecken bei Mensch und Tier.

Das Verfahren der Veraschung wird sowohl bei Unkräutern als auch bei Schädlingen angewandt. Bei Unkräutern nimmt man grundsätzlich die Samen, bei Wurzelunkräutern wie dem hartnäckigen Giersch oder der ebenso langlebigen Quecke sollte man auch einige Wurzeln ausgraben und zunächst trocknen. Dann werden Samen und Wurzeln am besten in einem Eierkarton in Holzkohlenfeuer (Grill) verbrannt. Die Pflanzenasche muss richtig ausglühen, das heißt, sie muss weißlich sein, nicht schwarz. Anschließend wird die Asche über die verunkrauteten Flächen gestreut, woraufhin das Unkraut verschwinden soll. Die Asche soll eine Art nicht-stofflicher Information enthalten, die dem Unkraut mitteilt, dass dieser Platz nicht gut zum Wachsen ist.

Genauso verfährt man mit Schädlingen, z. B. den Raupen des Apfelwicklers, Schnecken oder Kartoffelkäfern. Auch sie werden in einer dünnen Papiertüte über Holzkohlenfeuer verbrannt, bis ihre Asche weißlich geworden ist. Für die Veraschung reicht allerdings ein Käfer oder eine Raupe nicht aus, es müssen schon eine Handvoll oder etwa 50 Tiere sein. Anschließend wird die Schädlingsasche eine Stunde lang in einem Mörser fein zerrieben und dann über die befallenen Flächen gestreut, wo sie den Befall nachhaltig eindämmen soll. Jeder Hobbygärtner kann dieses Verfahren selbst ausprobieren.

Damit die getrockneten Gierschwurzeln und Samen richtig verbrennen, steckt man sie in Zeitungspapier oder Eierkartons.

Noch besser: Dynamisierte Asche

Manche biologisch-dynamische Gärtner schwören auf **dynamisierte Asche-Präparate**, deren Wirksamkeit noch höher sein soll. Auch diese Präparate kann man leicht selbst herstellen. Dazu verdünnt man die Pflanzen- oder Schädlingsasche acht Mal jeweils im Verhältnis 1:10 in Wasser (am besten Regenwasser). Das Ergebnis ist eine so genannte D8-Potenz, wie wir sie auch aus der Homöopathie kennen.

Praktisch funktioniert das so: Man nimmt 1 g Asche auf 9 ml Wasser und verschüttelt das Ganze drei Minuten lang in einem verschließbaren 1-l-Glas. Dann füllt man weitere 90 ml hinzu und verschüttelt wieder. Für die dritte Potenz gibt man 900 ml hinzu. Dann wird der Glasinhalt in einen 10-l-Steinguttopf gefüllt, mit 9 l Wasser aufgefüllt und drei Minuten in einer Richtung verrührt. Von dieser vierten Potenz gibt man wieder 1 ml in ein 1-l-Glas und verdünnt erneut schrittweise bis zur achten Verdünnung, die wieder mit 9 l Wasser im Steinguttopf hergestellt wird. Diese achte Potenz wird dann mit einer Gartenspritze fein über den befallenen Flächen oder Pflanzen vernebelt.

In der Fachsprache heißt dieser Vorgang des Verdünnens und Schüttelns »Potenzieren«, weil dadurch die Wirksamkeit des Mittels gesteigert wird.

Maria Thun, die große Pionierin und Forscherin des biologisch-dynamischen Garten- und Landbaus, hat in über vierzigjähriger Arbeit eine ganze Reihe von Zeitpunkten herausgefunden, die sich besonders gut für die Veraschung und das Ausbringen der Asche-Präparate eignen. Dabei richtet sie sich nach dem Stand des Mondes und dem anderer Planeten (siehe Kapitel »Mond, Magie und Brennnessel«, Seite 117 ff.). Wer tiefer in diese Materie einsteigen will, dem seien die Veröffentlichungen Maria Thuns empfohlen sowie die jährliche Schrift »Aussaattage«, die eine Fülle weiterer praktischer Hinweise enthalten (erhältlich in jeder Buchhandlung – meist auf Bestellung).

Magische Steinkreise

Diese Methode wurde von den Gründern des Findhorn-Gartens im unwirtlichen Norden Schottlands wiederentdeckt. Schwache und kränkelnde Pflanzen erhalten einen Kreis aus Kieselsteinen. Der Kreis soll heilende Energien um die Pflanze konzentrieren und ihr so helfen, wieder gesund zu werden.

Manche Gärtner formen zusätzlich noch einen flachen Erdwall um die Pflanze. Mit Sicherheit bietet solch ein Wall einen gewissen Schutz gegen Wind und bewahrt Feuchtigkeit, z. B. Tau, und Wärme.

Ob die Kieselsteine tatsächlich heilende Energie konzentrieren können, hat bislang noch kein Mensch mit den uns heute zur Verfügung stehenden naturwissenschaftlichen Messverfahren nachweisen können. Die Methode ist aber uralt und wird auch im fernen Osten seit Jahrhunderten angewendet. Ich nutze sie dann und wann in meinem Garten, vor allem bei kümmernden, aber lieb gewonnenen Stauden. Der Kieselsteinkreis sieht nicht nur hübsch aus, sondern erinnert mich auch immer daran, dieser Pflanze besondere Aufmerksamkeit zu schenken.

Magische Steinkreise und Kiesel sollen kranken und schwachen Pflanzen wieder auf die Beine helfen, indem sie die heilenden Energien um die Pflanzen konzentrieren.

Was großen und kleinen Räubern den Appetit verdirbt

Schutz vor Vogelfraß

Vor allem die gelben Krokusse fallen im Frühjahr gerne den Vögeln zum Opfer. Gibt man einen Tropfen **Kampferöl** (aus der Apotheke) in die Blüten, so sollen sie schnell Reißaus nehmen. Angeblich mögen sie auch keinen **Knoblauch**, was ich aber nicht bestätigen kann. An Vogelscheuchen oder die modernen Alustreifen und glitzernden Katzenköpfe gewöhnen sich die Vögel leider sehr schnell. Besser sind feine schwarze **Zwirn-** oder **Wollfäden**, die in 10–15 cm Höhe kreuz und quer an kleinen Stöckchen über das Beet gespannt werden und die Landung verhindern. Eine **Hasenpfote** soll angeblich Spatzen von Gemüsebeeten fernhalten. Und einige **Salzheringe** im Kirschbaum und im Erdbeerbeet, an Stöcken aufgehängt, vertreiben hungrige Amseln und Stare.

Ameisen: klein, fleißig, aber frech

Ameisen fressen zwar nicht die Bäume kahl, werden aber trotzdem aus vielen Gründen lästig: Sie hegen und pflegen (betrillern) Blattläuse, weil sie deren süße Ausscheidungen, den Honigtau, überaus lieben. Sie knabbern zarte Sämlinge an und beißen ihnen sogar die Hälse durch. Sie übertragen auf ihren langen Wegen Krankheiten wie Mehltau. Sie unterhöhlen Terrassen, Plattenwege und Rasen und sorgen für unschöne Sandhäufchen im Rasen. Sie verbreiten durch ihre Vorratshaltung lästige Unkrautsamen, z. B. den Efeublättrigen Ehrenpreis, im Rasen, den man dann kaum noch los wird.
Und ganz besonders freche Völker dringen sogar ins Haus ein, machen es sich unter Fußbodenleisten und Parkettfußböden gemütlich und versorgen ihre Brut aus dem Küchenschrank. Ich hatte vor Jahren sogar einmal ein Volk unter der Badewanne, dessen geflügelter Nachwuchs eines Tages im Juli aufgeregt an der Fensterscheibe auf Starterlaubnis wartete.
Weil aber Ameisen auch nützlich sein können – nicht umsonst gelten einige Arten als Waldpolizei – sollte man sie nicht vernichten, sondern zum Umzug bewegen. Auf dem Rasen haben sich Blumentöpfe aus Ton bewährt, die über die Nester gestülpt werden. Innerhalb weniger Tage bauen die Ameisen ihr Nest unter dieses schützende Dach. Dann hebt man das Nest mitsamt Topf vorsichtig mit einem Spaten ab und setzt es in der freien Natur fern vom Garten wieder aus.
Ameisen haben einen sehr empfindlichen Geruchsinn, der ihnen auch den Weg zurück ins Nest weist. Mit **starken Düften** lassen sie sich daher schnell vertreiben. Im Rosenbeet hilft vor allem eine Unterpflanzung mit Weinraute oder Ysop. Auch der scharfe Duft der Gauklerblume, und zwar der Art *Mimulus moschatus*, ist nach einem alten Gartenbuch den Ameisen höchst unangenehm.
Da die Gauklerblume gerne Halbschatten und eher feuchten Boden bervorzugt, sollte man sie zur Vertreibung der Ameisen in Kompostnähe einsetzen. Auch Tomatenblätter und Zimtstangen, die ins Nest gesteckt werden, treiben die Tiere in die Ferne. Ameisenstraßen in Hausnähe werden zur Sackgasse, wenn man Zitronenscheiben darauf legt oder Backpulver darüber streut. Letzteres funktioniert bei mir seit Jahren sehr erfolgreich.
Unangenehm sind Ameisen auch auf dem Gartentisch. Ihr Besuch lässt sich leicht verhindern, indem man die Beine des Tisches in Was-

Sehr bewährt bei lästigen Ameisen: Umzug im Blumentopf.

Gegen Ameisen helfen auch Duftbarrieren aus Backpulver, Zimt, Gewürznelken und Zitronenscheiben.

serschälchen stellt. Allerdings sollten Sie die Tischbeine vorher mit Plastiktütchen umwickeln oder in Joghurtbecher stellen, damit das Wasser keinen Schaden anrichtet.

Umzug für Ohrwürmer

Ohrwürmer *(Ohrschlitze)* sind eigentlich nützliche Blattlausjäger. Leider knabbern sie manchmal aber auch begeistert an den feinen Blütenblättern z. B. der Dahlien. Dagegen helfen mit Holzwolle gefüllte und mit einem feinen Maschendraht überzogene Blumentöpfe, die als Schlupfwinkel an einem Stab in die Dahlien gehängt werden. Nach ein paar Tagen sind die Ohrwürmer eingezogen und werden dann mitsamt ihrer Behausung am frühen Morgen in blattlausgeplagte Pflanzen, vor allem Beerensträucher, Obstbäume und Rosen, umquartiert. Man kann sie aber auch in der freien Natur aussetzen.

Nachts schwärmen die Ohrwürmer zur Blattlausjagd aus.

Kein Platz für Katzen

Katzen sind im Garten aus mehreren Gründen unbeliebt: Sie scharren gerne auf frisch gerechten Beeten in feiner Erde, um ihre Geschäfte zu verrichten – was ja eigentlich keine Untugend ist, sondern für ihre große Reinlichkeit spricht. Sie wälzen sich gerne auf Polsterstauden. Und sie machen Jagd auf die wichtigsten Helfer des Gärtners, die Vögel.

Gegen das Scharren auf frisch eingesäten Beeten helfen Abdeckungen mit Mulch, Reisig und Netzen (alten Gardinen). Vom Wälzen in Polsterstauden, vor allem in der bei Katzen ungeheuer beliebten Katzenminze *(Nepeta cataria)*, lässt sich der Haustiger schnell durch einige kurze Rosenzweige abhalten. Auch die stacheligen Zweige von Blaufichten sind ein wirksamer Schutz, zumal sie wegen ihrer graublauen Farbe in der Katzenminze kaum auffallen. Allerdings lasse ich meinen Nachbarkatzen immer ein Minzepolster, das etwas im Hintergrund wächst, zur gefälligen Verlustierung. Und wer Katzen überhaupt nicht in seinem Garten sehen möchte, sollte Büschel von Hundehaaren in die Katzenpfade am Zaun klemmen. Noch wirksamer soll Raubkatzenkot – aus dem Zirkus oder Zoo – sein.

Unliebsamer Katzenbesuch lässt sich im Notfall – gerade zur Zeit, wenn die Jungvögel flügge sind und der Tiger im Staudenbeet lauert – auch nach Großmutterart mit einem kräftigen Wasserstrahl aus dem Gartenschlauch verjagen. Danach ist der Vogeljäger meist

Einige Büschel Hundehaare im Zaun schrecken Katzen ab.

wochenlang vom Jagen bedient. Diese kurze Dusche schadet den Tieren auch nicht, ich habe meinen unfolgsamen Tiger selbst auf diese Weise mehrfach vom Vogelmord abgehalten. Er hat sich nie erkältet und wurde 19 Jahre alt. Außerdem hatte ich auch nie den Eindruck, dass er mir die Dusche persönlich übel nahm. Vermutlich verhält es sich wirklich so, wie Tierverhaltensforscher sagen: Die Dusche aus dem Schlauch ist für die Katze eine Art überirdisches Geschehen. Wiederholt es sich einige Male, hat sie gelernt, dass Vogeljagen und nasser Pelz zusammengehören und sie das Morden zumindest in diesem Garten besser lässt. Glöckchen am Hals lassen den Tiger übrigens nur doppelt so gut schleichen.

Wenn der Maulwurf lästig wird

Auch der **Maulwurf** – er steht unter Naturschutz! – darf durchaus auch als Räuber bezeichnet werden, da er sich nach neueren Forschungen vorzugsweise von Regenwürmern ernährt. Doch unbeliebt macht er sich vor allem durch seine Wühlarbeit. Stinkende Lappen, getränkt mit Petroleum, Terpentin, starkem Parfum und anderen aufdringlichen Stoffen, sollen ihn vertreiben. Auch Meerschweinchenkot bekommt seiner feinen Nase angeblich nicht. Und ein frischer Holunderstab, in seinen neuesten Hügel gesteckt, soll ihn postwendend zur Flucht veranlassen. Manche Gärtner schwören auch auf selbstgebastelte Windmühlen und schräg eingegrabene Flaschen, in denen der Wind pfeift, was den feinen Ohren des Maulwurfs empfindlich auf den Nerv gehen soll.

Schwere Geschütze gegen Wühlmäuse

Viel schlimmer als der Maulwurf sind **Wühlmause** im Garten. Denn sie richten nicht nur erhebliche Schäden an den Pflanzen an, sondern lassen sich auch kaum von muffigen Kaiserkronen, Fischmehl, faulenden Zwiebeln und anderen penetrant stinkenden Stoffen in ihren Gängen beeindrucken, wie oft behauptet wird. Auch Holunder-Jauche, die die **Feldmäuse** zum Weglaufen finden, macht den Wühlmäusen wenig aus. Sie graben dann einfach an anderer Stelle weiter – ich spreche aus langjähriger Erfahrung. Einzig die kleinkronige Narzissensorte 'La Riante' und die Meerzwiebel *(Urginea maritima)* sollen ihnen wirklich »stinken«. In kleinen Gärten kann eine Rundum-Pflanzung vielleicht noch machbar sein, solange die Mäuse in Nachbars Garten warten. In größeren ist dies aber unmöglich. Wer keine Katze als Mäusejäger hat oder halten will, kann es allenfalls noch mit den modernen Schallgeräten versuchen, die aber ziemlich teuer sind.

Und wenn auch das nichts nützt, muss eine Falle her. Denn die starken Gifte, die auch für Wühlmäuse angeboten werden, haben im Garten nichts zu suchen – es sei denn, die Wühlmaus entpuppt sich als ausgewachsene Ratte. Aber selbst hier sollte man es erst mit Fallen versuchen.

Wühlmäuse gewöhnen sich schnell an penetrante Gerüche oder graben einfach frech an anderer Stelle weiter.

Ein Topf Basilikum am Küchenfenster hält lästige Fliegen fern.

Ruhe auf der Terrasse

Nicht nur die Pflanzen brauchen Schutz vor ungebetenen Gästen, auch der Gärtner selbst wird manchmal arg geplagt. Ein altbewährter Schutz gegen **Mücken** und **Fliegen** auf Terrasse oder Balkon ist Basilikum. Ein oder zwei Töpfe in Sitzplatznähe vertreiben gewöhnlich die lästigen Insekten. Auch am Küchenfenster sorgt ein Basilikumtopf dafür, dass die Fliegen draußen bleiben. Übrigens schlagen Sie mit der Topfkultur gleich zwei »Fliegen« mit einer Klappe: Denn das etwas schwierige Basilikum gedeiht ohnehin besser im Topf als im Freiland.

Auch **Nelkenöl** treibt Mücken in die Flucht: Geben Sie ein paar Tropfen auf den Sonnenschirm oder die Markise. Am Abend können Sie auch einige Tropfen auf die Außenseite des Windlichts träufeln. Durch die Erwärmung breitet sich der Duft wunderbar aus.

Gegen **Mücken- und Gnitzenstiche** auf Armen und Beinen bei der Gartenarbeit hilft **Zitronenmelisse** *(Melissa officinalis)*. Einfach ein paar Blätter auf der Haut zerreiben, und die Mücken machen einen großen Bogen um Sie. Allergische Menschen sollten aber vorher sicherheitshalber erst einmal einen Test in der Armbeuge machen. Und glücklich kann sich der schätzen, in dessen Garten ein **Walnussbaum** wächst. Denn in dessen Nähe wollen sich Mücken ebenfalls nicht aufhalten.

Wespen können uns den Aufenthalt auf der Terrasse kräftig vermiesen. Da sie Essbares schon von Weitem riechen, helfen auch die guten alten Schutzhauben aus feinstem Draht nichts, die jetzt wieder angeboten werden. Besser ist es, sie vorher abzufangen. Dazu füllt man enghalsige Limonadenflaschen mit ein oder zwei Löffeln süßem Gelee und etwas Wasser und hängt sie mit dem Hals nach oben einige Meter vom Sitzplatz entfernt auf. Nach ein paar Tagen beginnt die Mischung zu gären, was Wespen sehr schätzen. Sie klettern durch den engen Flaschenhals und finden nicht mehr zurück. Aber auch schon die unvergorene Lösung ist eine gute Wespenfalle. Damit sich keine Bienen in die Flasche verirren, sollte man noch einen kleinen Schuss Essig hinzufügen.

Wer ganz auf Nummer Sicher gehen will, sollte im Sommer immer nur mit dem Strohhalm trinken bzw. sein Glas mit einem Bierdeckel schützen. Für Kinder empfehlen sich grundsätzlich die modernen, geschlossenen Trinkbecher mit Steckverschluss.

Und schließlich sollten Sie im Frühjahr aufmerksam auf typisches Wespengebrumm um Haus und Garten lauschen. Ab Anfang April, bei warmer Witterung auch schon früher, sind die **Wespenköniginnen** auf der Suche nach einem geeigneten Platz für den Nestbau. Besonders Rollädenkästen und die Hohlräume hinter Holzverkleidungen an Häuserwänden und Dachvorsprüngen, aber auch unter Terrassenplatten haben es ihnen angetan. Legen Sie sich daher die Fliegenklatsche in greifbare Nähe. Ich erwische jedes Jahr auf diese Weise einige Königinnen. Und wenn sich trotzdem einmal eine Königin bei Ihnen eingenistet hat, sollten Sie heutzutage einen Kammerjäger bestellen. Experimente mit Ausräuchern, Lötkolben und Staubsauger sind tunlichst zu unterlassen. Nur leicht erreichbare Nester in der Erde können Sie nachts mit reichlich kochendem Wasser übergießen. Arbeiten Sie dabei bitte immer zu zweit: Einer hebt die Platte an, der andere gießt sofort das Wasser über das Nest. Aber denken Sie bitte daran: Auch die Wespen sind nützlich. Daher sollten Sie nicht jedes Nest vernichten, sondern nur die, die Ihnen und Ihrer Familie gefährlich werden können.

Die deutsche Wespe *(Vespa germanica)* baut auch häufig Erdfenster.

Noch mehr Spezialwissen aus alter Zeit

Altbewährte Tipps für den Anfang

Die Größe des Gartens

In Zeiten teuren Baulands bleibt ein **großer Garten** heute für viele ein unerfüllbarer Wunschtraum. Aber auch ein kleiner Reihenhausgarten kann eine vierköpfige Familie fast das ganze Jahr mit Gemüse und zum Teil auch mit Obst versorgen. Das sahen übrigens unsere Großeltern auch schon so: Sie rechneten für eine vierköpfige Familie, deren Mitglieder pro Tag etwa 2–3 Stunden für Gartenarbeit erübrigen konnten, eine Anbaufläche von höchstens 400 m^2. Darauf wurden vor allem Gemüse, Beerenobst und Spalierobst gezogen. Größere Gärten um 800–1000 m^2, so meinten sie, seien nur etwas für Rentner mit viel Zeit. Und noch größere Flächen, bis zu 2500 m^2, konnten allenfalls für begüterte Villenhaushalte mit Personal oder große Bauernfamilien von Nutzen sein.

Rigolen – die beste Methode für den Anfang

Wer einen gut gepflegten Garten übernimmt, braucht natürlich nicht zum Spaten greifen und erstmal alles umgraben. Im Gegenteil: Das wäre glatter Frevel. Anders ist es dagegen bei Brachland und Baugrundstücken. Hier sind Spaten, Grabegabel und manchmal auch die Spitzhacke zunächst die wichtigsten Helfer. Wie tief Sie beim Urbarmachen gehen müssen, kommt natürlich sehr auf den Boden an: Bei reinem Sandboden ohne Verdichtungen in tieferen Schichten kommt man mit oft schon mit **einfachem Umgraben** aus. Natürlich sollten Sie zuvor die Grasnarbe entfernen und kompostieren (siehe Seite 24). Zeigen aber z. B. Ackerschachtelhalm und Löwenzahn (siehe Seite 14) dichten Lehmboden an oder haben schwere Baumaschinen den Boden verdichtet, dann müssen Sie tiefer graben. Hier empfiehlt sich das **Rigolen**, um den Boden gründlich zu lockern. Damit aber nicht die wertvollen Mikroorganismen, die in ganz bestimmten Schichten leben, durcheinander geworfen werden, wählt man das Rigolen mit Schichterhalt. Das bedeutet: Die untere Schicht bleibt unten, die obere oben. Und das geht so:

Einfaches Rigolen (zwei Spaten tief): Graben Sie eine einen Spaten tiefe Furche und werfen Sie die Erde (a) auf einen Haufen oder besser gleich in die Schubkarre. Anschließend graben Sie dieselbe Furche nochmals einen Spaten tief um, wobei Sie die Erde (b) nur leicht hochgenehmen und gleich wieder in die Furche werfen. Darauf kommt dann die Erde (a) vom ersten Spatenstich der zweiten Furche. Diese wird wieder »in sich« (b) umgegraben und bekommt als Deckel den ersten Spatenstich (a) der dritten Furche. So fahren Sie fort bis ans Ende des Beetes. In die letzte Furche kommt zu Schluss des Aushub (a) der ersten Furche.

Zweifaches Rigolen (drei Spaten tief, siehe Abb. unten): Die erste Furche wird diesmal in zwei Durchgängen (a) und (b) jeweils einen Spaten tief ausgehoben und der Aushub auf zwei getrennten Haufen gesammelt. Dann gräbt man die Furche in sich um (c). Die zweite Furche wird ebenfalls in zwei Durchgängen (a) und (b) ausgehoben, wobei die erste Schicht (a) ebenfalls auf einen Extra-Haufen kommt. Die zweite Schicht (b) kommt dann aber auf die Unterschicht (c) der ersten Furche. Die dritte Schicht (c) wird wieder in sich umgegraben. Ab der dritten Furche

Rigolen, also mehrfaches tiefes Umgraben, empfiehlt sich bei der Gartenanlage auf verdichteten Baugrundstücken bzw. bei schweren Lehm- oder Tonböden.

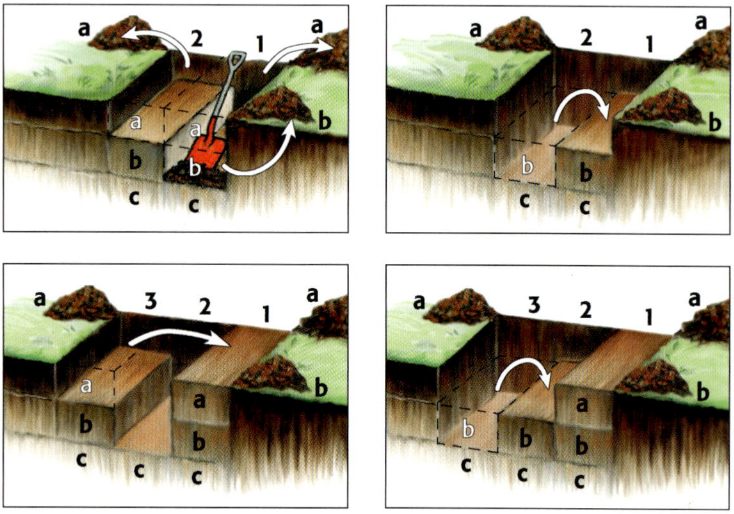

geht's einfacher: Die erste Schicht (a) kommt in die erste Furche, die zweite (b) in die zweite Furche und die dritte (c) wird wieder in sich umgegraben. So geht es weiter bis zu den beiden letzten Furchen. In die vorletzte Furche kommt als oberste Schicht (a) die Oberschicht (a) der zweiten Furche. Die letzte Furche wird mit der Mittelschicht (b) und der Oberschicht (a) der ersten Furche geschlossen.
Wie tief rigolt werden muss, hängt von der **Verdichtung** und vom **Unkrautbefall** ab. Bei stark verdichteten Lehmböden oder Lehmschichten unter einer sandigen Oberfläche empfiehlt sich das 3 Spaten tiefe Rigolen. Dies hat zudem den Vorteil, dass lästige Unkräuter wie Disteln und Schachtelhalm mit der Wurzel entfernt werden können. Bei Quecke und Giersch, die flach wurzeln, reicht schon einfaches Rigolen.
Rigolen ist Schwerstarbeit. Aber wer es einmal durchgestanden hat, braucht es in diesem Garten nicht zu wiederholen. Auch ein späteres Umgraben erübrigt sich häufig – wenn nicht gleich im ersten Jahr, so doch sobald genügend Kompost produziert und verteilt ist.

Unverzichtbare Gründüngung

Wie das Mulchen und die Kompostwirtschaft ist auch die **Gründüngung** keine neue Erfindung: Denken wir nur an die Drei-Felder-Wirtschaft im Ackerbau. Das dritte Feld, die Brache, lag ja nicht wirklich brach, sondern wurde von Wildkräutern besiedelt, die dann im Herbst oder im folgenden Frühjahr als Gründüngung untergepflügt wurden. Später säten die Bauern auch gezielt Grünmasse ein, wie Senf bzw. Gelbsenf *(Sinapis alba)*, Acker- oder Dicke Bohnen *(Vicia faba)* und Luzerne *(Medicago sativa)*. Diese gezielte Gründüngung haben sie vermutlich aus den Klostergärten übernommen, denn dort wurden alle unbenutzen Beete oder solche, die erst urbar gemacht werden sollten, schon im 12. und 13. Jahrhundert mit speziellen Pflanzen eingesät. In diesen zählten vor allem die Stickstoffsammler aus der Familie der Leguminosen, etwa der rot blühende Inkarnatklee *(Trifolium incarnatum)*, der Weiße Steinklee *(Melilotus albus)*, Luzerne, Felderbsen *(Pisum sativum)*, Winterwicke *(Vicia villosa)*, Ackerbohnen sowie blaue und gelbe Bitterlupinen, auch Wolfsschoten genannt *(Lupinus angustifolius und L. luteus)*. Die drei letztgenannten wurden wegen ihrer tiefreichenden Pfahlwurzeln auch häufig zur Bodenlockerung eingesetzt. Hinzu kamen Winterroggen, Winterweizen, Bienenfreund *(Phacelia tanacetifolia)*, Ölrettich *(Raphanus sativus* var. *oleiformis)*, Winterraps *(Brassica napus)*, Winterrübsen *(Brassica rapa)* und eben Gelbsenf sowie Mischungen verschiedener Gründüngerpflanzen, so genannte Gemenge. Diese Liste wurde von aufmerksamen und experimentierfreudigen Gärtnern beständig erweitert. So kam später z. B. im Hausgarten noch der Spinat hinzu.
Gründüngung war und ist übrigens immer mehr als nur die Produktion von Grünmasse zur Düngung. Seit alters her machten sich die Menschen auch die schädlingsabwehrende Wirkung mancher Pflanzen zunutze und säten z. B. den cumarinhaltigen Steinklee zur Wühlmaus- und Schneckenvertreibung. Genauso galten Ringelblumen *(Calendula officinalis)* und Sonnenhut *(Rudbeckia hirta)* galten schon lange als Boden- und Pflanzenheiler, obwohl man damals noch nicht wusste, dass und wie sie gegen Boden-, Wurzel- und Stengelälchen (Nematoden) wirken. Später kam noch die Studentenblume *(Tagetes erecta* und *T. tenuifolia)* hinzu. Und nicht zuletzt schätzten Bauern und Gärtner die Gründüngung als Schutz vor Verwehung der Bodenkrume oder Verschlämmung (Erosion durch Luft und Wasser), vor Frost, vor Austrocknung und vor der Ansiedlung unerwünschter Wildkräuter, des so genannten Unkrauts. Daran hat sich bis heute nichts geändert, wir entdecken dieses alte Wissen heute nur wieder neu.
Welche Gründüngung Sie in Ihrem Garten säen sollten, hängt natürlich ganz davon ab, was Sie errei-

Die rot blühende Inkarnatklee ist ein wichtiger Stickstoffsammler.

Phacelia oder Bienenfreund eignet sich besonders für Sandböden

chen wollen. Wenn Sie einen – vielleicht sogar durch Baumaschinen – verdichteten, schweren Boden lockern möchten, sind Sie mit den tief wurzelnden Stickstoffsammlern **Lupine**, **Ackerbohne**, **weißer Steinklee** und **Gelbsenf** gut bedient. Auch **Ölrettich** liefert viel Wurzelmasse.

Wer sich dagegen mehr Humus für leichte, sandige Böden wünscht, sollte eher **Luzerne**, **Bienenfreund**, **Steinklee**, **Inkarnatklee**, **Zottelwicke** oder **Winterroggen** und **Winterweizen** wählen.

Probleme mit Älchen, aber auch mit Bodenmüdigkeit, lassen sich mit einer Heilkräutermischung aus **Ringelblume**, **Sonnenhut** und **Studentenblume** lösen.

Und wer mit seinem Boden eigentlich schon ganz zufrieden ist und ihn nur nicht nackt und bloß der Witterung aussetzen will, kann im Prinzip frei wählen. Als kurzlebige Zwischen- und Nachsaat, die spätestens beim ersten stärkeren Frost abstirbt, eignen sich **Gelbsenf**, **Bienenfreund**, **Ackerbohnen**, **Bitterlupinen**, **Felderbsen** und **Ölrettich**. Dagegen bilden **Gräser**, **Roggen**, **Weizen**, **Raps**, **Rübsen**, **Wicke**, **Luzerne**, **Inkarnatklee** und **Steinklee** einen lebendigen Winterschutz. Diese Gründüngung sollte Anfang April, spätestens aber vier Wochen vor der Neubestellung des Beetes, abgemäht werden. Hacken Sie das Bett ordentlich durch und verwenden Sie das Kraut als Mulchdecke. Zu den winterharten Gründüngern gehören auch **Spinat** und **Feldsalat**, die zudem in der Küche noch Nutzen bringen. Bringen Sie in jedem Falle möglichst viel Abwechslung in Ihre Gründüngung bringen und säen Sie nicht etwa jahraus, jahrein nur **Lupinen**. Für Anfänger eignen sich daher besonders die handelsüblichen Mischungen, wie z. B. »**Landsberger Gemenge**«, »**Gartendoktor**« oder »**Bodenkur**«.

Kompost: Niemals untergraben

Reifer Kompost darf nur oberflächlich auf den Beeten verteilt werden. Denn die wertvollen Huminsäuren, Mikroorganismen und Nährstoffe sollen ja in die darunter liegenden Bodenschichten einsickern. Gräbt man den Kompost unter, wie es viele Gartenbücher seit der Jahrhundertwende empfehlen, wird er geradezu erstickt. Außerdem werden die wertvollen Bestandteile durch Regen- und Gießwasser noch tiefer in den Boden transportiert, wo sie die Wurzeln der Pflanzen dann nicht mehr erreichen. Bei Neupflanzungen dürfen Sie natürlich die Pflanzlöcher mit Kompost ausfüttern. Am besten mischen Sie ihn mit der ausgehobenen Erde, damit er etwas verdünnt wird. Mit unverdünntem Kompost sollten die Wurzeln frisch gepflanzter Setzlinge möglichst nicht in Berührung kommen, weil sie durch das plötzliche Nährstoffangebot überfordert werden und dann zu schnell wachsen.

Wichtig: Kompost darf keinesfalls austrocknen, denn sonst sterben die hilfreichen Mikroorganismen ab. Deshalb deckt man die frisch mit Kompost versorgten Beete noch mit einer dünnen Mulchschicht ab (siehe Seite 13). Was Sie dazu nehmen, ist im Grunde gleichgültig. Ich habe sehr gute Erfahrungen mit Rasenschnitt und klein gehäckseltem Laub gemacht – sowohl im Gemüse-, als auch im Blumengarten.

Frischer Mist sollte ebenfalls niemals eingegraben werden. Darin unterscheiden wir uns übrigens auch von unseren Urgroßeltern. Wir halten es wie die Klostergärtner in alter Zeit und verwenden frischen Mist, wenn überhaupt, nur als schützende Bodendecke. Und das nur über den Winter! Im Frühjahr wird der Mist abgerecht und kommt auf den Kompost. Während der Vegetationszeit hat frischer Mist auf den Beeten nichts verloren (siehe Seite 13)!

Vorsicht, Kalk!

Auch bei der Verwendung von **Kalk** sind wir heute sehr viel sparsamer als unsere Urgroßeltern. Für sie war Kalk so etwas wie ein Allheilmittel. Fast bei allen Gartenproblemen empfahlen ihre Bücher Kalk: Nachlassender Ertrag im Gemüsegarten – Kalk; Raupen im Kohlbeet – mit Kalk bestreuen –; Schädlingsbefall an Beerensträuchern – im Herbst kräftig kalken; Apfelschorf – Kalk, usw. Heute besinnen wir uns wieder auf das uralte Sprichwort: »Kalk macht reiche Väter, aber arme Söhne«. Denn

Kalk »frisst« Nährstoffe, indem er sie an sich bindet und damit blockiert.

Kalk mergelt den Boden aus – daher stammt ja auch der Name Kalkmergel. Er ist ein Nährstoff-Fresser, weil er Huminsäuren, Mineralien und Spurenelemente chemisch an sich bindet und damit nutzlos macht.
Da fast alle Böden mit Ausnahme von reinen Moorböden ohnehin gebundenen Kalk enthalten, sollten wir besser versuchen, uns diesen zunutze zu machen. Sogar die angeblich kalkfreien Urgesteinsböden enthalten Kalk: Wie neuere Untersuchungen von handelsüblichen Urgesteinsmehlen ergaben, liegt ihr Kalkanteil bei bis zu 10 Prozent. Schon in den dreißiger Jahren beschrieb der bekannte Wiederentdecker und Altmeister der Kompostwirtschaft, Alwin Seifert, dass Kompost ein vorzügliches Mittel ist, um gebundenen Kalk, wie auch andere Mineralstoffe im Boden für die Pflanzen nutzbar zu machen. Auch die alten Klostergärtner wanderten wohl nicht mit dem Kalkeimer durch ihre Gärten.
Daher sollten Sie nur in Ausnahmefällen zum Kalk greifen. Verwenden Sie möglichst nicht reinen Kalk, vor allem keinen ungelöschten Kalk (Brannt- oder Ätzkalk), sondern besser **Algenkalk** oder **Gesteinsmehle** (Lava, Granit oder Basalt). Auch das mechanische Bestreuen des Kompostes mit Branntkalk, wie es in alten Büchern oft empfohlen wird, sollte unbedingt unterbleiben. Denn Branntkalk bindet viel Wasser, trocknet damit den Kompost aus und verzögert den Rotteprozess. Wenn überhaupt, z. B. zur Bindung von Gerüchen und zur Verbesserung der Krümelstruktur, sollten Sie hier ebenfalls Algenkalk, Gesteins- oder noch besser Tonmehle (Bentonit o. ä.) verwenden.

Bäume brauchen Pilze

Lebensbäume *(Thuja occidentalis* und *Th. orientalis)* und andere Nadelbäume sowie viele Laubbäume leben in einer Symbiose mit bestimmten **Wurzel-** und **Bodenpilzen**, der Mykorrhiza. Diese Pilze durchziehen mit ihrem Geflecht (Mycel) die Erde und wirken wachstumsfördernd. Daher sollten alle frisch gepflanzten Bäume und ganz besonders Lebensbaumhecken eine dicke Schicht aus Holzkompost, Rindenmulch oder Holzhäcksel erhalten.
Frischer Holzhäcksel muss allerdings vor dem Ausbringen vier Wochen lang auf einem Haufen oder in einem Silo ablagern, damit wachstumshemmende Bestandteile wie Gerbsäuren (Tannine) und Harze bereits durch die Heißrotte aufgespalten werden (siehe Seite 17). Als Kompost aufgesetzter Holzhäcksel, besonders von Nadelhölzern, wird in den ersten zwei Wochen ungemein heiß – Temperaturen von 80 °C sind keine

Pilze wie z. B. Tintlinge sind wichtige Baumpartner.

Seltenheit. Daher müssen Sie den Haufen regelmäßig gießen, unter Umständen jeden Tag, damit er innen nicht austrocknet. Nehmen Sie dafür am besten Regenwasser. Verdünnte Kräuterjauchen, vor allem Brennessel-Beinwell-Jauche, eignen sich ebenfalls gut. Im Notfall tut's auch der Gartenschlauch. Auch nach dem Einwurzeln brauchen alle Bäume alljährlich neuen Waldkompost, Rindenmulch oder Holzhäcksel. Dabei gilt: Nadelbäume bekommen vor allem Nadelholzprodukte, Laubbäume dagegen eher Kompost und Rindenmulch sowie Holzhäcksel von laubabwerfenden Gehölzen.

Pflanzen möglichst nur aus der Region

Neue Pflanzen kaufen Sie am besten in **örtlichen Gärtnereien** und **Baumschulen**. Denn nur so können Sie einigermaßen sicher sein, dass sie auch das jeweilige Klima und den Boden vertragen. Immer wieder höre ich von enttäuschten Hobbygärtnern, dass ihre neuen Pflanzen, die im Katalog doch so herrlich aussahen, in Wirklichkeit ganz mickrig wachsen. Meist stellt sich dann heraus, dass die Neuerwerbungen von weit her kamen. Gerade Pflanzen aus süddeutschen Weinbaugegenden haben es im feuchten und windigen Norden Deutschlands oft sehr schwer, besonders wenn es sich auch noch um ausgesprochen Trockenheits liebende Exemplare handelt wie z. B. die graulaubigen Stauden oder die hohen Bartiris (*Iris*-Barbata-Eliator-Hybriden). Umgekehrt ist es nach meiner Beobachtung weniger schlimm. Denn wer sich unter den schwierigen Bedingungen des Nordens bewährt hat, kommt im Süden meist besser klar. Allerdings brauchen manche Gewächse in der Umstellungszeit zusätzliche Wassergaben. Beobachten Sie daher die Neulinge in den ersten Jahren besonders aufmerksam, verwöhnen Sie sie aber auch nicht zu stark. Außerdem sollten Sie gerade bei Obstgehölzen Sorten wählen, die sich in Ihrer Region besonders bewährt haben. Jeder Landstrich hat seine eigenen Sorten, wobei es sich meist um ältere, dafür aber sehr gesunde und widerstandsfähige handelt. Bei uns in Schleswig-Holstein ist z. B. bei den Äpfeln die 'Holsteiner Cox-Orangenrenette' sehr beliebt, eine um 1900 in Eutin gezüchtete Sorte, der der ständige Wind und die hohe Luftfeuchtigkeit gar nichts ausmachen. Lassen Sie sich von erfahrenen Gärtnern und Baumschulmeistern beraten, bevor Sie viel Geld ausgeben. Im Anhang (Seite 166ff.) finden Sie zur Orientierung eine kleine Liste von regionalen Bezugsquellen.

Altbewährte Tipps für den Obstgarten

Erdbeeren wollen gehätschelt werden

Auf das neue **Erdbeerbeet** kommen nur Ableger von gut tragenden Mutterpflanzen. Diese werden zur Erntezeit mit einem Stöckchen markiert. Am besten wachsen und tragen die Ableger ersten Grades, das sind diejenigen Pflänzchen, die – von der Mutterpflanze aus gesehen – als erste an der Ranke sitzen. Und nicht vergessen: Die Pflanzen nicht tiefer setzen, als sie bisher standen, sonst faulen sie! Erdbeeren sind außerdem große Humusliebhaber. Am liebsten haben sie Beete, die reichlich mit Wald- und Mistkompost (siehe Seite 24/25) versorgt wurden. Den Winter über vertragen sie eine schützende Decke aus Rohkompost

Erdbeeren bindet man schon während der Blüte mit ihren eigenen Ausläuferranken hoch, damit die Früchte später nicht im Feuchten liegen und dem Grauschimmel zum Opfer fallen.

oder angerotteten Mistkompost, denn sie sind Flachwurzler. Ersatzweise können Sie auch Rinden- und Holzhäcksel von Nadelbäumen nehmen. Beides sollte aber schon gut angerottet sein, denn frischer Baumhäcksel wirkt ganz allgemein wachstumshemmend auf Jungpflanzen. Beim Abdecken müssen Sie die Pflanzen selbst aber unbedingt freihalten, z. B. mit kurzem Reisig. Einfaches Aussparen nutzt gar nichts, denn Amsel & Co. scharren die zarten Pflänzchen flugs achtlos wieder zu. Trotzdem sollten Sie den Winter über immer wieder kontrollieren, ob alles seine Ordnung hat. Im Frühjahr wird die Schutzdecke abgerecht und kommt auf den Kompost. Wichtig: Hochgefrorene Pflanzen müssen Sie, sobald der Boden aufgetaut ist, wieder richtig setzen.

Wenn Sie Ihre Erdbeeren mit Rohkompost oder Mist abgedeckt hatten, brauchen Sie im Frühjahr nicht mehr viel zu düngen. Etwas Holzasche und gelegentliches Gießen mit Kräuterjauchen reicht völlig. Früher verteilte man auch etwas Holzkohlenstaub um die Pflanzen und harkte ihn leicht ein. Holzkohlenstaub können Sie sich heute leicht aus Grillkohle machen; diese muss aber beste Qualität haben. Bestand die Abdeckung dagegen nur aus Rinden- oder Holzhäcksel, wird jetzt eine neue Lage gut verrotteter Kompost fällig, den Sie vorsichtig oberflächlich einhacken sollten.

Damit Erdbeeren ordentlich dicke Früchte ansetzen, brauchen sie im Mai viel Wasser. Pro Woche rechnet man etwa 20 l pro m^2. Reicht der Regen nicht aus, müssen Sie zur Gießkanne greifen. Die Gießperiode beginnt mit der Blüte.

Eine Mulchdecke aus fein gehäckseltem Stroh schützt die heranreifenden Früchte vor Nässe und damit vor dem gefürchteten Grauschimmel – und hält sie sauber. Heute werden zu diesem Zweck auch schwarze Schlitzfolien empfohlen, da sie zusätzlich als Wärmespeicher fungieren. Den gleichen Effekt erreicht man – so erhältlich – mit dünnen Schieferplatten. Aber Vorsicht: Reinen Schiefer nehmen, wie er manchmal beim Abriss alter Häuser kostenlos zu bekommen ist; keinesfalls den künstlichen Asbestschiefer verwenden.

Wer ganz auf Nummer sicher gehen will, bindet die ganze Pflanze samt der schweren Fruchttriebe einfach mit einem Langstrohbündel oder, noch besser, mit einer ihrer eigenen langen Ausläuferranken lose auf.

Anwachshilfe Gerste

Um Obstbäumen das Anwachsen zu erleichtern, gibt man ihnen ein paar Handvoll frische, keimfähige **Gerstensamen** unten in das Pflanzloch. Die Körner, auch Malzkeime genannt, keimen bald unter dem Wurzelballen, sorgen dabei für Wärme und produzieren neben dem Eiweißstoff Hordein auch reichlich Vitamin A, B_1, D und E sowie andere Enyzme, die alle wachstumsfördernd wirken. Da die Keime aber mangels Licht und Sauerstoff nicht weiterwachsen können, verrotten sie bald wieder und liefern dabei ebenfalls Wärme und Nährstoffe. Diese Methode funktioniert auch bei allen anderen Großgehölzen. Gerstenkörner können Sie auf abgeernteten (!) Feldern selbst sammeln oder vom Bauern direkt erbitten.

Keimende Gerstenkörner sind eine bewährte Anwachshilfe.

Fester Stand von Anfang an

Frisch gesetzte Obststämme und andere Bäume fassen besser Fuß, wenn man ihren Stamm das erste Jahr über mit **Langstroh** oder **Schilf** einwickelt. Diese Bandage schützt gegen Austrocknung und Rissbildung durch Sonne, Wind und Frost. Heute werden zu diesem Zweck im Gartenfachhandel fertige Jutebänder angeboten.

Hochstämmchen von Johannis- und Stachelbeeren brauchen eine gute Stütze, damit die Krone nicht unter der Last der Früchte auseinanderbricht. Am besten ist dazu ein so genanntes **Dreibein** geeignet, das man sich leicht selbst bauen kann. Zunächst schlägt man drei Vierkanthölzer mit einer Kantenlänge von 2–3 cm in Form eines gleichschenkeligen Dreiecks in den Boden. Diese werden anschließend etwas über der Höhe des Kronenansatzes mit schmalen Latten verbunden. Das Dreibein muss so platziert sein, dass die schweren äußeren Zweige auf den Verbin-

dungslatten aufliegen, wobei die Früchte außerhalb des Dreiecks hängen müssen – sonst werden sie abgerieben.
In windigen Gegenden sollte auch die Krone selbst zusätzlich durch einen Pfahl gehalten werden. Dazu wird der Leittrieb am Pfahl befestigt. Damit verhindert man, dass die Krone an der Veredelungsstelle abbricht.

Mit Pferdemist sicher durch den Winter

Da Obstbäume und Beerensträucher gewöhnlich im **Spätherbst** gepflanzt werden, sind sie noch nicht eingewurzelt, wenn der erste Frost kommt. Solange der Boden nicht tief gefroren ist, macht ihnen das aber nichts aus. Dauerfrost ist für junge Obstgehölze jedoch nichts, vor allem weil der Boden dadurch austrocknet. Sichere Abhilfe schafft eine dicke Decke **Pferdemist**, die auf die Baumscheibe gepackt wird.

Auch die modernen Ballerina-Äpfel im Topf schätzen eine Mistdecke.

Sie hält warm und schützt vor Austrocknung. Allerdings darf der Mist nicht mit dem Stammansatz in Berührung kommen. Am besten stecken Sie einige Tannenzweige als Barriere oder – noch besser – umwickeln den Stamm mit Stroh oder Jute (siehe links). In wühlmausgefährdeten Regionen sollten Sie im Winter regelmäßig kontrollieren, ob die Decke nicht plötzlich bewohnt ist. Sicherheitshalber können Sie etwas **Holunderhäcksel** *(Sambucus nigra)* unter den Mist mischen oder bei offenem Boden mit Holunder-Jauche gießen. Im Frühjahr wird der Pferdemist abgeräumt und kommt auf den Kompost, damit die Baumscheibe anderweitig bepflanzt werden kann.

Sommerkur für jeden Baum

Wer eine reiche Obsternte wünscht, muss seine Bäume schon im Sommer des Vorjahres kräftig mit Nährstoffen versorgen. Denn nur so setzt der Baum für das nächste Jahr ordentlich Fruchtknospen an. Am besten eignet sich neben Kompost eine **Flüssigdüngung** im Anfang bis Mitte Juli. Dazu ziehen Sie etwa im Abstand der halben Kronentraufe einen flachen Graben um den Stamm und füllen ihn mit verdünnten Kuh- oder Kräuterjauche auf. Für mittelgroße Hochstämme reichen etwa 30 l Jauche aus. Ich habe in meinem Garten sehr gute Erfahrungen mit Beinwell-Jauche gemacht, die viel Kali für den Fruchtansatz enthält.
Statt eines Grabens können Sie bei großen Bäumen zwei etwa 40 cm tiefe spatenbreite Löcher ausheben und mit verdünnter Jauche auffüllen. Auch hier werden die Löcher im halben Abstand der Kronentraufe rechts und links vom Stamm gegraben. In jedes Loch geben Sie etwa 20 l verdünnte Jauche und schließen danach die Löcher wieder. Diese Methode empfiehlt sich vor allem für dicht bewachsene Baumscheiben. Spalierobst kann man auf diese Weise im Juli düngen. Hier dürfen die Löcher aber nicht tiefer als 30 cm sein.

Da schau her!

Wer besonders schöne Äpfel, Birnen oder Weintrauben ernten möchte, z. B. zum Verschenken, kann sie mit **Gazebeutel** oder dünnen **Papiertüten** (Frühstücksbeutel) vor Schädlingsfraß und Hagelschlag schützen. Unsere Großeltern nannten solche Schönlinge »Schaufrüchte«. Die Beutel aber regelmäßig kontrollieren, denn Wespen können ganz schön dreist werden und sich durch's Papier fressen.

Kirschen jährlich schneiden

Sauerkirschen fruchten am einjährigen Holz. Daher sollten Sie das Fruchtholz jedes Jahr nach der Ernte zurücknehmen, damit sich nicht mit der Zeit die wohlbekannten langen, sparrig überhängenden Zweige bilden. Aus diesem Grund zogen unsere Urgroßeltern die Sauerkirschen gerne an Spalieren, wo sie sogar an den Nordwänden gedeihen.
Süßkirschen, bei denen ebenfalls nur die einjährigen Triebe tragen, können auf die gleiche Weise zurückgeschnitten bzw. am Spalier gezogen werden, wobei sich in beiden Fällen die waagerechte Erziehung der Seitentriebe empfiehlt.

Sauerkirschen müssen nach der Ernte streng zurückgeschnitten werden.

Den freistehenden Baum erzieht man wie bei einer Apfelspindel mit leichten Gewichten an den Zweigen, beim Spalierbaum werden die Seitentriebe an den waagerechten Spalierdrähten oder -leisten befestigt. Den jährlichen Fruchtholzschnitt lassen Sie sich am besten von einem erfahrenen Obstgärtner zeigen.
Die strenge Erziehung der Kirschbäume mit regelmäßigem Rückschnitt ergibt nicht nur ein gefälligeres Aussehen des Baumes und eine leichtere Ernte, sondern auch größere Früchte. Düngen Sie Kirschen aber nicht zu stark, da die überschüssigen Nährstoffe direkt ins Triebwachstum gehen.

Wiederentdeckt: Spalierobst

Spalierobst ist **der** Geheimtipp für kleinere Gärten. Fast alle Obstsorten können an Spalieren gezogen werden: Äpfel, Birnen, Quitten, Pflaumen, Mirabellen, Renekloden, Süß- und Sauerkirschen, Pfirsiche, Aprikosen und natürlich Weintrauben, wobei alle bis auf die Äpfel gerne an Hauswänden und sonstigen Mauern gedeihen. Mit der richtigen Auswahl lassen sich praktisch alle Himmelsrichtungen ausnutzen: Die Ost- und Westseite des Hauses wird mit Birnen- und Süßkirschspalieren bepflanzt. Auf einer Südwest-Seite fühlen sich besonders Pflaumen, Mirabellen und Renekloden wohl. Auf die vollsonnige Südseite kommen die Pfirsich-, Aprikosen- und Weinspaliere, und auf der Nordseite reifen Schattenmorellen heran. Äpfel dagegen stehen lieber frei im Wind und können als freies Spalier sogar eine Hecke ersetzen. Aber auch die Spaliere an Häusern dürfen nicht direkt an die Mauer gesetzt werden, sondern brauchen immer einen Abstand von 15–20 cm, damit kein Wärmestau entsteht. Freistehende Obstspaliere sollten nach Möglichkeit immer in Nord-Süd-Richtung stehen, damit die Bäume gleichmäßig Sonne bekommen.
Das A und O des Spalierobstpflege ist der **richtige Schnitt** zum richtigen Zeitpunkt. Kaufen Sie sich daher ein gutes Buch und gehen Sie bei einem erfahrenen Baumschulmeister in die Lehre, z. B. dort, wo Sie Ihre Pflanzen beziehen. Viele Kleingartenvereine bieten richtige Vorträge zum Obstbaumschnitt an, zu denen meist auch Nicht-Mitglieder willkommen sind.
Unsere Urgroßväter waren oft echte Meister im Erziehen der kunstvollsten **Spalierformen**. Leider ist dieses Wissen bei uns im Gegensatz zu England und Frankreich fast völlig in Vergessenheit geraten. Doch wer die Augen offen hält, findet auch hierzulande dann und wann noch an alten Villen ein Schnurbaum-Spalier (Kordon), einen Palmenfächer oder eine U-Palmette. Auch in manchen Botanischen Gärten, landwirtschaftlichen Versuchsgütern und auf Gartenschauen kann man alte Spalierformen *in natura* studieren. Wer den Grundschnitt für Spalierobst beherrscht, kann solche Formen ohne Probleme selbst nachziehen.

In Baumschulen und an alten Villen findet man manchmal noch alte Spalierformen wie diese doppelte U-Palmette einer Birne.

Die Äste von Spalierobst lassen sich prima mit **Langstroh** oder **Binsen** anbinden. Dieses natürliche Material ist nicht nur preiswert, sondern schützt die Äste sicher gegen Reibung an den Spalierdrähten und klemmt sie nicht ab. Ersetzen Sie jedoch das natürliche Material gleich, sobald es mürbe wird. Das ist meist nach sechs bis neun Monaten der Fall.

Kümmerlingen Beine machen

Um schlafende Triebknospen zum Austreiben zu bringen, kerbt man die Rinde oberhalb der Knospe mit einem scharfen Schnitt leicht ein, ohne das darunterliegende Holz zu verletzen. Solche **Kerbschnitte** sind vor allem in der Spalierobsterziehung hilfreich, um einen gleichmäßigen Wuchs zu erzielen oder einen fehlenden Ast heranzuziehen.

Die gleiche Wirkung erzielten Sie mit 1–2 kurzen **Schröpfschnitten**, die Sie aber unterhalb der schlafenden Knopse parallel zum Ast angesetzen müssen. Auch hier darf das Holz nicht verletzt werden. Schwache Seitentriebe lassen sich ebenfalls durch Schröpfen zu kräftigerem Wachstum anregen. Hier werden aber nur die jeweiligen Äste geschröpft, nicht der ganze Stamm. Das Schröpfen aktiviert die so genannte **Kallusbildung** – die Wunden werden durch wucherndes Gewebe überwallt – und dadurch das Dickenwachstum der Äste. Dass man für diese Arbeiten ein sauberes und scharfes Messer verwendet und es nach jedem Arbeitsgang desinfiziert, ist Grundbedingung.

Wenn junge Obststämme zu dünn bleiben, hilft oft ein **Schröpfen des Stammes** in Längsrichtung Dazu wird die Rinde des Stammes im zweiten oder dritten Frühjahr nach der Pflanzung ein- bis höchs-

Kerb- und Schröpfschnitte lassen schlafende Knospen austreiben.

tens dreimal von oben nach unten eingekerbt. Auch hier muss das darunterliegende Holz unverletzt bleiben. Wichtig: Schröpfschnitte gehören immer auf die Nordseite des Stammes, um die künstliche Wunde vor Austrocknung durch starkes Sonnenlicht zu schützen.
Bei jungen Kirschen können Sie durch rechtzeitiges Schröpfen im ersten Frühjahr nach der Pflanzung dem gefürchteten **Gummifluss** vorbeugen.

Wenn der Baum nicht blühen will

Blühfaulen Obstbäumen halfen unsere Urgroßväter ebenfalls mit Schröpfen des Stammes oder mit **Ringeln** einzelner Äste auf die Sprünge. Beim Ringeln wird ein schmaler Rindenstreifen um unfruchtbare Äste entfernt – und zwar nahe am Astansatz. Der Streifen sollte höchstens zweimal so breit sein, wie die Rinde dick ist, also höchstens 2 mm. Durch das Ringeln wird der Rückfluss der Säfte zu den Wurzeln unterbrochen, sodass die ganze Kraft im geringelten Ast verbleibt und dieser dadurch reichlich Blütenknospen für das nächste Jahr bildet.
Geringelt wird immer im Frühjahr zur normalen Blütezeit. Wichtig: Nach dem Abfallen der – vielleicht an anderen Ästen vorhandenen – Blütenblätter darf nicht mehr geringelt werden. Ein Ringeln des ganzen Stammes hilft gar nichts und schwächt nur den Baum. Bei extrem starkwüchsigen jungen Bäumen bis zu 5–7 Jahren kann allenfalls ein halber Stammumfang geringelt werden, dann aber in einer Breite von 1–2 cm. Alle Ringelwunden, ganz besonders die am Stamm, müssen sofort mit Wundwachs verschlossen werden. Schröpfen und Ringeln eignen sich besonders gut für jüngere **Apfel-** und **Birnbäume**, die, statt Blüten zu bilden, außerordentlich kräftig wachsen.
Eine ähnliche Wirkung hat das **Strangulieren** einzelner Äste. Dazu legen Sie im Frühjahr einen dickeren Draht um die blühfaulen Äste und drehen ihn fest zu. Dadurch gerät der Saftfluss ebenfalls ins Stocken, der Ast wird fruchtbar. Wichtig: Den Draht im Herbst wieder entfernen, sonst stirbt der Ast ab! Das Strangulieren darf wie das Ringeln nur an einzelnen Ästen angewendet werden und eignet sich ebenfalls für jüngere, stark wachsende Obstbäume.
Bei älteren Obstbäumen kann auch der **Wurzelschnitt**, d. h. Kappen der Wurzeln, helfen. Dafür ziehen Sie im zeitigen Frühjahr einen etwa 1 m tiefen und 1 Spaten breiten Graben um den Baum und füllen ihn mit Kompost auf. Der Abstand vom Stamm richtet sich nach der Größe der Kronentraufe. Hat die Krone z. B. einen Durchmesser von 3 m, sollte der Graben im Abstand von 1 m zum Stamm verlaufen. Bei kleineren Bäumen hilft manchmal schon ein einfaches Abstechen der Wurzeln. Durch den Wurzelschnitt wird das Wachstum des Baumes gebremst. Statt weiter in die Höhe und Breite zu wachsen, setzt er seine Kraft zur Bildung von Fruchtholz ein. Wichtig: Der Wurzelschnitt sollte immer die letzte Möglichkeit bleiben, wenn alle anderen Methoden versagt haben. Lässt sich auch durch das Kappen nichts erreichen, sollte Sie den Baum umveredeln lassen oder durch einen neuen ersetzen.

Altbewährte Tipps für den Gemüsegarten

Abkühlung nicht erwünscht

Wie beim Angießen bei der Pflanzung, so sollte auch später das **Gießwasser** immer handwarm sein. Ansonsten bekommen die Pflanzen gerade bei heißer Witterung einen richtigen Schock. Ganz besonders übel nehmen **Gurken** und **Tomaten** kaltes Wasser: Gurken werden bitter, Tomaten rollen voller Entsetzen ihr Laub ein. Auch zu viel Wasser auf einmal bekommt den beiden nicht, besonders wenn vorher Dürre herrschte. Vor allem bei Tomaten platzen dann die Früchte auf. Und ganz schlimm ist es für die beiden, wenn das kalte Wasser auch noch auf ihre Blätter platscht. Gurken bekommen dann schnell Mehltau, auf dem Tomatenlaub macht sich die Krautfäule breit, die später auch die Früchte befällt.

Zuviel Wasser auf einmal bringt Tomaten schnell zum Platzen.

Buchsbaumhecken sollten Sie nur an bedeckten, regnerischen Tagen schneiden, denn praller Sonnenschein lässt die Schnittflächen zu stark eintrocknen.

Daher sollten Gurken stets ein niedriges Rankgerüst erhalten (siehe Seite 99), damit das Wasser schnell wieder abtropfen kann. Die Tomatenpflanzung bekommt, sofern sie nicht unter einem Dachvorsprung an der Hauswand angelegt wurde, zum Schutz vor heftigen Regengüssen ein offenes Holzgestell mit Foliendach. Und zur gezielten Bewässerung gräbt man wie zu Urgroßmutters Zeiten schräg zu Füßen jeder Tomatenpflanze einen alten Blumentopf ein.

Auch bei Kälte und Wind gießen

Nicht nur in heißen Sommern, sondern auch bei **kühlen Temperaturen** brauchen vor allem Jungpflanzen im Gemüse- und im Blumengarten Wasser und Nährstoffe. Gerade wenn die so genannte Schafskälte bis in den Juli hineindauert und zugleich noch ein kräftiger Nordwest-Wind durch den Garten fegt, sollten Sie Ihre Pflanzen regelmäßig kontrollieren und bei Bedarf gießen, denn der Wind trocknet die obere Bodenschicht schnell aus. Und wenn Sie ihnen noch etwas besonders Gutes tun wollen, geben Sie ihnen noch eine Extra-Portion verdünnte Kräuter- oder Mistjauche und zwar direkt zu Füßen. Das stärkt die Widerstandsfähigkeit gegen Kälte und Schädlingsbefall.

Eine Hecke für jedes Beet

Wer nicht großflächige Mischkulturen anlegen will, sondern in althergebrachter Weise Einzelbeete im Gemüsegarten bevorzugt, sollte um jedes Beet eine kleine **Einfassung** pflanzen. Das bietet nicht nur etwas für's Auge, sondern hat ganz praktische Gründe, wie sie die alten Klostergärtner schon kannten. Niedrige Einfassungen von etwa 10–15 cm Höhe verhindern nicht nur, dass die Erde vom Beet auf die Wege rutscht, sondern dienen der keimenden Saat und zarten Setzlingen als Wind- und Frostschutz. Es muss auch nicht immer gleich eine **Buchsbaumeinfassung** sein, wie sie seit einigen Jahren wieder modern ist. Unsere Urgroßeltern bevorzugten Pflanzungen, die nicht nur schön aussahen, sondern zudem noch in der Küche zu gebrauchen waren wie **Schnittlauch**, **Thymian** und der fast vergessene **Sauerampfer**. Letzerer wurde früher auch zum Säubern und Polieren von Kupfer- und Messinggegenständen benutzt (ähnlich wie Schachtelhalm – das »Zinnkraut« – für Zinn). Wichtig waren ihnen genügsame Einfassungspflanzen, die den Boden nicht »ausmagerten«, wie sie sagten.

Wenn Sie trotzdem nicht auf

Buchsbaum verzichten möchten, sollten Sie ihn nur im Frühjahr, möglichst Ende März/Anfang April, pflanzen. Denn er braucht lange, um richtig einzuwurzeln. Herbstpflanzungen kommen oft nur mit großen Lücken durch den Winter. Übrigens müssen Buchshecken sehr regelmäßig geschnitten werden, einmal jährlich ist Pflicht. Dazu wählt man immer einen bedeckten, regnerischen Tag, denn die pralle Sonne nimmt der frisch geschnittene Buchsbaum sehr übel.

Karotten auf die Sprünge helfen

Karotten (Möhren) gehören mit einer Keimdauer von etwa vier Wochen zu den ausgesprochenen Langsamstartern. Mit einem Trick können Sie die Ernte aber deutlich **verfrühen**: Dazu füllen Sie Anfang Februar einen mittelgroßen Ton- oder Steinguttopf (kein Kunststoff!) mit feingesiebtem, leicht angefeuchtetem Laubkompost, streuen den Karottensamen darüber und vermengen das Ganze sorgfältig mit den Händen. Dann bekommt der Topf eine Abdeckung aus Moos und wird nach draußen in eine geschützte Ecke gestellt. Alle paar Tage wendet man die Erde im Topf ein wenig. Ab Ende der 3. Woche müssen sie den Topf täglich auf keimende Saat kontrollieren und das Karottenbeet vorbereiten, das im vorangegangenen Herbst nur mit reifem Kompost, keinesfalls mit frischem Mist gedüngt worden sein darf.

Nach etwa vier Wochen bzw. spätestens wenn die ersten Samen im Topf keimen, wird die Samenerde vorsichtig in die vorbereiteten Rillen gestreut, mit einem Gemisch aus Beeterde, feingesiebtem Laubkompost und ein wenig Holzasche zugedeckt und leicht (!) angedrückt. Als Schutz vor Spätfrösten sollten Sie Tannenreiser bereithalten und an Zwirnsfäden gegen die kratzwütige Vogelschar denken. Und auch das Vereinzeln nicht vergessen! Auf diese Weise lässt sich die Karottenernte um 4–6 Wochen vorverlegen. Dasselbe Verfahren funktioniert auch für die Frühbeet- und Gewächshauskultur. Dafür muss der Samentopf allerdings rechtzeitig gefüllt werden – oft schon Anfang Januar. **Sellerie** und **Petersilie** lassen sich ebenfalls auf diese Weise vortreiben.

Übrigens können Sie **Frühkarotten** durchaus noch im Juli säen. Sie sind dann im Herbst reif und schmecken wesentlich zarter und süßer als die echten Spätkarotten. Einziger Nachteil: Späte Frühkarotten lassen sich nicht lagern, sondern müssen vom Beet weg verzehrt oder eingefroren werden. Und noch ein wichtiger Hinweis für die Ernte: Wer nicht gleich das ganze Beet abräumt, sondern immer nur die dicksten Karotten herauszieht, muss die Löcher anschließend fest mit Erde verschließen. Andernfalls wird sich die Möhrenfliege mit Begeisterung auf die halbnackten Nachbarkarotten stürzen.

Vortreiben der Samen im Topf garantiert eine frühe Karottenernte.

Start frei für Kartoffeln

Frühkartoffeln treibt man gewöhnlich ab Anfang April an einem hellen, trockenen Ort bei etwa 8–10 °C vor. Bewährt haben sich kleine Obststeigen, die sich übereinander stapeln lassen und leicht zu transportieren sind. Die Kartoffeln werden dicht an dicht hineingelegt, um das Treiben langer schwacher Keime zu verhindern. Unsere Urgroßeltern empfahlen deswegen manchmal, die Knollen aufrecht einzuschichten. Das spart zwar Platz, verhindert nach meiner Erfahrung aber leider nicht die langen Keime. Zwar treiben die Knollen dann nicht mehr direkt aus der Bodenplatte, dafür aber um so mehr aus der Seite. Und diese Triebe streben dann mit langen dünnen Hälsen aus dem

Kartoffeln werden dicht an dicht liegend in kleinen Obststeigen im hellen Keller vorgetrieben. Vorsicht: 8–10 °C reichen völlig aus.

Dunkel des Kistenbodens schnell ans Licht. Auch die manchmal empfohlenen höheren Keimtemperaturen bis zu 15 °C führen nach meiner Beobachtung ebenfalls zu Geiltrieben. Falls Ihre Kartoffeln sehr viele Keime gebildet haben, sollten Sie einige entfernen. Den besten Ertrag liefern Kartoffeln mit 4–5 Keimen. Bei mehr Keimen gehen sie zu sehr ins Kraut.

Wer schon **Anfang Juni** zur Spargelzeit Kartoffeln ernten möchte, kann einige Knollen bereits Mitte bis Ende März legen, und zwar etwa 6 cm tief. Damit sie nicht vom Frost geschädigt werden, deckt man die frühe Kartoffelreihe mit einer dicken Schicht halbverrottetem Mist oder Laubkompost vom Herbst ab. Sollten die Kartoffeln durch die Schutzdecke treiben, stülpt man ihnen in kalten Nächten Eimer über – deswegen sollen Sie ja auch nicht so viele Knollen legen!

Sobald die Frostgefahr vorüber ist,

Beinwellblätter liefern eine perfekte Mulchdecke für Kartoffelbeete.

warfen unsere Urgroßeltern die Schutzschicht wieder auf den Kompost. Ich mache das aber nicht mehr, seitdem ich die Laubdecke einmal vergaß und trotzdem sehr schöne frühe Frühkartoffeln erntete. Sehr frühe Kartoffeln werden enger gesetzt als die normalen Frühkartoffeln: Es reicht ein Abstand von etwa 25 cm im Gegensatz zu den üblichen 35 cm.

Später sollten Kartoffeln nicht nur angehäufelt werden, sondern auch noch eine feuchtigkeitsbewahrende Mulchdecke erhalten. Sehr gut geeignet ist eine Schicht aus Blättern und Stängeln des **Beinwells** *(Symphytum officinale)*. Am besten lassen Sie die Stängel unzerkleinert, weil ihre feinen Härchen auch gegen Schnecken schützen. Beinwell liefert zudem noch reichlich Kali, das für die Knollenbildung wichtig ist, und auch Stickstoff für das Blattwachstum. Ein ebenso guter Schneckenschutz ist das Mulchen mit unzerkleinerten **Brennnesselstängeln**, die ebenfalls viel Stickstoff liefern. Und auch **Gelbsenf** *(Sinapis alba)* hat sich als Mulch- und Stickstofflieferant im Kartoffelbeet bestens bewährt. Wer keines dieser Kräuter zur Hand hat, kann sich mit einfachem **Rasenschnitt** behelfen, der nicht nur den Boden vor Austrocknung schützt, sondern ebenfalls Stickstoff liefert.

Warum nackte Jungfrauen die Bohnen legen

Im alten England, so heißt es, wurden die **Bohnen** nachts von nackten Jungfrauen gelegt. Manche vermuten in den Jungfrauen die irdische Vertretung der Fruchtbarkeitsgöttin Demeter. Da könnte natürlich etwas dran sein. Aber weitaus wahrscheinlicher erscheint heutigen Gärtnern, dass der Grund die große Kälteempfindlichkeit der Bohnen war. Die nackte Jungfrau fungierte sozusagen als Thermometer: Nur wenn sie nicht mehr fror, durften die Bohnen in die Erde.

Das gilt zwar im Prinzip heute noch. Aber schon unsere Urgroßeltern fanden einen einfacheren Weg: Sie zogen ihre **Stangen- und Buschbohnen** ab Mitte April im Frühbeet oder auf der Fensterbank vor und setzten sie nach den Eisheiligen im Mai ins Freiland.

Wichtig ist, dass die Bohnensetzlinge einen guten Wurzelballen bilden. Daher empfehlen sich Töpfe, am besten aus Naturfasern, die später mit eingepflanzt werden und verrotten.

Nur die **Dicken Bohnen (Sau- oder Puffbohnen)** können Sie ruhig im Wintermantel legen. Denn ihnen machen Nachtfröste gar nichts aus. Im Gegenteil: Je früher sie in die Erde kommen, desto weniger werden sie später von der Schwarzen Bohnenblattlaus heimgesucht. In wärmeren Lagen kann man Dicke Bohnen sogar schon ab Mitte Februar legen oder wie die anderen Bohnen im Januar in Töpfen vorziehen und Anfang März auspflanzen. Unsere Vorfahren legten übrigens Dicke Bohnen mit 10 cm sehr viel tiefer als wir das heute gewöhnlich tun. Auf diese Weise sind sie von Anfang an standfest und brauchen später nicht mehr so hoch angehäufelt werden. Außerdem soll dadurch der Ertrag höher sein.

Dicke Bohnen sind ausgesprochene Licht- und Windliebhaber und stehen am liebsten in weit auseinander stehenden Einzelreihen. Besonders gerne wachsen sie an den Seiten von Kartoffelbeeten und in Mischkultur mit Salat und Kohlrabi. Sollten sie zu groß werden, was zu Lasten des Ertrages geht, kneift man die Spitze der Pflanzen aus. Diese Methode ist auch bei starkem Blattlaubbefall angebracht.

Stangenbohnen waagerecht ziehen

Stangenbohnen bringen mehr Ertrag, wenn man sie waagerecht zieht. Dazu lässt man sie zunächst wie gewohnt an einem Stangen- oder Drahtgerüst nach oben klettern und führt die Ranken dann in etwa 1 m Höhe an Querdrähten waagerecht weiter. Empfehlenswert sind mehrere Etagen. Auf diese Weise werden die Bohnen übrigens auch früher erntereif.
Eine andere Möglichkeit sind die **Bohnenpyramiden**. Dazu steckt man mindestens 3, besser 5 Bohnenstangen im Kreis in die Erde und bindet sie oben fest zusammen. Die einzelnen Stangen sollten etwa einen Abstand von 40–50 cm haben. Je mehr Stangen, desto größer muss die Grundfläche des Kreises sein. An den Fuß der Stangen werden jeweils 3–4 Bohnen gelegt. Ihre Ranken lässt man aber nicht senkrecht nach oben streben, sondern führt sie in flachen Spiralen um die ganze Pyramide herum nach oben. Übrigens: Eine Bohnenpyramide macht sich auch gut als Blickfang in Blumenbeet oder Staudenrabatte.

Langlebige Bohnenpyramiden aus Eisen gibt es jetzt in Gartencentern.

Früher oder später: Erbsen

Erbsen sollte man zum Schutz vor der Erbsenwickler-Larve sehr früh oder sehr spät säen. Denn im Mai/Juni fliegt der Erbsenwickler. Verfrühen kann man Erbsen gut nach Bohnenart: Im Februar 4–6 Samen in 12- bis 15-cm-Töpfen mit reifer Komposterde anziehen, im Frühbeet abhärten und Ende März ins Freiland setzen. Am besten nehmen Sie dazu **Pal-** oder **Schalerbsen**, z. B. die Sorten ‘Kleine Rheinländerin’ oder ‘Maiperle’, denn diese halten Nachtfröste bis –6 °C aus. So erzielen Sie nicht nur eine sehr frühe Erbsenernte, sondern gewinnen auch keimfreudiges Saatgut für eine zweite kräftige Erbsenkultur im Sommer, die mit vorjährigen Erbsen meist nur lückenhaft aufgeht und schwächlich wächst.

Markerbsen, z. B. die alte Sorte ‘Wunder von Kelvedon’, aber auch die neueren Züchtungen wie ‘Markana’, ‘Maxigold’ oder ‘Aldermann’ sollten erst ausgepflanzt werden, wenn die Frostgefahr vorüber ist.
Wer die Erbsen gleich ins Freiland sät, sollte sie **tiefer** legen, als heute allgemein empfohlen wird: 8–10 cm dürfen es schon sein. Dadurch sind die Erbsen wie die Dicken Bohnen gleich von Anfang an standfest. Außerdem braucht man sie nicht mehr so hoch anhäufeln. Falls Sie vergessen haben,

Bohnen- und Erbsensamen am besten immer vorquellen!

Ihre Saaterbsen in Kamillentee vorzuquellen (siehe Seite 29), können Sie sich ersatzweise den **Tau** zunutze machen: Dazu legen Sie die Erbsen am späten Abend, schließen die Rillen aber erst am nächsten Morgen. Vor Vogelfraß schützen grobe Reiser oder ein grobmaschiges Netz. Alte Gardinen (Stores) und feines Gemüsevlies sind nicht geeignet, da sie den Tau zurückhalten.

Am besten zieht man Erbsen genauso wie die dicken Bohnen in **Einzelreihen**, damit der Wind ungehindert durch die Blätter streichen und den ungeliebten Erbsenwickler vertreiben kann. Als Zwischenpflanzung gut geeignet sind Radieschen, Möhren, Kohlrabi, Salat oder Fenchel. Sehr zu empfehlen ist auch die Mischkultur mit Gurken, weil Erbsenreihen an den Beeträndern die empfindlichen Pflanzen vor Wind und anfangs vor zu viel Sonne schützen.

Immer in Gesellschaft: Mais

Zuckermais braucht seine eigene Gesellschaft, nicht nur zur Bestäubung, sondern auch, um sich gegenseitig Halt zu geben. Daher zieht man ihn nicht wie Zinnsoldaten in einer Einzelreihe, sondern immer wie eine Hecke in Dreierreihen, wobei die Reihen so versetzt sind, dass die Pflanzen der 2. Reihe in Höhe des Zwischenraums der 1. Reihe stehen. In und zwischen den Reihen sollte der Abstand bei etwa 60 cm liegen. Anfangs legt man 4–5 Körner kreisförmig in eine etwa 8 cm tiefe Saatmulde. Nach dem Aufgehen lässt man die drei kräftigsten Pflanzen stehen und häufelt sie gut an, sobald sie eine Höhe von 30 cm erreicht haben. Solch eine Maishecke bringt nicht nur guten Ertrag, sondern bildet auch einen hervorragenden Sicht- und Windschutz. Statt Zuckermais können Sie natürlich auch Ziermais mit bunt gefleckten Kolben nehmen; dann wird die Hecke aber etwas niedriger.

Zwiebeln: je kleiner, desto besser

Nicht die größten, sondern die **kleinsten Steckzwiebeln** bringen die beste Ernte. Warum das so ist, weiß keiner – aber vielleicht haben die kleineren einfach mehr nachzuholen. Dafür spricht auch, dass Steckzwiebeln, die vor dem Pflanzen gedörrt wurden, ebenfalls wesentlich besser wachsen als ungedörrte. Zum Dörren (oder Darren) legen Sie die Zwiebelchen entweder in die Nähe eines warmen Ofens (ideal ist ein Kachelofen) oder schieben sie gleich auf dem Backblech ins Rohr. Allerdings dürfen sie niemals mehr als 50 °C abbekommen. Also den Backofen vorheizen und bei geöffneter Tür dörren.

Setzen Sie die Zwiebelchen anschließend nicht zu tief ins Beet,

Kleine Steckzwiebeln bringen deutlich mehr Ertrag als große.

das oberste Drittel sollte noch aus dem Boden schauen. Gegen kratzende Vögel helfen kreuz und quer gespannte schwarze Zwirnfäden.

Dankbare Tomaten

Tomaten sind zwar hochsensibel, aber auch sehr dankbar. Je mehr wir sie am Anfang umsorgen, desto besser gedeihen sie. Das fängt schon in der Kinderstube an. Eine **Saatbeize**, z. B. mit Knoblauch-Tee oder einem Baldrianbad, sollte es mindestens sein (siehe Seite 29). Auch bei gekauften Pflanzen kann man diese Starthilfe noch durch ein entsprechendes Wurzelbad nachholen (siehe Seite 31). Dazu wird der Wurzelballen am besten in einen passenden Topf gestellt, damit er nicht auseinanderfällt.

Die nächste Hürde ist das **Auspflanzen**. Freilandtomaten dürfen nicht vor Mitte Mai nach draußen. Da sie extrem kälteempfindlich sind, sollten Sie sie ihnen in rauen Gegenden immer zunächst eine Tomatenhaube überstülpen und sie bei den geringsten Anzeichen für Spätfröste mit Eimern oder Strohmatten schützen.

An die Pflanzerde stellen Tomaten

ebenfalls hohe Ansprüche. Gut verrotteter Tomatenkompost, zu gleichen Teilen vermischt mit (Mist)-Kompost, ist das Mindeste. Dass sie schräg und tiefer eingepflanzt werden, als sie vorher gestanden haben, habe ich schon erwähnt. Besonders große Freude macht man ihnen, wenn man ihnen nach Indianerart einen toten **Süßwasserfisch** »zu Füßen legt« (siehe Seite 38). Wer keinen Fisch zur Hand hat, nimmt 1–2 Hand voll kleingehackter **Brennnessel-** oder **Beinwellblätter** und packt sie – mit Erde vermischt – unter die Wurzeln. Beide sorgen für ordentlichen Stickstoffnachschub und damit gutes Blattwachstum. Beinwell liefert außerdem noch Kali, das für eine gute Wurzelbildung und guten Fruchtansatz notwendig ist. Um der gefürchteten **Krautfäule** und anderen Krankheiten vorzubeugen, pflanzt man einige **Knoblauchzehen** um jede Pflanze (siehe Seite 59). Das geht auch bei Topftomaten. Denselben Zweck sollen angeblich auch dünne **Kupferdrähte** erfüllen, die durch den Stängel gesteckt werden – aber bitte nur einen pro Pflanze.

Tomaten: auch als Spalierfrucht

Heutzutage ziehen wir Tomaten meist eintriebig an einem Pfahl oder einer Tomatenspirale. Es geht aber auch anders: Unsere Urgroßeltern machten sich häufig die Mühe, sie wie **Spalierobst** zu erziehen. Dazu braucht man ein einfaches Gitterspalier aus Holz. Auch die heute erhältlichen Rosen-Kletterspaliere aus Metall sind gut geeignet. Beide müssen fest montiert sein, wobei wegen des Wärmestaus vor Mauern stets mindestens 20 cm Abstand ist.
Sobald sich die ersten beiden Seitentriebe aus den untersten Blattachseln zeigen, wird der Haupttrieb gekappt. Die nun sich verstärkt bildenden Seitentriebe lässt man wachsen und bindet sie zunächst vorsichtig waagerecht an. Pro Seite zieht man dann 2 Triebe in die Höhe. Dazu verwendet man jeweils den nach oben zeigenden Trieb der zweiten und der vierten Blattachsel. Alle anderen Triebe kneift man mit den Fingern heraus. Auch die vier Leittriebe werden auf diese Weise regelmäßig entgeizt.
Sobald alle Triebe reichlich Früchte angesetzt haben, kappt man ihre Enden, damit ihre ganze Kraft in die Früchte geht. Das ist meist Mitte August fällig. Die nachfolgenden Seitentriebe müssen ebenfalls entfernt werden. Die Blätter verbleiben aber im Gegensatz zur althergebrachten Ansicht an der Pflanze, weil sie nicht nur ihrer Ernährung dienen, sondern auch den Früchten etwas Schatten spenden. Denn Tomaten brauchen zwar volle Sonne, ihre Früchte reifen aber im lichten Schatten besser und platzen weniger leicht auf. Vierer-Spaliere bringen etwa doppelt, manchmal sogar dreimal so viel Ertrag wie eine eintriebige Tomatenpflanze. Außerdem bildet das Spalier gerade auf Balkon oder Terrasse einen interessanten und außergewöhnlichen Schmuck.

Tomaten lassen sich wie Spalierobst als doppelte U-Palmette (Vierer-Spalier) ziehen. Das lohnt sich besonders auf Terrasse oder Balkon.

Wenig Arbeit: Strauchtomaten

Wer es gerne weniger aufwendig hat, ist mit einem **Tomatenstrauch** gut bedient. Dazu kann man wie früher die ganz normalen hochwachsenden Treibhaus- und Freilandtomaten verwenden. Manchmal sind heute auch schon Extrazüchtungen erhältlich. Diese müssen aber hochwachsend sein und sind nicht zu verwechseln mit den niedrigeren Buschtomaten. Für einen kleineren Strauch reicht eine Pflanze, für eine große Pyramide nimmt man drei, die im Abstand von etwa 40–50 cm im Dreieck gepflanzt werden. Gleichzeitig erhalten die Pflanzen ein pyramidenförmiges Rankgestell aus mindestens drei Bambus- oder Metallstangen, die oben zusammengebunden werden. Außerdem spannt man noch im Abstand von ca. 15 cm etagenweise Drähte. Die Stangen werden so platziert, dass die Tomaten innerhalb der Pyramide stehen.

Mit dem Bau der Pyramide ist schon fast alles getan. Jetzt brauchen nur noch die Triebe der Tomaten an den Stangen und Drähten festgebunden werden. Dabei folgt man in etwa dem natürlichen Wachstum und bindet Seitentriebe eher schräg an, sodass letztlich ein dichter Busch entsteht. Ausgegeizt wird bei Strauchtomaten grundsätzlich nicht. Ausnahme: Sobald die Pflanzen genügend Früchte angesetzt haben, kappt man die Triebe. Dann sollte aber auch weniger gegossen werden als bisher, denn sonst platzen die Früchte wegen des zu großen Wasserangebots leicht auf (siehe auch Seite 91).

Ganz professionelle Gärtner können sich eine solche Tomatenpyramide aus Baustahl vom Schlosser anfertigen lassen, wobei die Spitze dann rund bleibt. Solche Gestelle eignen sich übrigens auch hervorragend für Kletterrosen und Bohnen. Auch in Gartencentern sind neuerdings fertige Rankpyramiden erhältlich – mir sind sie allerdings mit ihren ca. 140 cm nicht hoch genug.

Schwieriger Start: Gurken

Gurken sind ähnlich heikel wie Tomaten, gerade am Anfang. Wer eigenes Saatgut verwendet, sollte nicht das vom Vorjahr nehmen, sondern möglichst 2–3 Jahre altes. Denn vorjährige Samen bringen viele taube Blüten. Vor dem Säen sollten die Samen stets gebeizt werden, entweder in Baldrianbeize, Urin, verdünntem Chlorwasser oder wenigstens in heißem Wasser (siehe Seite 29). Dabei werden die Samen einzeln, nicht im Säckchen in die Beize gelegt, damit man die tauben Körner leicht auslesen kann. Denn nur diejenigen Samen, die auf den Grund des Gefäßes sinken, sind keimfähig; alles, was oben schwimmt, ist dagegen unfruchtbar.

Wie alle anderen Samen werden auch Gurken direkt nach der Beizung ausgesät, aber nicht vor Mitte Mai. Wer Pferdemist zur Hand hat, gräbt ihn als »Fußbodenheizung« tief unter die Saatmulden. Die Mulden sollten etwa 5 cm tief sein und einen gleichmäßigen Rand haben. Denn anfangs werden die Samen nur etwa 1,5 cm dick mit Waldkompost zugedeckt, der Rand der Mulde dient als Wind- und Kälteschutz. Erst wenn die Pflanzen 5–6 Blätter haben, wird die Mulde geschlossen. Gießen Sie Gurken ausschließlich morgens, und zwar mit lauwarmem Wasser. Trotz aller Vorsicht kommen oft nicht alle Jungpflanzen durch. Daher sollten Sie immer einige Pflanzen mehr als Reserve ziehen. Diese Lückenfüller sollten Sie aber nur abends umgesetzen, weil sie in der Tageswärme schnell schlappmachen.

Gurken können Sie übrigens auch auf der Fensterbank **vorziehen**.

Die tauben Gurkensamen schwimmen oben, die fruchtbaren sinken auf den Grund des Glases ab.

Dazu säen Sie sie Anfang Mai in feingesiebte, warme Lauberde, die mit feingehacktem Moos abgedeckt wird. Am besten verwenden Sie Torftöpfe, die später mit ausgepflanzt werden. Damit die Gurken nicht zu schnell wachsen und lange Hälse bekommen, sollten Sie sie mit Erscheinen des dritten Blattes in einen kühleren, aber hellen Raum stellen. Von dort wandern sie zur Abhärtung zunächst tagsüber, später auch über Nacht in einen kalten Kasten oder in eine geschützte Ecke in Hausnähe. Auch die vorgezogenen Setzlinge dürfen nur abends ausgepflanzt werden.

Gurken wollen ranken

Über das **Entspitzen** der Gurkenpflänzchen nach dem dritten bis fünften Blatt waren schon unsere Urgroßeltern geteilter Meinung. Angeblich soll es die Bildung kräftiger und fruchtbarer Nebenranken fördern. Ich habe es nie gemacht

und trotzdem an langen Ranken reichlich Gurken geerntet. Unbestritten dagegen ist, dass Gurken für ein **Rankgerüst** dankbar sind.
Am besten eignen sich Weiden- oder Haselnussruten, die in etwa 10 cm flachen Bögen über das Beet gesteckt werden – und zwar längs und quer. Auf diese Weise werden die Gurken vor Fäulnis und Grauschimmel geschützt. Wer keine solchen Ruten zur Hand hat, kann sich mit Reisig behelfen. Dazu kürzt man die Reiser auf eine Länge von 15 cm ein, steckt sie in Abständen von 20–30 cm ins Beet und legt die Ranken darauf. Sehr hilfreich sind auch große, abgenadelte Tannenzweige, z. B. vom letzten Weihnachtsbaum. Sie werden ähnlich wie die Weiden- und Haselnussruten verwendet. Allerdings steckt man sie nicht in die Erde, sondern legt sie als flaches Rankgerüst auf die eben beschriebenen Reisigstützen.
Gurken, die **schnell reif** werden sollen, legt man auf eine kleine Glasscheibe oder auf eine Schieferplatte. Dieses Verfahren empfiehlt sich zum Beispiel, wenn man Senfgurken einmachen will, aber noch nicht genügend Früchte gelb geworden sind.

Rhabarber aus der Kiste

Auch wenn es heute manche nicht glauben wollen: **Rhabarber** ist ein Gemüse, kein Obst. Mit seinen ausladenden Stängeln braucht er viel Platz – bei Reihenpflanzung sollte mindestens 1 m Abstand zwischen den Pflanzen sein. Genauso wichtig ist ein tiefgründig gelockerter Boden. Und das bedeutet bei einem neu angelegten Garten auf jeden Fall Rigolen mit Schichterhalt (siehe Seite 82), wobei die obere Mutterbodenschicht anschließend noch ordentlich mit Kompost, am besten Mistkompost, versorgt wird. Rhabarber wird im Herbst gepflanzt, und zwar so, dass die Augen nur etwa 5 cm mit Erde bedeckt sind. Im ersten Jahr ist Winterschutz ratsam.

Ohne Gerüst bleiben Gurken nach einem Platzregen lange nass.

Rhabarber im Korb – der Pferdemist wird bei mir mit Holzwolle abgedeckt.

Die **Rhabarber-Ernte** können Sie auf einfache Weise **verfrühen**: Dazu stülpen Sie im März einen ausgedienten großen Weidenkorb oder eine Weinkiste über besonders kräftige Pflanzen, die Sie im Vorjahr mit einem Stöckchen markieren sollten. Damit Sie die Stängel leicht ernten können, sollten Sie den Boden des Korbes oder der Kiste zuvor mit der Säge abtrennen und dann nur lose aufgelegen. Ganz perfekte Gärtner binden die Deckel auf einer Seite wieder an oder versehen sie mit einem Scharnier. Korb oder Kiste bekommen eine dicke Rundum-Packung aus frischem Pferdemist, die für ein feuchtwarmes Treibhausklima im Inneren sorgt. Ab April kann dann geerntet werden. Allerdings darf man die Pflanzen nicht zu sehr schwächen und sollte die Ernte einstellen und das Minitreibhaus entfernen, sobald die anderen Pflanzen erntereif sind. Der Pferdemist kommt dann auf den Kompost.

Wer keinen Pferdemist bekommen kann, behilft sich mit einem kleinen transportablen Folienhaus Marke Eigenbau. Dazu braucht man 8 Vierkantpfosten à 1 m Länge und einer Kantenlänge von 2–3 cm. Aus diesen Hölzern wird ein würfelförmiges Gestell gezimmert, das nach unten offen bleibt. Die Seiten und das Dach bekommen eine Folienbespannung, am besten aus Druckpolster- oder Noppenfolie. Wichtig: Im Gegensatz zur atmungsaktiven Treibkiste muss das Folienhäuschen täglich einmal kurz gelüftet werden, bei starkem Sonnenschein noch öfter – sonst ist der Rhabarber bereits vorgekocht. Auch hier gilt: Je früher die Erntezeit beginnt, desto früher endet sie.

Viel Arbeit: Spargel

Spargel ist ein königliches Gemüse – macht aber leider am Anfang sehr viel Arbeit. Es muss nämlich **rigolt** werden (siehe Seite 82), möglichst bis in 70 cm Tiefe, also gut zwei Spaten tief. Allerdings werden hier im Unterschied zum normalen Rigolen die beiden Bodenschichten vertauscht: Die obere Mutterbodenschicht (a) kommt nach unten, die untere Schicht (b) kommt nach oben. Dazu heben Sie die erste Furche in zwei getrennten Durchgängen aus und werfen den Mutterboden (a) sowie die Unterschicht (b) jeweils auf Haufen. Ab der zweiten Furche wird es leichter: Die Schichten werden einfach in der Reihenfolge des Abstechens in die vorhergehende Furche geworfen. Am besten graben Sie auch hier in zwei Durchgängen: Erst die Oberschicht zur Unterschicht verwandeln und dann die Unterschicht zur Oberschicht. Die letzte Furche wird entsprechend mit dem Aushub der ersten Furche aufgefüllt.

Und warum das Ganze? Der Grund ist einfach: Spargel wird sehr tief gepflanzt. Lässt man die Bodenschichten an ihrem Platz, findet der Spargel nur wenig Nährstoffe und schon gar keinen Humus vor. Deswegen sollte man das künftige Spargelbeet auch gut vorbereiten, bevor man die Mühe des Rigolens auf sich nimmt.

Am besten verteilen Sie schon im Herbst dick **Kompost** auf der Oberfläche. Auch eine vorjährige **Gründüngung** ist sehr zu empfehlen. Rigolt wird dann im zeitigen Frühjahr, sobald der Boden offen ist. Anschließend lassen Sie das Beet einige Wochen ruhen, damit es sich setzen kann, bevor Sie auf übliche Weise Gräben ausheben und die Spargelklauen pflanzen. Diese dürfen im ersten Jahr nur etwa 4–5 cm dick mit Erde bedeckt werden. Die Spargelreihen sollten wie Stangenbohnen und Spalierobst immer in Nord-Süd-Richtung verlaufen, damit alle Pflanzen gleich viel Sonne abbekommen. Erst im zweiten Jahr werden die Gräben geschlossen, sodass das Beet ganz eben ist. Dabei müssen Sie aber unbedingt die Spargelreihen mit einem Stöckchen markieren. Denn sonst wissen Sie nicht, wo Sie im dritten Jahr die Wälle anlegen müssen. Und im vierten Jahr dürfen Sie dann endlich ernten.

Wichtig: Wenn Sie beim Rigolen auf eine stark verdichtete Unterschicht treffen, sollten Sie sich

Grünspargel sollte man genauso, wie weißen Spargel mit Holzwolle, Stroh oder einer lebendigen Mulchdecke schützen.

überwinden und noch einen Spaten tiefer graben. Denn Spargel kann **Staunässe** überhaupt nicht vertragen. Diese dritte Schicht (c) brauchen Sie aber nicht mit den anderen zu tauschen, sondern graben sie wie beim normalen Rigolen einfach »in sich« um (siehe Seite 82). Sicherheitshalber sollten Sie die Spargelklauen beim Pflanzen trotzdem noch mit einer dicken **Drainage** aus **Sand** versorgen. Unsere Urgroßeltern empfahlen **gut verrottetes Sägemehl**, aber auch **frisches Tannensägemehl** leistet gute Dienste.

Spargelbeete sollten **niemals schutzlos** der Witterung ausgesetzt werden – leider ist heute meist das glatte Gegenteil der Fall. Machen Sie es wie früher: Im ersten Jahr bepflanzen Sie die Zwischenwälle mit Kohlrabi, wobei Sie die Pflanzlöcher schön groß ausheben und mit gut verrottetem Kompost auffüllen, weil der ehemalige Untergrund ja noch nicht sehr fruchtbar ist. Der Kohlrabi bekommt dann noch eine Unterpflanzung aus Spinat. Dieser hält nicht nur die Feuchtigkeit im Boden, sondern dient auch als Gründüngung. Im zweiten Jahr, wenn das Beet ganz glattgezogen ist, kann man die ehemaligen Wälle auch mit Gurken bepflanzen. Denn das Spargelkraut bildet einen wunderbaren Windschutz und liefert lichten Schatten. Voraussetzung ist allerdings, dass die Erde im Herbst gut mit Kompost vorbereitet wird. Ansonsten säen Sie wieder Spinat oder auch Pflücksalat. Auch in den folgenden Jahren sollten Sie immer darauf achten, dass die Erde in den Spargelpflanzungen bedeckt ist. Bis zum Ende der Spargelernte empfiehlt sich aus praktischen Gründen das Mulchen, wobei an den Schrägseiten der Wälle noch Platz für Kopfsalat ist. Danach können Sie späten Kohlrabi setzen, der im Hochsommer ohnehin lieber im lichten Schatten wächst. Dazwischen kommen wieder Bodendecker wie Pflücksalat und Spinat. Wenn Sie die Spargelreihen weit genug auseinander angelegt haben, sollten Sie unbedingt noch Tomaten zur Schädlingsabwehr (siehe Seite 61) in die Zwischenreihen oder zumindest an den Rand setzen.

Champignonzucht nach Großmutterart

Nicht ganz soviel Aufwand erfordert die hauseigene **Champignonzucht**. Dazu brauchen Sie zuerst einen schattigen überdachten Platz. Gut geeignet ist z. B. die Ostseite eines Schuppens oder einer Garage, an die Sie eventuell ein Zusatzdach anbringen. Das Champignonbeet muss nicht unbedingt auf dem Boden angelegt werden, Sie können es auch auf einem alten Tisch anrichten.

Je nach Größe des Haushalts besorgen Sie sich etwa 16 cm breite Dachlatten und vier Vierkanthölzer von 32 cm Länge. Daraus bauen Sie sich nach Mistbeetart einen Kasten, wobei pro Seite zwei Reihen Dachlatten übereinanderkommen. Für eine vierköpfige Familie reicht ein Kasten im Format 100 x 60 cm. Soll der Kasten auf einem Tisch stehen, braucht er noch einen Boden aus Latten, der mit Folie ausgelegt wird. Sie können sich den Boden aber auch sparen, indem Sie eine dicke Folie (z. B. aus alten Rindenmulchsäcken oder einem Stück alter Teichfolie) auf den Tisch legen und an den Seiten des Kastens gut befestigen. Die beste Zeit für die Anlage der eigenen Champignonzucht ist Ende Mai/Anfang Juni. Zuerst kommt eine 10 cm dicke Schicht halbverrotteter Pferdemist, am besten von einem Hengst, in den Kasten. Noch besser soll übrigens Eselsmist sein. Dann folgt eine 15 cm dicke Schicht aus feingesiebtem Waldkompost und gut verrottetem Pferde- oder Eselsmist. Beide Schichten werden schon mal gut zusammengedrückt. Als dritte Schicht geben Sie 15 cm fein gesiebten reinen Waldkompost oder ersatzweise leichte Mistbeeterde in den Kasten und stampfen oder treten das Ganze dann auf eine Höhe von etwa 30 cm zusammen. Anschließend wird die gesamte Oberfläche mit Champignonabfällen oder mit käuflichem Impfmaterial geimpft. Champignonabfälle sind aber nur brauchbar, wenn an den Stielen noch Pilzmycel hängt. Vorgeputzte Champignons aus dem Supermarkt sind also ungeeignet. Über die geimpfte Erde kommt als Abschluss eine dünne Schicht aus feinzerkrümeltem Schwarzbrot (Pumpernickel o. ä.). Das Beet sollte stets feucht, aber nicht nass gehalten und nur mit lauwarmem, abgestandenem Regenwasser gegossen werden.

Mit den ersten Champignons können Sie etwa zwei Wochen nach der Impfung rechnen. Die nächsten Pilze erscheinen dann jeweils im Abstand von zwei Wochen. Bei gutem Impfmaterial können Sie bis zu drei Monate lang frische Champignons ernten. Im Herbst wird der Inhalt des Kastens zusammen mit den Champignonabfällen kompostiert und im Frühjahr zusammen mit neuem Waldkompost und

Nur mit geknickten Blättern bleibt der Blumenkohl schön weiß.

Pferdemist vom Vorjahr zur Neuanlage der nächsten Pilzzucht verwendet.

Kohl aller Art

Alle **kopfbildenden Kohlarten** wie **Weiß-**, **Rot** und **Wirsingkohl**, aber auch **Blumenkohl**, pflanzt man bereits Ende April, denn wie sagten schon unsere Urgroßeltern: »Pflanzen im Mai, gibt Köpfe wie'n Ei«. Sobald sich die Köpfe bilden, werden die Pflanzen gut angehäufelt, und zwar nur bei feuchter Witterung, niemals bei praller Sonne. Anhäufeln sollte man außerdem nur morgens oder abends.
Blumenkohl bekommt einen schönen weißen und zarten Kopf, wenn man die Blätter rechtzeitig über ihm nach innen knickt. Das sollte geschehen, sobald sich die ersten weißen »Blumen« zeigen. Wichtig: Das Blätterdach – auch innen – regelmäßig auf Raupenbefall kontrollieren!
Übrigens können Sie Blumenkohl für eine zweite Ernte noch bis Ende Juni aussäen. Pflanzen, die ihre »Blumen« im Herbst noch nicht fertig ausgebildet haben, werden mitsamt einem großen Wurzelballen ausgegraben und im frostfreien Keller in einer dicken Schicht Erde aufrecht eingeschlagen und ab und an gegossen. Mit der Zeit kommen dann die »Blumen« zum Vorschein. Auf diese Weise können Sien fast den ganzen Winter hindurch Blumenkohl ernten.
Grünkohl ist ein typisches Herbstgemüse und kann über Winter im Freiland bleiben. Man kann sich die Ernte wesentlich vereinfachen, indem man ihn in die freigewordenen Blumenkästen an Balkon und Fenster oder in Kübel auf der Terrasse pflanzt. Die schneebedeckten Pflanzen sehen genauso hübsch aus wie Tannengrün. Im Frühjahr treiben die abgeernteten Strünke übrigens wieder aus und liefern ein vitaminreiches Frühgemüse.
Dass **Rosenkohlpflanzen** etwa in der zweiten Oktoberhälfte entspitzt werden, dürfte allgemein bekannt sein. Damit wird die Entwicklung der Röschen gefördert. Bisweilen ist aber auch schon früheres Entspitzen notwendig: Dann nämlich, wenn die Pflanzen zwar groß und kräftig dastehen, aber überhaupt keine Röschen ansetzen. Durch das Entfernen der Spitze werden die Nährstoffe in die Blattachseln umgeleitet und die begehrten Röschen können sprießen. Frühes Entspitzen kann schon Ende August erfolgen.
Zarten **Kohlrabi** hat man fast das ganze Jahr, wenn man die erste Generation im Frühbeet vorzieht und die nächsten jeweils im Abstand von 3–4 Wochen auf einem Anzuchtbeet aussät. Ziehen Sie nicht zu viele Setzlinge auf einmal, denn Kohlrabi schmeckt nur jung gut, ältere Pflanzen werden schnell holzig und trocken. Im Hochsommer brauchen Kohlrabi übrigens Halbschatten und reichliche Wassergaben.
Wer sich nicht so viel Arbeit machen möchte, malträtiert einige Pflanzen ein wenig, sobald sie eine etwa walnussgroße Knolle gebildet haben: Dazu schneiden Sie den oberen Teil der Knolle mit den Blättern und dem Herz in einer etwa 1 cm dicken Scheibe ab. Zusätzlich können Sie die Schnittfläche auch noch mit drei sternförmigen Schnitten einkerben. Sicherheitshalber wird die künstliche Verletzung mit Holzkohlenpulver desinfiziert. Die so behandelten Pflanzen treiben aus den Achseln der verbleibenden Blätter kleine, wenn auch manchmal etwas krumme Knollen, die genauso zart – manche meinen sogar noch zarter – wie Jungkohlrabi

Gekappter Kohlrabi treibt aus den Blattachseln viele neue Kindel.

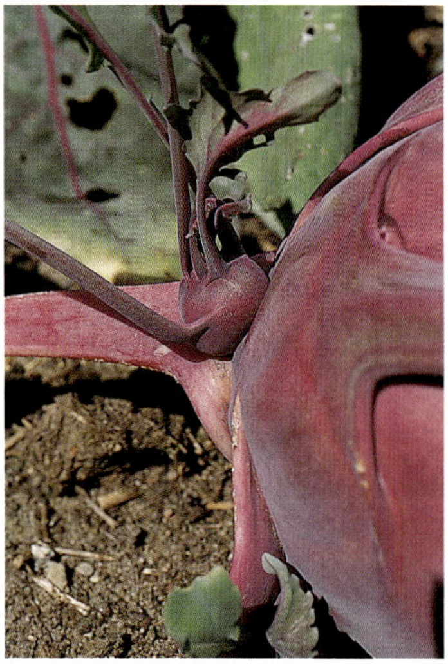

Der Nährstoffräuber Kürbis gehört **neben**, nicht **auf** den Kompost.

schmecken. In der Regel können Sie mit 8–14 kleinen Knollen pro Pflanze rechnen. Mit etwas Glück lassen sich solche Pflanzen auch über den Winter bringen, sodass Sie im nächsten Jahr weiter ernten können. Mit diesem Verfahren lassen sich auch größere Knollen, die gerade zu Schießen beginnen, noch für die Küche retten.

Kürbis besser neben den Kompost

Kürbisse pflanzt man nicht – wie oft empfohlen – auf den Komposthaufen, sondern daneben. Dort bekommt er durch das Sickerwasser genügend Nährstoffe ab und saugt den Kompost nicht aus. Die Ranken werden allerdings auf den Kompost geleitet, um diesen vor Austrocknung zu schützen. Gegen Fäulnis bekommt jeder Kürbis ein glattes Brett als Unterlage.

Sellerie dick und rund

Der **Knollensellerie** wird schön dick und rund, wenn Sie die Setzlinge beim Auspflanzen Mitte Mai zunächst für 5–6 Wochen ganz dicht an dicht in den Schatten pflanzen. Nicht vergessen: Wurzel und Blätter einkürzen (siehe Seite 30). Anschließend kommen die Selleriesetzlinge im gewohnten Abstand von 40 cm auf ein sonniges Beet. Dieses Beet sollten Sie schon im Herbst mit Kompost vorbereitet haben, denn Sellerie kann keine frische Düngung vertragen, sonst schießt er ins Kraut. Nur etwas Holzasche dürfen Sie mit ins Pflanzloch geben.

Fitnesskur für müden Schnittlauch

Schnittlauch, der nach der ersten Ernte nicht wieder austreibt, bekommen Sie mit einer Malzkeim-Pferdeapfel-Packung wieder munter. Häufen Sie auf jede Pflanze eine Handvoll frische Malzkeime (= Gerstenkörner, ersatzweise feine Lauberde) und 1–2 frische Pferdeäpfel und schützen Sie das Ganze mit einer Moosdecke gegen Austrocknung. Nach einer Woche kommt die Packung, die während dieser Zeit zwei-, dreimal mit lauwarmem Wasser gegossen wurde, auf den Kompost. Nun dauert es meist nur ein paar Tage, bis sich wieder frisches Grün zeigt.
Um Schnittlauchpflanzen nicht zu sehr zu schwächen, sollten Sie stets nur zwei Drittel des Krauts ernten. Der Rest bleibt stehen und versorgt die Pflanze, die dann meist ohne weitere Hilfe von alleine wieder durchtreibt.
Übrigens soll Schnittlauch auch für einen Guss mit **Sauerkrautbrühe** – sogar aus der Konserve – sehr dankbar sein. Gegossen wird im April und nach der ersten Ernte.

Kräuter kurz halten

Küchen- und Teekräuter wie **Majoran**, **Zitronenmelisse**, **Pfefferminze**, **Salbei**, **Estragon** und **Liebstöckel** werden spätestens Ende Juni kräftig zurückgeschnitten, damit sie nicht blühen, denn nach der Blüte verlieren die Blätter an Geschmack. Geschnitten wird

Mickrigem Schnittlauch hilft eine Malzkeim-Pferdemist-Packung

stets tagsüber bei warmer Witterung. Greifen Sie niemals bei feuchtem Wetter zur Schere, denn dann kann sich der Mehltau – vor allem der Echte – schnell ausbreiten. Das gilt auch für morgens und abends, wenn der Tau auf den Blättern liegt.

Nicht nur für die Küche: Winterspinat

Winterspinat ist nicht nur ein wertvolles Wintergemüse, sondern zudem eine vorzügliche Gründüngung. Besonders gut folgen Sellerie, Gurken und frühe Kohlrabi auf Spinat. Deswegen sollten Sie die dafür vorgesehenen Beete im Herbst mit Winterspinat einsäen und alles, was nicht verbraucht wurde, im zeitigen Frühjahr etwa 4 Wochen vor der Neubestellung des Beetes unterhacken (nicht graben). Übrigens: Spinatsorten mit **stacheligen Samen** (Neuseeländer Spinat) vertragen mehr Frost als solche mit runden Samen. Bei den meisten Kräutern nehme ich die Heckenschere für den sommerlichen Rückschnitt. Das geht schneller und ergibt schön abgerundete Büsche.

Winterspinat mit stacheligen Samen verträgt mehr Frost.

Bei frei stehenden Apfelbäumen wie diesem 'Ingol' sind die Früchte auf der Südseite als Erste reif, weil sie die meiste Sonne bekommen.

Altbewährte Tipps für Ernte und Aufbewahrung

Bitte nur mit Stiel

Erdbeeren sollte man immer mit Stiel pflücken. Dazu knipst man ihn kurz über den Kelchblättern ab. Ganz vornehme Gärtner nehmen dazu auch eine Schere. Ohne Stiel und schützende Kelchblätter bekommen die Früchte oben ein Loch, durch das schnell Fäulnisbakterien eindringen können. Gerade vollreife Früchte verderben dann ganz schnell innerhalb eines Tages. Außerdem sind die Früchte auf diese Weise gegen Saftverlust beim Waschen geschützt. Dennoch sollte man sie nur kurz mit kaltem Wasser überbrausen und gut abtropfen lassen. Die Stiele werden erst kurz vorm Verzehr entfernt. Auch andere Beeren wie **Johannis-**, **Stachel-**, **Brombeeren** und **Himbeeren** sollten aus diesen Gründen stets mit Stiel geerntet werden – auch wenn das etwas mehr Arbeit macht. Aber die Mühe lohnt sich wirklich!
Dasselbe gilt auch für Kernobst wie **Äpfel** und **Birnen**, besonders wenn sie gelagert werden sollen. Sie werden vorsichtig einzeln gepflückt und Stiel-nach-oben in die Lager-

Erdbeeren stets mit Stil ernten, sonst bluten sie aus.

steigen gestellt. Pro Steige bitte immer nur eine Lage! Und auch das Steinobst wie **Pfirsiche**, **Aprikosen**, **Pflaumen**, **Zwetschgen**, **Renekloden und Mirabellen** behalten ihren Stiel bis zum Verzehr.

Die Ernte beginnt im Süden

Freistehende Büsche und Bäume erntet man zuerst auf der Südseite ab, da die dort hängenden Früchte die meiste Sonne bekommen. Kernobst wie **Äpfel**, **Birnen** und **Quitten** ist reif, wenn sich die Kerne schwarzbraun gefärbt haben. Bei Äpfeln und Birnen unterscheidet man zudem noch die Baumreife und die Genussreife. Die Baumreife ist erreicht, wenn sich der Stiel der Frucht beim Anheben leicht vom Holz löst. Sommer- und Herbstsorten bleiben aber nicht bis zur Baumreife am Baum hängen, da sie sehr schnell mehlig werden, sondern werden etwa 1 Woche früher geerntet. Ihre Genussreife liegt also vor der Baumreife. Sie halten sich auch nicht lange und müssen daher schnell verbraucht oder eingekocht werden. Dagegen sollten Wintersorten, die eingelagert werden, möglichst lange am Baum bleiben. Ihre Genussreife entwickelt sich meist erst nach der Baumreife während der Lagerung im Keller. **Pfirsiche** und **Aprikosen** dürfen erst dann abgenommen werden, wenn sie fein duften und sich ganz leicht eindrücken lassen. Dasselbe gilt für **Pflaumen**, **Zwetschgen**, **Renekloden** und **Mirabellen**. Einzige Ausnahme: Steinobst, das zu Kompott verarbeitet oder eingekocht werden soll, pflückt man früher, solange die Früchte noch schön fest sind. Vollreife Früchte eignen sich dagegen gut zur Marmeladenherstellung.

Auch Äpfel behalten ihren Stiel, damit sie nicht faulen.

Nicht jedes Jahr zur gleichen Zeit

Wie bei allen Pflanzen, so hängt auch die **Reifezeit** des Obstes von der Witterung ab. Nach warmen Sommern beginnt die Ernte oft schon 2–3 Wochen früher als nach kühleren. Auch Obstbäume derselben Sorte können je nach Standort unterschiedlich reif werden. So reifen die Früchte eines Pfirsichspaliers an einer sonnigen Südmauer gewöhnlich 1–2 Wochen früher als die eines freistehenden Busches. Daher sollten Sie nicht stur nach Kalender alles auf einen Schwung abernten, sondern vorher immer die Reifeprobe machen.

Frühkartoffeln direkt auf den Tisch

Von **Frühkartoffeln** sollten Sie immer nur soviel ernten, wie für eine Mahlzeit gebraucht wird. Für kleine Mengen grabe ich daher nicht gleich die ganze Staude aus, sondern lege vorsichtig einige Knollen frei. Der Rest bleibt an der Pflanze und wird bis zum nächsten Mal mit Erde abgedeckt.

Am besten mit der Schere

Gurken und Zucchini erntet man immer mit dem Messer oder noch besser mit der Schere. Reißen Sie niemals die Früchte von den Ranken ab, denn dadurch werden die Ranken verletzt, was den Ertrag schmälert. Auch die **Roten Bete** schätzen den schnellen Schnitt; aber nur am Laub, wobei mindestens 5 cm an der Knolle bleiben müssen, damit sie nicht ausblutet. Die lange dünne Wurzel muss unversehrt bleiben und darf erst nach dem Kochen abgeschnitten werden. Bei **Karotten** sollte das Laub dagegen immer mit der Hand abgedreht werden.

Zucchini wollen wie Gurken mit der Schere geerntet werden.

Spargel im Wasserbad

Damit der **Spargel** nach der Ernte nicht errötet, legt man ihn sofort nach dem Ausstechen in einen Eimer mit kaltem Wasser. Die Temperatur des Wassers sollte unter 12 °C liegen. Für die Lagerung schlagen Sie die Spargelstangen anschließend in feuchten Küchenhandtüchern ein und legen die Pakete in das kälteste Fach des Kühlschranks.

Schwarzwurzeln erst kochen

Die früher sehr beliebten **Schwarzwurzeln** werden heute kaum noch angebaut. Das liegt nicht zuletzt daran, dass dieses wohlschmeckende Gemüse beim Putzen etwas schwierig ist. Denn der Saft der langen Wurzeln nimmt nach dem Schälen nicht nur blitzschnell eine merkwürdige orangebraune Färbung an, sondern bleibt auch wie Harz an den Händen kleben. Beides können Sie vermeiden, wenn Sie die Schwarzwurzeln nur ordentlich mit einer Bürste waschen und mit der Schale in Salzwasser kochen. Danach lässt sich die schwarze Haut ganz leicht und ohne Schmiererei abpellen.

Vorsicht Kohl!

Alle **Kohlarten mit festen Köpfen** sind sehr empfindlich: Dazu zählen Rotkohl (Blaukraut), Weißkohl und der Wirsing. Wer ihre Köpfe einkellern will, darf sie bei der Ernte niemals werfen, wie das sportliche Gärtner leider so oft machen. Die Köpfe müssen gar nicht erst auf den Boden fallen. Auch beim normalen Auffangen bekommen sie Druckstellen und faulen dann im Innern. Alle Kohlarten werden kopfüber in feuchtem Sand eingeschlagen, es sei denn, sie sollen bald verbraucht werden.
Übrigens braucht man sich nicht unbedingt die Mühe des Einkellerns machen. Kohl kann nämlich prima im Freien eingeschlagen werden. Dazu gräbt man die Pflanzen mitsamt den Wurzelstrünken vorsichtig aus, stellt sie ebenfalls kopfüber in eine etwa 40–50 cm tiefe Grube und füllt die Grube mit dem Aushub wieder auf. Dabei sollten die Kohlstrünke völlig bedeckt sein, denn in herausragende Strünke fährt gerne der Frost. Die Grube sollte an einer geschützten Stelle in Hausnähe liegen und am Boden mit einer etwa 5 cm hohen Sandschicht ausgefüttert sein. In niederschlagsreichen Lagen wird die Grube am besten mit einem transportablen Frühbeetkasten gegen zu viel Nässe geschützt, in rauen Gegenden empfiehlt sich (zusätzlich) noch eine dicke Laub- oder Strohschicht als Frostschutz.

Zwiebeln nur mit der Gabel lockern

Das **Laub der Zwiebeln** sollten Sie im Herbst niemals abknicken, um die Reife zu beschleunigen. Stattdessen werden die Zwiebelreihen vorsichtig auf beiden Seiten etwas mit dem Spaten oder der Grabegabel gelockert, damit die Wurzeln abreißen.

Feldsalaternte ohne Schneematsch

Wintergemüse wie Feldsalat und Winterspinat deckt man ab November/Dezember bei heraufziehendem Regen oder Schnee mit einem transportablen Frühbeetkasten ab. So kann man schnell ernten und friert sich nicht die Finger ab.

Zwiebellaub niemals umknicken, um die Reife zu beschleunigen.

Mit frischen Kräutern durch den Winter

Wer sich im Herbst ein paar Bündel Wurzeln der **Wurzelpetersilie** *(Petroselinum crispum* convar. *radicosum)* – nicht zu verwechseln mit der Schnittpetersilie – ausgräbt und im Keller in feuchtem Sand einschlägt, kann sich den ganzen Winter hindurch mit frischem Petersilienkraut versorgen. Je nach Bedarf werden 3–4 Wurzeln aus dem Keller geholt, mit guter Gartenerde in einen mittelgroßen Blumentopf gepflanzt – sehr zu empfehlen sind die etwas tieferen Palmtöpfe – und auf eine warme Fensterbank gestellt.
Nach wenigen Tagen beginnen die Wurzeln, die zum Einlagern nur ein paar Herzblätter behalten, frisches Grün zu treiben. Ist das Ende der Ernte abzusehen, werden die nächsten Wurzeln getopft.
Wichtig: Zum Treiben eignen sich nur Petersilienwurzeln aus der Frühjahrsaussaat, am besten halblange, wie die alte Sorte 'Verbesserte Berliner'. Sommeraus-

saaten sind noch nicht kräftig genug.
Auf gleiche Weise lässt sich auch frischer **Schnittlauch** ernten. Dazu topfen Sie im Herbst mehrere Teilstücke in sandig-humose Erde, lassen sie draußen vorm ersten kräftigen Frost noch einmal ordentlich durchfrieren und schlagen die Töpfe dann im kühlen Keller ein. Diese werden ebenfalls nach und nach ins Warme geholt und abgeerntet.

Wenn der Keller zu warm ist

Auch aus warmen, staubtrockenen Neubaukellern kann man mit ein paar Tricks ein **kühles Winterlager** machen. Wer die Wahl hat, sollte immer einen kleinen Kellerraum nehmen, der möglichst weit vom Heizungsraum entfernt liegt und über dem möglichst wenig geheizt wird (Flur, Schlafzimmer). Außerdem sollte er weitgehend frei sein von Warmwasser- und Heizungsrohren. Nordkeller sind oft die beste Wahl.
Zunächst isolieren Sie die Wände rundherum mit mindestens 2 cm dicken Styropor-Platten, die Sie auf Leisten nageln – auch die Decke und die Tür nicht vergessen. Sie können die Platten auch doppelt nehmen. Den Boden legen Sie mit einer Lage Ziegelsteinen aus, die Sie regelmäßig mit kaltem Wasser befeuchten müssen.
Ist der Keller trotzdem noch zu warm, lassen Sie einfach vor dem Einlagern mehrere Nächte hintereinander das Fenster offen. Auch über Winter können Sie immer mal wieder frische, kühle Luft herein lassen – dabei aber auf Frost und Zugluft achten. Sollte das nicht ausreichen, müssen Sie zu härteren Mitteln greifen. Ich habe einmal von einem Gärtner gehört, der alljährlich einen ausgedienten, aber noch funktionierenden Kühlschrank in seinen Keller stellte und ihn so lange bei offener Tür laufen ließ, bis die optimale Lagertemperatur von 4 °C erreicht war. Über seine Stromrechnung weiß ich allerdings nichts.
Billiger kommen Sie mit einer Lage Stangeneis, die Sie in einer Wanne auftauen lassen. Auf diese Weise wird gleichzeitig die notwendige Luftfeuchtigkeit erreicht. Lieferanten finden Sie in den »Gelben Seiten« des Telefonbuches.

Lichtschächte als Lager nutzen

Eine bewährte Alternative sind tief liegende **Lichtschächte** vor Kellerfenstern, die sich gut zur Gemüsemiete umfunktionieren lassen. Das geht aber nur, wenn sie vor Regen geschützt sind. Vor der Einlagerung werden die Schächte erstmal ordentlich gesäubert und anschlie-

Die Reifegase von Äpfel und Birnen machen Gemüse schlapp. Daher sollte man sie stets in getrennten Räumen lagern.

ßend mit Strohmatten oder Styroporplatten ringsum isoliert (siehe Seite 107). Dann kann das Gemüse eingelagert werden – je nach Art in feuchtem Sand, Stroh oder Erde. Zum Schluss bekommt das Lager noch eine dicke Abdeckung aus Laub, Stroh oder Erde.
Solche Mieten in Kellerschächten sollten sicherheitshalber ein Thermometer bekommen, damit man sie bei Dauerfrost rechtzeitig räumen kann. Gut geeignet sind die langen Kompostthermometer, die Sie von außen in die Miete stecken und dort belassen. So können Sie jederzeit die Innentemperatur ablesen.
Am besten sind übrigens Gemüselager in Fensterschächten, deren Fenster sich nach innen öffnen lassen. So können Sie Ihren Vitaminnachschub bequem entnehmen. Achten Sie beim Bau der Miete darauf, dass Ihnen beim Fensteröffnen nicht alles entgegenstürzt; daher eventuell dünnere Vierkanthölzer o. ä. als Querverstrebungen einziehen.
Geschützte Lichtschächte sind übrigens auch ein hervorragendes Winterlager für Dahlien, Gladiolen, Begonien und andere Knollen und Zwiebeln, die nicht im Freiland bleiben können. In hellen Schächten überwintern sogar Topf-Kräuter wie z. B. Rosmarin unbeschadet.

Niemals in einem Raum

Obst und Gemüse dürfen nicht im selben Raum gelagert werden. Denn vor allem Äpfel scheiden besonders viel von dem Reifegas Äthylen aus, das die Haltbarkeit des Gemüses verkürzt. Das Gleiche gilt für Tomaten, die aber sowieso besser im Hellen nachreifen sollten. Dies ist übrigens auch der Grund, warum man Obstteller niemals neben einem Blumenstrauß stehen lassen soll, obwohl ein solches Stilleben natürlich sehr hübsch aussieht. Das heute manchmal empfohlene Verkleiden der Obstregale mit einer so genannten PE-Folie ist aufwendig, bringt nicht viel und sollte wirklich nur als Notlösung dienen. Besser ist: Obst in den Keller, Gemüse in den Fensterschacht.

Leichter Frost? Macht nichts!

Äpfel, Birnen und Quitten, die **Frost** bekommen haben, kann man noch retten. Bei leichten Minusgraden um –2 °C bleiben die Früchte am Baum, bis sie aufgetaut und getrocknet sind. War der Frost stärker, müssen sie jedoch sofort vorsichtig mit dem Stiel abgenommen und aufgetaut werden. Dazu legt man sie in kaltes Wasser. Anschließend werden sie kühl (4 °C, nicht höher) gelagert und bald verbraucht. Unter –7 °C versagt aber auch diese Methode – Amsel und Drossel dürfen sich freuen.

Schrumpelige Äpfel – nein, danke!

Äpfel, die mit **Zwiebelschalen-Tee** eingesprüht werden, halten sich fast doppelt so lange wie unbehandeltes Obst. Dieser alte Trick wurde von Agrarexperten in der ehemaligen Sowjetunion wiederentdeckt. Und die Äpfel riechen wirklich nicht nach Zwiebeln. Probieren Sie's doch einfach einmal aus. Genauso wirksam soll übrigens auch Schachtelhalm-Tee sein. Eigentlich ist das kein Wunder, denn Zwiebeln und Schachtelhalm wirken beide pilzhemmend.

Altbewährte Tipps für den Blumengarten

Längere Freude an Tulpen & Co.

Die **Narzissen- und Tulpenblüte** wird verlängert, wenn man die Zwiebeln unterschiedlich tief pflanzt. Alle Zwiebel- und Knollenpflanzen müssen beim Pflanzen direkten Bodenkontakt haben, sonst können sie keine kräftigen Wurzeln bilden. Daher sollten Sie entweder mit dem Spaten ein richtiges Pflanzloch ausheben oder zumindest einen Blumenzwiebelpflanzer verwenden. Spitze Pflanzhölzer sind völlig ungeeignet, weil die Zwiebeln und Knollen in der Pflanzröhre ohne untere Bodenberührung stecken bleiben und verkümmern.
Alle Zwiebel- und Knollenpflanzen mögen **Holzasche** (siehe Seite 36), ganz besonders die Lilien und die Gladiolen. Für Lilien, die ja nicht austrocknen dürfen, und für Kaiserkronen wird die Asche in die Pflanzerde gemischt. Gladiolenknollen, Tulpen- und Narzissenzwiebeln überstreut man im Pflanzloch direkt mit Holzasche. Da die Asche sogar Fäulnis verhindert, sollten Sie Ihre Gladiolenknollen im Winterlager damit schützen. Auch bei **Dahlien** hat sich dies bewährt.

Dahlien groß und stark

Dahlien werden besonders kräftig und bekommen große Blüten, wenn man ihnen nur 3–4 Triebe lassen. Außerdem sollten Sie den Stützstab schon gleich beim Pflanzen setzen, damit es später nicht zu

Das uralte Prinzip des Bauerngartens: Je größer die Artenvielfalt, desto kräftiger und gesünder wachsen die einzelnen Pflanzen.

Verletzungen der sehr empfindlichen Knollen kommt. Manche Gärtner schneiden auch die ersten Blütenknopsen vor dem Aufblühen heraus, weil dadurch die anderen angeblich noch größer werden. Ich konnte mich bislang aber noch nicht dazu entschließen und hatte trotzdem überreichblühende Stauden.
Die Hauptblütezeit der Dahlien liegt im September. Da aber in höheren Lagen und im Norden oft schon frühe Herbstfröste die Blütenpracht zunichte machen, empfiehlt sich das **Vortreiben**. Dazu pflanzen Sie die Knollen Anfang April in große Töpfe und stellen sie auf die Fensterbank oder ins Frühbeet. Später kommen die Töpfe tagsüber auf die Terrasse stehen, müssen aber vor Spätfrösten geschützt werden. Der häufig für das Vortreiben empfohlene Torf bringt nach meiner Erfahrung gar nichts – von den ökologischen Bedenken einmal ganz abgesehen. Torf wird zwar gut durchwurzelt, sorgt aber später nach dem Auspflanzen im Freiland leicht für Ballentrockenheit. Ich setze meine Dahlien sofort in ein Gemisch aus fein gesiebtem Kompost, lehmiger Gartenerde und etwas Sand. So brauchen sie sich nach dem Auspflanzen nicht umstellen. Das Vortreiben im Topf hat gegenüber anderen Methoden den weiteren Vorteil, dass die Dahlien einen kräftigen Wurzelballen bilden, der sich leicht einpflanzen lässt, ohne dass die Knollen abknicken. Außerdem sorgt er zusammen mit einem starken Stab für gute Standfestigkeit. Vorgetriebene Dahlien blühen je nach Witterung meist schon Anfang August.

Rosen: immer mit Begleitung

Rosen mögen keinen nackten Boden. Wer keine Probleme mit Blattläusen hat oder Lavendel & Co. einfach nicht mag, sollte wie unsere Urgroßeltern einjährigen weißen **Duftsteinrich** *(Lobularia maritima)* zwischen die Rosen säen.

Rosen gedeihen am besten in Begleitung von Bodendeckern, stark duftenden Kräutern und einjährigen Sommerblumen.

Auch andere niedrige einjährige Blumen sind geeignet, sofern die Farbkomposition stimmt und sie den feinen Rosenduft nicht überdecken. Im lichten Schatten unter großen Rosenstöcken können Sie es auch einmal mit Günsel probieren. Dieser ausdauernde Bodendecker hält nicht nur den Boden feucht, sondern soll auch Blattläuse und Viruskrankheiten verhindern. Besonders schön wirkt der **rotblättrige Günsel** (*Ajuga reptans* 'Atropupurea'), der sich im Frühjahr mit leuchtend blauen Blütenquirlen schmückt. Sogar der einfache **Spinat** macht unter Rosen einen guten Eindruck und sorgt zudem – vermutlich mit seinen Saponinen (siehe Seite 42) – für ein gesundes Wachstum.
Und wenn die **Leuchtkraft der Rosenblüten** mit den Jahren nachlässt, helfen Gemüsezwiebeln. Eine Zwiebel, dicht neben die Rose gepflanzt, sorgt wieder für kräftige Farben und intensiven Duft. Manchmal hat auch Knoblauch dieselbe Wirkung.

So ist es richtig: Rosenhochstämmchen stets in der Krone befestigen.

Was für Hochstämme von Beerenobst gilt, ist genauso bei **Rosenhochstämmchen** Pflicht: Die Krone muss über der Veredelungsstelle möglichst mit dem mittleren Trieb an einem Pfahl befestigt werden. Denn selbst in geschützten Lagen sind kräftige Windstöße, z. B. bei Gewitter, nicht zu vermeiden. Außerdem bilden Hochstämmchen, die in der Krone gehalten werden, nach meiner Beobachtung deutlich mehr und kräftigere Triebe als Rosenstöcke, die auf moderne Art nur unterhalb der Veredelungsstelle am Stamm befestigt sind.

Prachtvolle Kletterrosen

Kletterrosen halten es wie Stangenbohnen: Am besten blühen sie an waagerechten Trieben. Daher sollten Sie die Rosen nicht erst in die Höhe schießen lassen, sondern sie ebenfalls etagenweise oder in Spiralen an Gittern und um Bögen ziehen. Prachtvoll wirkt eine Rosenpyramide, die nach Art der Tomatenpyramide gebaut und gezogen wird (siehe Seite 98). Allerdings sollte eine Rosenpyramide nicht höher als 2 m sein, sonst wirkt sie zu mächtig. Auch sind 3 Rankstangen im Abstand von 50 cm in der Regel genug. Zwischen die Stangen kommt jeweils ein Rosestock. Auf diese Weise können Sie sogar verschiedenfarbige Rosen kombinieren. Eine Begleitpflanzung mit **Klematis**, vor allem der kleinblütigen *Clematis montana*, ergibt ein wunderbares Bild. Solche Kombinationen haben zum Beispiel in England eine lange Tradition.

Verregnete Blüten von Duftrosen lassen sich als Potpourri retten. Hier verströmt 'Duftwolke' ihr feines Parfüm.

Abgeblühte Blumen ausschneiden

Für alle Blumen gilt: **Abgeblühtes** wird sofort ausgeschnitten, damit die Kraft nicht in die Samenbildung geht, sondern neue Blüten hervorbringen kann. Das kann zwar eine Menge Arbeit machen, doch der Erfolg spricht für sich. Ein Tipp am Rande: Verregnete Knopsen von duftenden Rosen, die kurz vor dem Aufgehen standen, als der Regen kam, ergeben noch ein wunderbares Potpourri. Die Knospe abschneiden, die Blütenblätter mit einer Hand umfassen und mit einem kräftigen Ruck von der Basis lösen. Dann die fleckigen Außenblätter vorsichtig entfernen und die Blüte auf einem hübschen Teller anrichten. So ist wenigstens der Duft gerettet.
Eine Sonderrolle spielen mehrfach blühende Rosen, Staudenrittersporn, Feinstrahl (*Erigeron*-Hybriden), Gartenmargeriten (*Leucanthemum maximum*, Syn.: *Chrysanthemum maximum*) und die Lupinen (*Lupinus*-Polyphyllus-Hybriden). Zunächst schneidet man alle abgeblühten Einzelblumen heraus – beim Rittersporn und Lupinen ist das der kräftige

Mittelschaft. Ist dann der ganze Trieb abgeblüht, wird er kräftig gekürzt: Rosen werden bis auf ein tiefes Auge zurückgenommen, denn das treibt am kräftigsten aus. Rittersporn, Feinstrahl und Margerite schneidet man eine Handbreit über dem Boden ab. Auch Salbei, Katzenminze, der mehrjährige Majoran *(Origanum vulgare)* und Thymian sowie fast alle Polsterstauden wie Polsterphlox *(Phlox subulata* und *P. douglasii)*, Steinkraut *(Alyssum)*, Schleifenblume *(Iberis)*, Gänsekresse *(Arabis)*, Blaukissen (*Aubrieta*-Hybriden) und Hornkraut *(Cerastium)* vertragen einen kräftigen Rückschnitt nach der ersten Blüte. Ich nehme dazu einfach die Heckenschere.

Nicht ganz so radikal geht man **Ziergehölzen** vor: So werden die welken Blütenstände des Rhododendrons einfach nur vorsichtig herausgebrochen. Beim Flieder *(Syringa)* müssen Sie allerdings schon zur Schere greifen. Auch darf hier durchaus kräftiger zurückgeschnitten werden. Wer das Entfernen der Blütenstände bei diesen beiden vergisst, darf sich nicht wundern, wenn die Blütenpracht im nächsten Jahr recht dürftig ausfällt.

Bitte keinen Kahlschlag

Spätestens ab Mitte Oktober holen noch immer viele Gärtner – angeblich nach alter Väter Sitte – zum **Kahlschlag** in ihrer Staudenrabatte aus. Alles fällt der Schere zum Opfer und wird – so vorhanden – zum Kompost geschleift. Selbst was noch nicht abgeblüht ist, darf allenfalls auf ein Gnadenbrot in der Blumenvase hoffen. Doch das ist aus vielen Gründen grundverkehrt, die alten Klostergärtner wussten noch warum.

So bilden die Büsche, z. B. von Aster, Goldrute, Rittersporn, Sonnenhut und Chrysanthemen, um nur einige zu nennen, einen wunderbaren Wind- und Sonnenschutz und verhindern dadurch, dass der Boden zu sehr austrocknet. Zudem fallen die Blätter durch Wind, Regen und erste Fröste meist noch im Dezember ab und schützen so die Wurzelstöcke der Stauden vor den strengen Januar- und Februarfrösten. Ohne schützende Decke würden diese in schneelosen Wintern schnell »gefriergetrocknet«.

Ebenso bilden die Stängel einen direkten Frostschutz, denn Frost dringt in der Regel von oben ein. Werden die Stängel nun kurz über dem Boden abgeschnitten, kann der Frost viel schneller in den Wurzelstock gelangen, als wenn er in luftiger Höhe beißt. Das gilt übrigens auch für Rosen und ganz besonders für Chrysanthemen, die ja bekanntlich als heikel gelten. Seitdem ich die Stängel stehen lasse, brauchte ich keine einzige Chrysantheme mehr zu ersetzen. Und das, obwohl sie bei mir wirklich nicht an einer geschützten Südwand stehen, sondern am Rand der Staudenrabatte, wo der kalte Nordwestwind bisweilen sehr kräftig fegt. In meinen Anfangsjahren als Hobbygärtnerin, die im Herbst noch kräftig die Schere schwang, hatte ich dagegen fast jedes Jahr beachtliche Ausfälle bei diesen wunderbaren Herbstblühern zu beklagen.

Auch die Furcht vor unerwünschtem Samenfall ist nach meiner langjährigen Erfahrung völlig unbegründet. Denn die Vögel, vor allem Meisen, Finken und die Spatzen, putzen alle Körnchen sorgfältig weg. Was dennoch auf den Boden fällt und treibt, wird im Frühjahr mit der Mulchdecke einfach abgeräumt bzw. nach vorsichtigem Durchhacken mit einer neuen Decke erstickt (siehe Seite 13). Und nicht zuletzt erleichtert das Stehenbleiben der Büsche die Arbeit wesentlich. Denn im Frühjahr sind die Stängel durch Wind und Wetter schön mürbe und las-

Nicht nur praktisch, sondern einfach schön: eine Staudenrabatte im winterlichen Raureif.

sen sich meist einfach mit einer kräftigen Drehung bzw. einem Knacks entfernen. Ich zerkleinere die trockenen Reste immer gleich mit dem Häcksler, lasse sie im Kompostsilo kurz anrotten und verteile sie nach Erwärmung des Bodens wieder als Mulch im Staudenbeet. Wer keinen Häcksler hat, kann die mürben Zweige ganz einfach mit der Hand in kurze Stücke brechen. Dazu sollten Sie allerdings feste Arbeitshandschuhe anziehen, denn zum Beispiel Asternstängel können ganz schön kratzen.
Abgesehen von all diesen praktischen Erwägungen sieht eine stehengebliebene Staudenrabatte im Winter sehr hübsch aus – wenn auch nicht jeden Tag. Aber im Tau glitzernde Spinnennetze oder ein feiner Raureif auf den leeren Samenständen von Sonnenhut, Kugeldistel oder Fetthenne bescheren ab und an bezaubernde Gartenbilder.

Zweijährige werden durchaus älter

Was für die Staudenrabatte gilt, sollte man auch bei einigen **ein- oder zweijährigen** Blumen beherzigen, die bis in den Herbst hinein blühen. Denn manche leben durchaus länger, ohne kümmerlich zu werden. Auch hier gilt wieder: Einfach stehenlassen und nicht schneiden.
Zum Beispiel können die als einjährigen Blumen angebotenen Sonnenhut-Sorten *(Rudbeckia hirta)* für ihre Verhältnisse nachgerade steinalt werden. In meinem Garten habe ich zum Beispiel jetzt im siebten Jahr einige Pflanzen der braunroten Sorte 'Nutmeg' aus England. Und auch die leuchtend gelbe 'Indian Summer' überstand mehrere kalten Winter mit zum Teil wochenlangen Dauerfrösten ohne Probleme. Allerdings stehen sie in Hausnähe, aber ohne besonderen Windschutz.
Zweijährige, die schon im Sommer abblühen, müssen Sie dagegen etwas anders behandeln: Schneiden Sie die abgeblühten Blütenstände sofort ab, damit die Kraft der Pflanzen in die Wurzelbildung und nicht in die Samenproduktion geht. Dann erhalten die Pflanzen eine Extragabe feinen Kompost. Auf diese Weise rette ich Bartnelken *(Dianthus barbatus)*, Goldlack *(Cheiranthus cheiri)*, Fingerhut (*Digitalis*-Arten, siehe Seite 42) und Stockrosen *(Alcea rosea)* immerhin für eine dritte Vegetationsperiode, ohne dass ihre Blühfreudigkeit leidet.

Schnittblumen nur morgens schneiden

Der beste Zeitpunkt für das **Schneiden** von Blumen ist der frühe Morgen. Tulpen, Narzissen, Ringelblumen, Kornblumen, Staudensonnenblumen, Rosen, Nelken, Iris (einschließlich der Zwiebeliris) sowie Taglilien werden als Knospe geschnitten. Pfingstrosen sollten schon etwas geöffnet sein, desgleichen die unteren Blüten der kerzenförmigen Blütenschäfte von Godetien bzw. Kreuzblumen *(Clarkia unguiculata)*, Löwenmaul, einjährigem und Staudenrittersporn, Lupinen, Gladiolen und Prachtscharte *(Liatris spicata)* – Letztere blüht übrigens von oben nach unten. Nur voll geöffnet dürfen geschnitten werden: einjährige Sonnenblumen, Dahlien, Sonnenhut, Chrysanthemen und Astern. Achtung: Nicht alle Astern vertragen

Schnittblumen werden immer am frühen Morgen geschnitten.

den Schnitt. So halten sich von den mehrjährigen Raublattastern *(Aster novae-angliae)* nur die Sorten 'Andenken an Paul Gerber' (violettrot), 'Herbstschnee' (weiß) und 'Marga Fuß' (hell karminrot) in der Vase. Die anderen schließen ihre Blüten nach dem Schnitt auf immer.

Lieber alleine in der Vase

Narzissen können, wie der Name ja schon andeutet, keine Konkurrenz neben sich in der Vase ertragen. Da alle Narzissen (Osterglocken) einen sehr schleimigen Saft absondern, sollten Sie das Vasenwasser nach einem halben Tag wechseln, ohne aber die Stiele neu anzuschneiden. Auch Alpenveilchen, Primeln einschließlich der Schlüsselblume, Lilien und Rosen sowie Veilchen und Stiefmütterchen stehen lieber für sich alleine.

Je länger, je lieber

Blumensträuße halten sich **länger** in der Vase, wenn man eine halbe Tablette Aspirin oder eine

Kupfermünze ins Wasser gibt. Noch besser helfen Blumenvasen aus Kupfer. Manche Blumenfreunde schwören auch auf ein Stück Würfel- oder Traubenzucker. Ebenso können ein Stückchen Holzkohle oder ersatzweise einige abgebrannte Streichhölzer oder ein Schuss Essig die Haltbarkeit der Schnittblumen verlängern, weil sie Fäulnis verhindern. Aber Vorsicht: Rosen, Nelken und Gerbera vertragen keinen Essig! Außerdem müssen die Stängel immer genügend Platz haben und sollten nicht zusammengebunden in die Vase gesteckt werden. Übrigens: **Gelbe Blumen** halten erfahrungsgemäß am längsten.

Auf das Anschneiden kommt es an

Fast alle Blumen einschließlich der Rosen und auch Farnblätter werden mit dem Messer **schräg** angeschnitten. Dasselbe gilt für Kirsch-, Apfel- und Forsythienzweige, die man im Spätwinter antreibt. Die Stängel von Chrysanthemen werden ebenfalls schräg angeschnitten und dazu noch mehrmals eingekerbt. Alpenveilchen halten sich länger, wenn man ihre Stängel mit einem Messer auf einer Länge von 3–4 cm aufschlitzt. Man kann sie auch mit einer Nadel durchlöchern. Die Stängel des Flieders müssen mit dem Hammer breit geklopft werden; dies empfiehlt sich auch für einjährige Sonnenblumen. Fliederzweige sollte man zusätzlich noch für eine Viertelstunde lang in lauwarmem Wasser in der Wanne baden, und zwar so, dass der ganze Zweig unter Wasser liegt.

Einjährige Sonnenblumen, Chrysanthemen, Mohn, Ritterstern bzw. Amaryllis *(Hippeastrum)*, Flieder und andere Blumen mit milchigem Saft stellt man für einen Moment etwa 10 cm tief in kochendes Wasser, damit der Saft »abbindet« und die Stiele nicht ausbluten.

Kupfermünzen, Zucker, Aspirin und Holzkohle halten Schnittblumen frisch.

Taufrisch nach langer Fahrt

Wenn der Blumenstrauß einen längeren Transport vor sich hat, umwickeln Sie die Enden der Stiele am besten mit feuchtem Küchentuch o. ä. und einer Plastiktüte. Zusätzlich können Sie den ganzen Strauß in Zeitungspapier einwickeln, das Sie anschließend mit einem Sprühnebel aus der Blumenspritze leicht befeuchten.

Erste Hilfe für erschöpfte Blumensträuße: Den ganzen Strauß auf eine Lage Zeitungspapier legen, die Stiele vorsichtig gerade streichen und fest einwickeln. Dann stellt man das Paket in einen Eimer mit handwarmem Wasser (kein kaltes!) über Nacht an einen kühlen, dunklen Ort. Diese Methode empfiehlt sich auch für Tulpen, die auch ohne lange Reise abends in der Vase oft schlappmachen. Rosen und Gerbera mit hängenden Köpfen werden nicht als ganzer Strauß, sondern besser einzeln eingeschlagen: Dazu umwickeln Sie zunächst einen Stiel und mit jeder weiteren Umdrehung des Papiers den nächsten. Auf diese Weise erhalten auch die Stiele und Blüten etwas Feuchtigkeit. Rosenstiele können Sie auch für einen kurzen Moment in heißes, fast kochendes Wasser tauchen und dann wieder in kaltes Wasser stellen. Sie erholen sich ebenfalls schnell, halten aber nach meiner Beobachtung nicht mehr so lange wie die nach der ersten Methode behandelten.

Übrigens: Viele Menschen sind überzeugt, dass nur Blumen, die mit Liebe geschenkt werden, in der Vase aufblühen und sich halten.

Altbewährte Tipps zur Pflege der Gartengeräte

Mit Speck gegen Rost

Gartengeräte müssen im Herbst gereinigt und winterfest gemacht

Frischer Rost lässt sich mit einem Öl-Korken leicht entfernen.

werden. Das Wichtigste dabei ist der richtige **Rostschutz**, denn wer kann sich schon die teuren Edelstahlgeräte leisten – obwohl sie wirklich halten, was sie versprechen.

Das Abbürsten mit der Drahtbürste geht leichter, wenn Sie die rostigen Stellen vorher ein paar Mal mit Petroleum einreiben. Ist der Rost noch frisch, können Sie ihn mit einem Korken abreiben, den Sie dabei immer mal wieder in Öl tunken.

Gartengeräte aus Stahl schützt man durch Einreiben mit Paraffinöl. Eisengerätschaften kommen für 15 Minuten in ein Bad aus Soda und Pottasche; anschließend lässt man sie an der Luft trocknen. Danach sind sie angeblich für Jahre gegen Rost gefeit. Bei schmiedeeisernen Beschlägen, zum Beispiel von Kübeln, hilft regelmäßiges Einreiben mit einfacher Möbelpolitur. Für alle Metallgeräte eignet sich auch ein selbst gemachtes Fett aus Speck und Harz (Terpentin). Schmelzen Sie 3 Teile fetten, weißen Speck und 1 Teil Harz in einer alten unbeschichteten Pfanne, die nicht mehr für Küchenzwecke benutzt werden soll, und verschlagen Sie die Mischung gut. Die Geräte werden bestrichen, solange der Rostschutz noch warm ist.

Ein Leinöl-Holzkohle-Anstrich schützt Holz auf Jahre vor Fäulnis.

Eine andere Spezialmischung wird ohne Erwärmen hergestellt: Man nimmt 6 Teile Fett, zum Beispiel weiches Stiefelfett, und gibt 1 Teil Kampfer (aus der Apotheke) und 1 Teil Graphitpulver (von der Autowerkstatt oder Tankstelle) hinzu. Diese Mischung eignet sich ebenfalls für alle rostanfälligen Gartengeräte.

Einfaches Bienenwachs ist ebenfalls ein guter Rostschutz. Allerdings müssen die Geräte vorher erwärmt werden, sonst lässt sich das Wachs nicht verstreichen.

Erste Hilfe bei lockeren Stielen

Wenn der Spatenstiel plötzlich wackelt: Stellen Sie ihn einfach über Nacht in die (gefüllte!) Regentonne. Dadurch quillt das Holz und der Stiel sitzt wieder fest. Nicht vergessen: Alle Metallteile vorher mit einem fetthaltigen Rostschutzmittel einreiben!

Auch Holz braucht Schutz

Holzstiele sollten vor dem Winter mit Bohnerwachs oder Leinöl eingerieben werden. Das hält das Holz elastisch und schützt vor Splittern oder Bruch.

Baum- und Zaunpfähle sowie Rundhölzer aus Holz müssen vor dem Setzen gegen Fäulnis geschützt werden. Wer keine druckimprägnierten Hölzer kaufen möchte, muss selbst für Schutz sorgen. Früher verwendete man gerne einen Teeranstrich, doch der ist aus gesundheitlichen Gründen nicht mehr zu empfehlen. Die einfachste Methode bleibt daher immer noch das Ankohlen der Pfahlenden über einem offenen Feuer. Der Pfahl darf aber nicht tiefer gesetzt werden, als er angekohlt ist. Noch besser ist ein Überzug aus gekochtem Leinöl, das mit Holzkohlenpulver (Grillkohle) zu einem dicken Brei verrührt wird. Vor dem Einschlagen müssen die Pfähle aber gründlich an der Luft trocknen.

Blumenkästen aus Holz imprägniert man mit Kalkmilch (Obstbaumanstrich aus dem Gartenfachhandel) und Leinöl, die im Verhältnis 1:1 vermischt werden. Dadurch bleibt das Holz atmungsaktiv. Allerdings sollten Sie zunächst mehrmals streichen und den Anstrich dann jedes Jahr wiederholen.

Altbewährte Tipps gegen Frostschäden

Jeder Garten hat sein eigenes Klima

Da Spät- und Herbstfröste regional, ja sogar innerhalb einer Ortschaft sehr unterschiedlich auftreten, kann einem der amtliche Wetterbericht nur wenig helfen. Viel wichtiger sind die **eigenen Beobachtungen:** Wann ist erfahrungsgemäß noch oder schon wieder mit Bodenfrösten zu rechnen? Bei uns am Stadtrand von Hamburg sind zum Beispiel noch die letzten Mai- und bereits die letzten Septembertage frostgefährdet. Wenn Sie neu zugezogen sind oder sich bislang noch nicht so sehr um die Wetter-

Der Taupunkt zeigt an, wenn mit Frost zu rechnen ist.

beobachtung gekümmert haben, fragen Sie am besten erfahrene Nachbarn oder Bauern aus der Gegend. Gerade die älteren können Ihnen wahrscheinlich noch eine Menge mehr über die Anzeichen eines drohenden Frostes sagen und Ihnen vielleicht auch erklären, wie Sie anhand der Taupunktmessung auf Frost oder Nicht-Frost schließen.

Verlässliches Warnsignal: Der Taupunkt

Die **Messung des Taupunktes** ist ein altes, bewährtes Verfahren. Sie brauchen dazu nur ein Außen-Themometer, ein Stückchen Mullbinde (aus dem Verbandskasten) und einen Topf mit Wasser. Und so geht's: Die Mullbinde um das untere Ende des Thermometers wickeln, dabei ein Ende in den Wassertopf hängen lassen. Durch die Binde steigt Wasser zur Quecksilbersäule hoch und produziert Verdunstungskälte. Als Regel gilt: Die tiefste Nachttemperatur liegt etwa 4 °C unter der Abendtemperatur gegen 17 Uhr. Zeigt das Thermometer also 3 °C an, müssen Sie mit Nachtfrost rechnen. Wenn dann noch der Himmel mit der Dämmerung aufklart und die Sterne funkeln, sollten Sie flugs Schutzmaßnahmen ergreifen. Am besten ist übrigens ein mobiler Taupunktmesser, gerade für große Gärten mit unterschiedlichem Kleinklima: Dazu wird das Thermometer an einem spitzen, dünnen Pfahl befestigt, den man nach Bedarf in gefährdete Beete steckt. Der Wassertopf kommt dann auf einen Stuhl. Sie können aber auch, wie ich, einfach den Regenmesser dazu nehmen.

Wenn die Zeichen auf Frost stehen

Der einfachste Schutz gegen die gefürchteten **Spätfröste** im Mai sind Eimer, die über gefährdete Pflanzen gestülpt werden, zum Beispiel über austreibende Bohnen und Dahlien (siehe Seite 99 und 109). Auch eine Abdeckung aus Reisig kann Schlimmes verhindern. Deswegen sollten Sie die Winterabdeckung nicht gleich durch den Häcksler jagen, sondern immer einen Stapel für Notfälle aufbewahren.

Früher steckten schlaue Gärtner dichte kniehohe Zäune aus Reisig um Bohnen- und Gurkenbeete, um sie vor Frösten und schneidend kalten Winden zu schützen. Wenn Frühjahrs- und Herbstfröste immer wieder nur ganz bestimmte Schneisen in den Garten schlagen, kann eine Hecke dauerhafte Abhilfe schaffen. Am besten schließen immergrüne Zäune, zum Beispiel Lebensbaum- oder Scheinzypressen-Hecken, die Einfallstore des Frostes. Auch Rotbuchen-Hecken sind geeignet – sie dürfen aber unten nicht auskahlen.

Schützende Nachbarn

Woran heute kaum noch ein Gärtner denkt, war früher eine Selbstverständlichkeit: **Frostschutz durch Mischkultur.** Zarte, frostempfindliche Pflanzen erhielten große, kräftige Nachbarn, die ihr schützendes Blätterdach über sie breiteten. So wurden Bohnen und Gurken, die ja erst Mitte Mai keimen, neben Frühkohlrabi gepflanzt, die zu diesem Zeitpunkt bereits gut entwickelt sind. Auch Frühkartoffeln lassen sich durch gleichzeitiges Aussäen von Gelbsenf *(Sinapis alba)* vor Frost schützen, denn Gelbsenf keimt schneller und wächst rasch in die Höhe. Ist die Frostgefahr im Mai vorüber, wird der Senf abgeschnitten und als Mulch auf dem Beet verteilt. Die Wurzeln bleiben als natürlicher Stickstoffdünger im Boden.

Mit Schnee gegen zu frühe Blüte

Nach milden Wintern schwellen die Blütenknospen der Obstbäume manchmal schon Anfang März an. Doch eine **zu frühe Blüte** kann leicht zum Opfer der Spätfröste werden. Wenn noch Schnee liegt oder kommt, sollten Sie soviel wie möglich zusammenkehren und auf die Baumscheibe packen. Durch diese Kältepackung wird der Austrieb verzögert, denn der Baum begibt sich wieder zur Ruhe. Kommt kein Schnee mehr und blüht der Baum sehr früh, können Wassernebel und Rauch gegen leichten Frost helfen (siehe nächste Seite). Wenn kein Schnee zur Verfügung steht, können Sie die Baumscheibe auch mit Stroh abdecken, denn dies schützt gegen die Erwärmung des Bodens und die reflektorische Wärme bei Sonnenschein.

In jedem Haushalt sind einfache Frostschutzmittel zu finden.

Eispanzer gegen Frost

Sehr bewährt zum Schutz der Obstblüte ist das Übersprühen der Blüten mit einem feinen **Wassernebel**, dem einige Tropfen Baldrianblütenextrakt beigefügt werden. Der Wasserfilm gefriert auf den Blüten und bildet dadurch eine Schutzschicht. Nehmen Sie aber um Himmels willen nicht den Gartenschlauch, denn selbst bei kleinster Einstellung waschen Sie damit die Pollen ab. Am besten sind handelsübliche Pumpzerstäuber, wie man sie auch zum Ausbringen von (biologischen) Pflanzenschutzmitteln benutzt.

Rauchzeichen im Garten

Eine wirksame Hilfe gegen Frost im Freiland ist auch **Rauch**. Noch bis in die sechziger Jahre bewahrten zum Beispiel die Obstbauern im Alten Land bei Hamburg auf diese Weise ihre blühenden Plantagen vor Spätfrösten. Sobald die Abendtemperatur auf 2 °C sinkt, werden große Konservendosen mit schwerem Petroleum gefüllt und angezündet. Sie müssen die ganze Nacht brennen. Auch Dahlien lassen sich zum Beispiel so vor Herbstfrösten schützen. Beachten Sie aber die örtlichen Bestimmungen über offenes Feuer und sprechen Sie sich mit Ihren Nachbarn ab.
Eine Abwandlung dieses Prinzips ist der Frostschutz mit Windlichtern. Dazu nehmen Sie am besten Grablichter und stellen sie in hohe Gläser. Bei stärkerem Wind funktioniert dies aber im Freiland nicht mehr. Achtung: Kerzen und Rauchtöpfe haben im Folientunnel nichts zu suchen, auch in Foliengewächshäusern sollten Sie äußerst vorsichtig sein!

Frostschutz im Folientunnel und Gewächshaus

Auch **Folientunnel** und **Frühbeetkästen** ohne Fußbodenheizung durch Pferdemist lassen sich durch Übersprühen mit Wasser vor Forst schützen. Hier müssen Sie den richtigen Zeitpunkt erwischen: Sobald der Frost einsetzt, den Tunnel mehrfach auf der Außenseite mit einem feinen Wassernebel besprühen, bis die Eisschicht etwa drei Millimeter dick ist.
Zusätzliche Hilfe bringen »**Wärmflaschen**«. Dazu werden dunkle, möglichst dickbauchige Weinflaschen (Ballons) mit Wasser gefüllt, verschlossen und mit dem Hals in den Boden gesteckt. Nachts wird dann die tagsüber vom Wasser gespeicherte Wärme an die Luft im Tunnel abgegeben. Inzwischen sind auch spezielle, aber recht teure Schlauchheizungen im Handel, die nach demselben Prinzip arbeiten. Im Notfall können Sie übrigens Flaschen mit extra angewärmtem Wasser in die Tunnel oder die Frühbeetkästen stellen – aber bitte kein kochendes Wasser verwenden: 30 bis 40 °C sind oberste Grenze. Sogar **Kalthäuser** lassen sich auf diese Weise in strengen Frostnächten schützen. Dauert der Frost an und ist der Himmel tagsüber bedeckt, muss jedoch ein Ofen her.

Foliengewächshäuser und Frühbeettunnel übersprüht man bei einsetzendem Frost außen mit einem feinen Wassernebel.

Mond, Magie und Brennnessel

Astrologie für Gärtner

»Der Mond ist der Mahner des Gärtners, das Messende in der Natur«, schrieb 1932 Camillo Schneider in seinem Büchlein »Jedermanns Gartenlexikon«. Damit befand sich der damals sehr geschätzte Gartenbuchautor in guter Gesellschaft. Denn schon die alten Griechen, namentlich Hippokrates, der Vater der Medizin, wussten um die wichtige Bedeutung des **Mondes** und auch der anderen **Planeten** für das Wohlergehen von Menschen, Tieren und Pflanzen. Worin genau der lunare und planetarische Einfluss besteht, ist bis zum heutigen Tage ungeklärt. Die einen meinen, dass die Konstellation der Gestirne nur ein Anzeiger für die jeweils herrschenden bioenergetischen Einflüsse sei, die rein zufällig, aber sehr verlässlich dem Rhythmus der Himmelskörper folgen. Nach dieser Lesart könnte man das Himmelszelt als eine Art Uhr auffassen, deren Zeiger (= Mond) und Zahlen (= Sternbilder des Tierkreises bzw. Sonnenplaneten) die jeweils vorherrschenden und zyklisch wiederkehrenden Energien anzeigen.
Andere sind überzeugt, dass die Gestirne selbst einen Einfluss auf das irdische Leben ausüben, obwohl diese Kräfte oder kosmischen Energien nicht direkt messbar sind, sondern nur indirekt durch ihre Wirkungen auf das menschliche, tierische und pflanzliche Leben nachgewiesen werden können. Als Beispiel wird immer wieder der Einfluss des Mondes auf den Rhythmus von Ebbe und Flut verwiesen, auch wenn hier nicht klar

Schon die alten Griechen waren überzeugt, dass der Mond für das Leben auf der Erde eine wichtige Rolle spielt. Und bis heute feiern wir das Osterfest am ersten Sonntag nach dem Frühlingsvollmond.

ist, ob tatsächlich nur die Anziehungskraft des Mondes für die Gezeiten verantwortlich ist. Doch selbst bei dieser Lesart kann man das Himmelszelt als Uhr interpretieren.

Ob eine Beziehung zwischen dem Stand des (Erd)Mondes und dem der Planeten unseres Sonnensystems auf der einen und der Erde auf der anderen Seite besteht, kann im Grunde jeder selbst überprüfen. Er braucht dazu nur offene Augen und etwas Geduld. Um Ihnen die Sache etwas zu erleichtern, werde ich Ihnen auf den folgenden Seiten vorstellen, was aufmerksame Naturbeobachter im Laufe der Jahrhunderte an Erfahrungen und Deutungen zusammengetragen haben. (Was der Mond über das Wetter sagt, erfahren Sie im Kapitel »Wetterkunde« ab Seite 141.)

Ein kurzer Blick in die Geschichte

Zwar waren schon die **alten Griechen** überzeugt, dass nicht nur der Mond, sondern auch die (damals) bekannten Planeten eine Beziehung zum Leben auf der Erde haben, doch blieb die Anwendung dieses Wissens weitgehend auf die Medizin und die Politik beschränkt. Auch in deutschen Landen wurden vor wichtigen politischen Entscheidungen und vor allem vor kriegerischen Auseinandersetzungen oft die Astrologen befragt. Schillers Drama »Wallenstein« z.B. beschreibt die wichtige Rolle des Hofastrologen sehr anschaulich. Im Alltag der Landbevölkerung hatte der Stand der Gestirne keine so große Bedeutung – mit Ausnahme des **Mondes**: Er galt seit jeher als zentraler Zeitgeber für die landwirtschaftlichen Arbeiten. Das liegt vermutlich daran, dass der Stand des Mondes für jedermann erkennbar und die daraus abgeleiteten Mondregeln leicht verständlich waren.

Mit den anderen Gestirnen gestaltete sich das schon wesentlich schwieriger. Außerdem sah die christliche Kirche die heidnische Sterndeuterei nicht besonders gerne. Vermutlich deswegen findet man in den alten Klosterschriften kaum Hinweise auf ein Gärtnern nach den Gestirnen, obwohl sich ja auch das Osterfest nach dem Mondstand richtet (erster Sonntag nach dem Frühlingsvollmond).

Das änderte sich erst mit dem Abt von Langheim, Mauritius Knauer (1613–1664), dem Autor der (fälschlicherweise) als »Hundertjähriger Kalender« bezeichneten Wetterbeobachtungen (siehe Seite 143ff.).

Die **Mondregeln** wurden seit alters her in den Familien mündlich weitergegeben und gehörten zum allgemeinen hauswirtschaftlichen Wissen. Dabei gab es ausgeprägte regionale Unterschiede. So richteten sich etwa die Bauern in Süddeutschland und den angrenzenden Alpenländern viel häufiger nach den Mondregeln als ihre norddeutschen Kollegen. Und weil das Wissen vor allem mündlich weitergegeben wurde – die ersten gedruckten regionalen Bauern- oder »Mandlkalender« im deutschsprachigen Raum, die weitgehend in Zeichensprache geschrieben sind (siehe Abb. auf Seite 142), datieren aus dem 18. Jahrhundert –, unterscheiden sich die Regeln manchmal recht deutlich. Dennoch gibt es ganz bestimmte, feste Grundsätze, die ich Ihnen auf den folgenden Seiten erläutern möchte.

Die einfachen Mondregeln

Das Wissen um die **einfachen Mondregeln** hat sich bis zum heutigen Tage gehalten. Fast jeder Hobbygärtner, den ich im Rahmen meiner Arbeit an diesem Buch befragte, kannte selbst noch einige Regeln oder erinnerte sich an Eltern und Großeltern, die z.B. ihre Kartoffeln kurz nach Vollmond legten. Diese einfachen Mondregeln beziehen sich nur auf die **Lichtphasen des Mondes**, also zunehmender und abnehmender Mond, Vollmond und Neumond. Jede gärtnerische Tätigkeit hat in diesem Rahmen ihren optimalen Mondzeitpunkt.

Alles zu seiner Zeit

Die meisten einfachen Mondregeln leiten sich aus der **Grundregel**

Bei zunehmendem Mond atmen Erde und Pflanzen aus.

über die Atmung von Erde und Pflanzen ab. Diese lehrt, dass Erde und Pflanzen bei abnehmendem Mond einatmen und Energie sammeln, wobei sich ihre Kraft mit den Säften in den unteren Pflanzenteilen konzentrieren. Bei zunehmendem Mond atmen sie aus, sodass ihre Kraft mit den Säften in die oberen Pflanzenteile steigt und das oberirdische Wachstum steigern.

Dementsprechend sind die Mondregeln formuliert: Alles, was auf der Erde wächst (Früchte wie Tomaten, Gurken, Erbsen usw.), wird bei Neumond oder zunehmendem Mond gesät, gepflanzt und geerntet, alles, was unter der Erde wächst (Wurzelpflanzen wie Karotten, Rettiche, Kartoffeln, Schwarzwurzeln usw.), bei abnehmendem Mond. Etwas gröber ist die folgende Regel, die ich in einem alten Gartenbuch von 1863 fand: Danach sollten Aussaaten, gleichgültig, ob es sich um Frucht- oder Wurzelpflanzen handelt, immer zwei Tage vor Vollmond gemacht werden.

Doch keine Regeln ohne Ausnahmen, die in diesem Falle religiösen Ursprungs sind: So darf zwischen Karfreitag und bis zum Sonnenaufgang am Ostersonntag keinerlei Gartenarbeit verrichtet werden, selbst wenn der Mond günstig steht. Fällt aber der Vollmond auf den Palmsonntag, verlängert sich die günstige Aussaatzeit bis zum nächsten Neumond.

Nicht nur für das Säen und Pflanzen gelten bestimmte Mondregeln, auch beim **Beschneiden** der Gehölze kann man sich nach dem Mond richten. Camillo Schneider empfiehlt, Hainbuchenhecken erst nach Vollmond zu schneiden, damit sie nicht so stark wachsen. Für andere Hecken gilt das gleiche. Wünscht man dagegen ein starkes Wachstum, gerade bei Neuanpflanzungen, dann greift man für den jährlichen Rück- und Formschnitt am besten bei zunehmendem Mond oder bei Vollmond zur Schere. Genauso soll man mit Rosen und anderen Blütengehölzen verfahren, damit sie kräftiger nachtreiben.

Auch das **Holzfällen** hat seinen eigenen Zeitpunkt, und zwar je nachdem, für welchen Zweck das Holz gebraucht wird. Brennholz wird nach einer alten alpenländischen Regel am besten bei abnehmendem Mond nach der Wintersonnwende geschlagen. Wer schon im Herbst Brennholz braucht, darf es in den ersten sieben Tagen nach dem Oktoberneumond aus dem Wald holen. Damit das Holz nicht schimmelt, soll es aber erst aufgeschichtet werden, wenn der Mond wieder abnimmt. Denn der zunehmende Mond zieht Wasser an, was dem Schimmel ideale Lebensbedingungen bietet.

Brennholz wird nur bei abnehmendem Mond aufgeschichtet.

Der Nachmittag ist die richtige Zeit für die Kartoffelernte, da sich die Pflanzensäfte in der zweiten Tageshälfte in den Knollen konzentrieren.

Sonne und Mond

Unsere Vorfahren richteten sich bei der täglichen Gartenarbeit nicht nur nach dem Mond, sondern auch nach dem Stand der Sonne. Einer ebenfalls uralten **Sonnenregel** zufolge atmen Erde und Pflanzen nämlich bestimmten täglich wiederkehrenden Rhythmen: Von Sonnenaufgang bis Sonnenhöchststand (12 Uhr mittags; keine Sommerzeit!) atmen sie aus, wobei die Kräfte und Säfte wie bei zunehmendem Mond in oberirdische Pflanzenteile steigen. Ab Mittag bis Sonnenuntergang atmen sie dann wieder ein, wobei sich Kräfte und Säfte wie beim abnehmenden Mond in den unterirdischen Pflanzenteilen konzentrieren.

Aus den Sonnen- und den Mondregeln lassen sich gemeinsame praktische Hinweise für das Säen und Pflanzen, die Bodenbearbeitung und die Ernte ableiten: So sollten z. B. Jungpflanzen, die erst einmal ordentlich einwurzeln müssen, am Nachmittag bzw. während des abnehmenden Mondes gepflanzt werden, da dann die Kraft direkt in die Wurzeln geht. Gleiches gilt für die Ernte von Wurzelpflanzen wie Karotten und Kartoffeln, da die konzentrierte Kraft in den Wurzeln für besseren Geschmack und längere Haltbarkeit sorgt. Dagegen sollten Pflanzen, die wir wegen ihrer oberirdischen Früchte und Blätter ziehen, etwa Salat, Kohl und Beeren, am Vormittag bzw. besser bei zunehmendem Mond geerntet werden.

Soweit, so gut. Doch es ergibt sich ein Problem: Sonnen- und Mondregel über das Ein- und Ausatmen von Erde und Pflanzen stimmen im Tageslauf nicht immer überein. In der ersten Hälfte des etwa 29 Tage dauernden Mondumlaufs um die Erde, also von Neumond bis Vollmond (= zunehmender Mond), gelten beide Regeln zusammen nur von Sonnenaufgang bis Mittag, denn ausgeatmet wird nur bei zunehmendem Mond (Mondregel) bzw. vom Morgen bis zum Vormittag (Sonnenregel). In der zweiten Hälfte des Mondumlaufs (= abnehmender Mond) gelten die Prinzipien dagegen nur von Mittag bis Sonnenuntergang, denn eingeatmet wird nur bei abnehmendem Mond (Mondregel), bzw. vom Nachmittag bis zum Abend (Sonnenregel).

Dieses Problem lässt sich nur praktisch lösen. Jedenfalls halte ich es so: Beim Wässern, mit dem man bei extrem heißen Temperaturen nicht einfach einige Tage warten kann, bis der Mond wieder günstig steht, richte ich mich nach der Sonnenregel. So gieße ich am Morgen, damit die oberen Pflanzenteile gleich gut versorgt werden. Nachmittägliches oder abendliches Gießen vermeide ich, damit es nicht zu Wurzelfäulnis kommt, da sich die Säfte abends in den Wurzeln konzentrieren und dadurch die Pflanzen nicht soviel Wasser aufnehmen können. Bei allen anderen Gartenarbeiten orientiere ich mich grundsätzlich an der Mondregel. Nur wenn das Wetter dagegen spricht oder ich aus Zeitgründen ganz einfach an ungünstigen Mondtagen ernten muss, etwa weil wir auch bei zunehmendem Mond frische Kartoffeln essen möchten, richte ich mich ersatzweise nach der Sonnenregel und ernte die Kartoffeln schon am Vorabend, damit ich sie nicht beim Ausatmen erwische.

Der Mond und die anderen Sterne

Wie gesagt, waren schon die alten Griechen überzeugt, dass neben dem Mond auch **die anderen Gestirne** in ganz bestimmter Beziehung zum Leben auf der Erde stehen. Später richteten sich vor allem die alpenländischen Bauern bei der Feldarbeit nach dem Stand der Planeten: Sie kannten schon die Blatt- und Wurzeltage, wie die »Steirischen Mandlkalender« des ausgehenden 18. Jahrhunderts zeigen. Allerdings blieb dieses Wissen immer nur auf bestimmte Familien oder Regionen beschränkt.

Erst Rudolf Steiner, der Begründer der Anthroposophie, stellte es in einen größeren Zusammenhang und machte es zu einem zentralen Pfeiler der biologisch-dynamischen Wirtschaftsweise. Steiners Ausführungen, vor allem sein so genannter Landwirtschaftlicher Kursus von 1924, waren jedoch weitgehend theoretischer Art. Die praktische Anwendung übernahmen seine Schüler, allen voran Maria Thun, die seine Mond- und Planetenlehre in über fünfzigjähriger täglicher Arbeit systematisch untersuchte, überprüfte und erweiterte. Dank Maria Thun und ihrer Mitarbeiter liegt uns heute erstmals ein geschlossenes System der Mond- und Planetenlehre für Landwirtschaft und Gartenbau vor, das ich Ihnen nun vorstellen werde.

Der Mond im Tierkreis

Fast jeder von uns kennt sein Sternzeichen. Dies ist, vereinfacht gesagt, dasjenige Sternbild, in dem die Sonne zum Zeitpunkt unserer Geburt stand. (Auf planetarische

Zu den Blattpflanzen zählen auch Blattschmuckstauden wie die *Hosta.*

Verschiebungen möchte ich hier nicht weiter eingehen.) Die Sonne durchläuft innerhalb eines Jahres alle zwölf **Tierkreiszeichen**, wobei sie im groben Durchschnitt jeweils etwa 30 Tage vor demselben Zeichen verweilt.

Und genauso wie die Sonne durchläuft auch der Mond diese Tierkreiszeichen, allerdings wesentlich schneller: Er braucht dafür im Schnitt nur etwa 27 Tage und steht jeweils nur 2–4 Tage vor demselben Zeichen. Man nennt diesen Mondumlauf auch den **siderischen Mondumlauf**. Dabei bedeutet siderisch einfach »auf die Sterne bezogen«. Dieser Mondumlauf ist übrigens nicht zu verwechseln mit dem **Umlauf des Mondes um die Erde**, der etwa 29 Tage dauert. Die Unterschiede in der Umlaufzeit erklären sich aus der unterschielichen räumlichen Lage von Mond und Erde im Weltall (siehe auch Seite 124).

Die zwölf Tierkreiszeichen werden nach ihren Eigenschaften in vier Gruppen unterteilt, was die astrologisch Erfahrenen unter Ihnen sicherlich schon kennen. So gehören Widder, Löwe und Schütze zu den **Feuer- bzw. Wärmezeichen**, Stier, Jungfrau und Steinbock zu den **Erdzeichen**, Zwillinge, Waage und Wassermann zu den **Luft-Lichtzeichen** und Krebs, Skorpion und Fische zu den **Wasserzeichen**. Damit wird ausgedrückt, dass z. B. die Wasserzeichen eine enge Beziehung zum Element Wasser haben; man spricht daher auch vom »wäßrigen Kleinklima«. Für die anderen Gruppen gilt entsprechendes, wobei die Erdzeichen als kühl und die Feuerzeichen natürlich als warm bis heiß gelten.

Jeder dieser vier Tierkreiszeichen-Gruppen wird eine bestimmte Pflanzengruppe zugeordnet, die von den Zeichen erfahrungsgemäß besonders stark beeinflusst wird (siehe unten).

Die Pflanzengruppen

Bei den Pflanzen unterscheidet man **Blatt-**, **Wurzel-**, **Frucht-** und **Blütenpflanzen.** Diese Einteilung richtet sich im Wesentlichen danach, welcher Pflanzenteil geerntet

Als Blattgemüse gilt, was wir wegen seiner Blätter ziehen, sowie alle Kohlarten. Sogar der Kohlrabi gehört dazu, weil er erfahrungsgemäß am besten gedeiht, wenn er an Blatt-Tagen gepflanzt wird.

werden soll, denn jede Pflanze hat ja zumindest Wurzeln und Blätter. Zu den **Blattpflanzen** zählen alle Salatarten wie Kopfsalat, Pflücksalat, Endivie und Feldsalat, fast alle Kohlarten mit Ausnahme des Brokkolis, also Weiß-, Rot- und Wirsingkohl, Grünkohl, Blumenkohl, Rosenkohl, Schnittkohl, Senfkohl, Chinakohl sowie Spinat, Mangold, Chicorée, Lauch (Porree), Gemüse- oder Knollenfenchel. Auch Spargel und Bleich- oder Blattsellerie sowie alle Küchenkräuter, deren Blätter verwendet werden, wie Schnittpetersilie, Schnittlauch, Kerbel, Kresse, Dill, Bohnenkraut, Gurkenkraut, gehören zu den Blattpflanzen. Genauso werden der Rasen sowie alle Zierstauden, Ziergräser und Ziergehölze, die der Gärtner wegen ihres Blattschmuckes zieht, zu den Blattpflanzen gezählt, etwa Hosta, Ziergräser, immergrüne Gehölze, laubabwerfende Gehölze mit schöner Herbstfärbung, nicht oder unscheinbar blühende Bodendecker und Kletterer wie Efeu, Haselwurz *(Asarum europeum)* und Pfeifenwinde *(Aristolochia macrophylla)*.

Zu den **Wurzelpflanzen** gehören alle Pflanzen, die wegen ihrer eher unterirdischen Pflanzenteile angebaut werden, wozu nicht nur die Wurzeln im engeren Sinne, sondern auch die Knollen und Zwiebeln gehören: Karotten, Radieschen, Rettich, Rote Bete, Knollensellerie, Steckrüben, Pastinaken, Schwarzwurzeln, Kartoffeln, Topinambur, Wurzelpetersilie, Meerrettich, Knollensellerie, Zwiebeln, Schalotten und Knoblauch.

Als **Fruchtpflanzen** gelten alle Pflanzen, an deren oberirdisch wachsenden Früchten der Gärtner

Fruchtgemüse ist alles, was über der Erde reift.

interessiert ist: Tomaten, Paprika, Auberginen, Gurken, Zucchini und andere Kürbisgewächse, alle Hülsenfrüchte (Erbsen, Bohnen, Linsen), Mais, alles Getreide einschließlich Reis. Aus dem Obstgarten kommt sämtliches Baumobst hinzu sowie alle Beeren: Erdbeeren, Himbeeren, Brombeeren, Johannisbeeren, Stachelbeeren, Heidelbeeren, Preiselbeeren, Andenbeeren und Holunderbeeren. Im Ziergarten zählen vor allem die Zierkürbisse und den Ziermais zu den Fruchtpflanzen, aber auch all die Gehölze, die wegen ihres schmückenden Fruchtbehangs gezogen werden, wie etwa Zieräpfel, hagebuttentragende Wildrosen und Vogelbeeren. Und auch das Nussobst zählt zu den Fruchtpflanzen.

In die letzte Gruppe, die **Blütenpflanzen**, gehören alle Pflanzen, die wegen ihrer Blüten angebaut werden. Dazu zählen zu allererst natürlich die Blumen einschließlich der Zwiebel- und Knollenpflanzen wie Krokusse, Tulpen, Narzissen, Kaiserkronen und andere Fritillarien, Gladiolen, Knollenbegonien und Lilien. Ferner die Heilkräuter, deren Blüten gesammelt werden, und alle Ziersträucher, die wegen ihres Blütenschmucks angepflanzt werden, wie Schmetterlingsstrauch *(Buddleja)*, Weigelien, Forsythien, Falscher Jasmin *(Philadelphus)* usw. Aber auch der Brokkoli und die Artischocken aus dem Gemüsegarten sind Blütenpflanzen.

Die Pflanzen und ihre Mondtage

Aus den Pflanzengruppen und den Tierkreis- oder Elementegruppen werden nun Paare gebildet: **Blattpflanzen/Wasserzeichen**, **Wurzelpflanzen/Erdzeichen**, **Fruchtpflanzen/Wärmezeichen**, **Blütenpflanzen/Luft-Lichtzeichen**. Diese Paarbildung bedeutet: Die jeweilige Pflanzengruppe reagiert besonders gut auf die Impulse der jeweiligen Tierkreiszeichen, die über den Mond zur Erde vermittelt werden. Daher sagt man auch: Die Tage, an denen der Mond vor (oder in) einem Wasserzeichen (Fische, Krebs und Skorpion) steht, sind Blatt-Tage. Steht der Mond vor Wärmezeichen (Widder, Löwe und Schütze) handelt es sich um Frucht-Tage, steht er vor Erdzeichen (Stier, Jungfrau und Steinbock) haben wir Wurzel-Tage und steht er vor Luft-Lichtzeichen (Zwillinge, Waage und Wassermann) sind es Blüten-Tage. Auf dieser Systematik basiert jeder Mondkalender.

Praktisch bedeutet das: Alle pflegerischen Gartenarbeiten einschließlich der Aussaat sollten grundsätzlich nur an günstigen Mondtagen erfolgen. Blattpflanzen werden also an Blatt-Tagen gesät, gehackt, gedüngt und gewässert, Wurzelpflanzen an Wurzel-Tagen usw. Für Umpflanzen, Beschneiden und Ernten gelten Sonderregeln, die ich Ihnen später erläutern werde.

Jedes Tierkreiszeichen hat seinen Schwerpunkt

Mit dieser Einteilung ist es aber noch nicht genug. Denn auch innerhalb der einzelnen Elementegruppen haben die Tierkreiszeichen durchaus unterschiedliche Wirkungen auf die Pflanzenwelt. So gilt z. B. die Konstellation **Mond vor Löwe** aus der Wärmegruppe als besonders hitzig und trocken. An diesen Tagen sollten Sie Ihre Fruchtpflanzen nicht düngen, da der Dünger besonders hitzig wirkt, die Pflanzen verbrennen könnte und den Boden austrocknet. Als besonders günstig für die Gartenarbeit gelten dagegen die Erdtage, in denen also der **Mond vor Jungfrau** steht. An solchen Tagen sollen alle Aussaaten, nicht nur von Wurzelpflanzen, am besten keimen. Auch Stecklinge sollen schneller Wurzeln schlagen. Es gibt eine Vielzahl solcher Einzelregeln. Sie alle hier aufzuzählen, würde ein eigenes dickes Buch erfordern. Und dafür gibt es ja schließlich die Mondkalender.

Der aufsteigende und der absteigende Mond

Eine wichtige Rolle für das Pflanzenwachstum spielen auch der **aufsteigende** und der **absteigende Mond**. Diese beiden Begriffe sind nicht zu verwechseln mit dem zunehmenden und dem abnehmenden Mond, also den Lichtphasen des Mondes. Das Auf- und Absteigen des Mondes bezieht sich auf den von der Erde aus sichtbaren Teil seiner Umlaufbahn.

Was so kompliziert klingt, ist eigentlich ganz einfach. Jeder, der den Mond öfters beobachtet, weiß, dass er seine Bahn nicht immer in derselben Höhe am Himmelszelt zieht. Mal steht er niedrig, beschreibt nur einen kleinen Bogen und ist schon nach wenigen Stunden wieder verschwunden. Dann wieder steht er hoch am Himmel, macht einen weiten Bogen und ist vom Nachmittag bis zum frühen Morgen zu sehen. Das liegt an den unterschiedlichen Umlaufbahnen von Mond und Erde: Während sich der Mond um die Erde dreht, kreist die Erde um die Sonne. Beide Umlaufbahnen liegen nicht in einer Ebene, sondern sind zueinander versetzt. Innerhalb seines etwa 27,3 tägigen siderischen Umlaufs (siehe Seite 122) durchläuft der Mond neben den vier Mondphasen auch einmal den Zyklus des Auf- und Absteigens.

Seine Tiefststellung hat er vor dem Sternbild des Schützen. Dort dreht er sozusagen und wird wieder aufsteigend: Sein Bogen wird täglich weiter, seine Stellung am Himmel höher. Man kann das auch an der Himmelsrichtung seines Auf- und Untergangs ablesen. In der Tiefststellung geht er im Südosten auf und im Südwesten unter. Während des Aufsteigens rückt sein Aufgang immer weiter Richtung Nordosten und der Untergang Richtung Nordwesten. Nach rund 14 Tagen hat er seine Höchststellung vor dem Sternbild der Zwillinge erreicht. Von da ab wird er wieder absteigend, sein Bogen enger, Auf- und Untergang rücken wieder zusammen.

Umpflanzen, Beschneiden und Ernten

Für den Gärtner und Landwirt sind diese beiden Perioden ebenfalls wichtig. Denn während des aufsteigenden Mondes steigen auch die Säfte in den Pflanzen nach oben und versorgen die oberirdischen Pflanzenteile wie Blätter, Blüten und Früchte besonders gut mit Energie. Daher gilt diese Zeit als besonders gute **Erntezeit** für Schnittblumen, Heilkräuter und Lagerobst.

Genauso hat die Zeit des absteigenden Mondes hat ihre praktische Bedeutung für die Garten- und Feldarbeit. Denn in dieser Zeit zieht sich der Saft in die unterirdischen Pflanzenteile zurück und versorgt Wurzeln und Knollen mit besonders viel Energie. Daher ist die Zeit des absteigenden Mondes die wichtigste **Pflanzzeit**, sowohl für Jungpflanzen als auch für das

Als Wurzelgemüse bezeichnet man alle Pflanzen, die wir wegen ihrer unterirdischen Teile anbauen.

Teilen und Umpflanzen älterer Stauden. Gehölzpflanzungen sollten ebenfalls während dieser Zeit erfolgen. Das gleiche gilt für den Hecken- und Baumschnitt, da jetzt der Saftverlust am geringsten ist. Außerdem eignen sich diese Tage gut für die **Ernte von** Kartoffeln und anderen **Wurzelpflanzen** wie Karotten, Radieschen, Knollenfenchel und Zwiebel aller Art. Für die Aussaat hat der absteigende Mond aber keine so große Bedeutung, hier spielen die tagesabhängigen Mond- und Tierkreiseinflüsse eine größere Rolle.

Die Zeit des aufsteigenden Mondes ähnelt von den Wirkungen auf die Pflanze übrigens der Zeit des Ausatmens oder des zunehmenden Mondes (siehe Seite 120f.), obwohl hier eine andere Systematik zugrunde liegt. Das gleiche gilt für den absteigenden Mond und das Einatmen bzw. den abnehmenden Mond. Dennoch dürfen die Umlauf- und die Lichtphasen des Mondes niemals verwechselt werden, denn sie sind nicht identisch: So kann der Mond durchaus aufsteigend, aber gleichzeitig abnehmend sein, und umgekehrt!

Ungünstige Tage

Manche Tage sind aus siderischer Sicht grundsätzlich **ungünstig** für alle Gartenarbeiten. Dazu zählen vor allem die Knotentage, an denen sich die Umlaufbahnen des Mondes und anderer Planeten mit der der Erde »schneiden«. Dabei schneiden sie sich nicht tatsächlich, sondern liegen in einer Ebene, was sich von der Erde aus als Schnittpunkt darstellt. Die wichtigsten Knotenpunkte sind die **Mondknoten**, von denen es zwei pro siderischen Mondumlauf gibt: Einen aufsteigenden und einen absteigenden Mondknoten. In manchem Mond- oder Bauernkalender findet man dafür auch die Formulierungen: Der Mond geht über sich (absteigender Mondknoten) bzw. der Mond geht unter sich (aufsteigender Mondknoten). Beide Mondknoten gelten als außerordentlich ungünstig für alle Garten- und Feldarbeiten.

Ähnlich ist es mit den Knoten anderer Planeten, die die günstigen Einflüsse der Tierkreiszeichen, vor denen der Mond gerade steht, eventuell stören. Außerdem kann es an Knotenpunkten zu teilweisen oder gar vollständigen Finsternissen kommen, wodurch ebenfalls ein günstiger Einfluss eines erdfernen Planeten durch einen erdnäheren gemindert wird. Aus diesem Grund gelten alle Knotenpunkte grundsätzlich als ungünstige Tage, an denen man die Arbeit in Feld und Garten ruhen lassen sollte.

Die Grundregeln auf einen Blick

Sie fühlen sich angesichts der vielen, zum Teil widersprüchlichen Regeln etwas verwirrt? Mir ging es anfangs ganz genauso. Im Laufe der Jahre habe ich für mich die folgenden Regeln übernommen:

1. **Aussaat, Bodenbearbeitung, Düngen und Wässern** richten sich zu allererst nach den **Tageseinflüssen**, also dem Stand des Mondes in Bezug auf die Tierkreiszeichen. Daher eben auch die Frucht-, Blatt-, Wurzel- und Blüten-Tage.

2. **Pflanzzeit** ist die Zeit des **absteigenden Mondes**, wobei in dieser Zeit auch unterirdische Früchte geerntet werden. **Haupterntezeit** für alle oberirdisch wachsenden Pflanzenteile ist aber die Zeit des **aufsteigenden Mondes**.

3. **Gehölze** werden während des **absteigenden Mondes** beschnitten, **Steckhölzer und Veredelungsreiser** dagegen während des **aufsteigenden Mondes**.

4. An **ungünstigen Tagen**, vor allem an Knotentagen, wird **nicht** im Garten **gearbeitet**.

5. Die **Lichtphasen des Mondes** (zunehmender Mond, Vollmond, abnehmender Mond, Neumond) spielen kaum eine Rolle.

Weitergehende Informationen finden Sie in der umfangreichen Literatur zu diesem Thema (siehe Seite 167f.).

Beeren-, Kern- und Steinobst gehört natürlich auch zu den Fruchtpflanzen, weil es über der Erde reift.

Machen Sie doch einen Versuch!

Ihnen kommt das alles nicht ganz geheuer vor? Dann machen Sie doch einfach einmal einen **Versuch**. Sie müssen ja nicht gleich Ihren ganzen Garten nach dem Mond bearbeiten. Ich habe am Anfang nur meine Kartoffeln nach dem Mond gezogen, wobei ich zwecks Vergleich immer einige Reihen ganz konventionell, nur nach Wetter, Lust und Laune, angebaut habe. Allerdings achtete ich immer darauf, dass es sich trotz Sonnenscheins um mondmäßig schlechte Tage handelte. Inzwischen arbeite ich schon seit Jahren weitgehend nach den obigen Mondregeln, weil mich einfach das Ergebnis überzeugt hat. Die an mondmäßig günstigen Tagen gezogenen Kartoffeln waren insgesamt viel besser, was Geschmack, Größe und sogar Krankheitsbefall angeht, als die an ungünstigen Tagen gepflanzten. Allerdings halte ich mich nicht sklavisch an den Kalender. Manchmal ist ein günstiger Tag aus beruflichen und witterungsbedingten Gründen einfach nicht einzuhalten. Dann versuche ich den zweitgünstigsten zu nehmen. Bei grundsätzlich ungünstigen Tagen, wie Knotentagen oder Finsternissen, lasse ich die Gartenarbeit jedoch immer ruhen.
Wer nach dem Mond und den anderen Sternen arbeiten will, braucht immer einen **speziellen Mondkalender**. Denn eine eigene Berechnung der verschiedenen Gestirnskonstellationen ist im Allgemeinen viel zu schwierig und aufwendig. Ferner sollten Sie im-

Für die Mondgärtnerei führe ich einen Extra-Kalender.

mer auch ein eigenes **Gartentagebuch** führen, in das Sie auch alles eintragen, was Ihnen als ungewöhnlich auffällt.

Welcher Mondkalender ist der beste?

Dies ist eine schwierige Frage, um die es seit einigen Jahren unter mondbegeisterten Hobbygärtnern zunehmend Streit gibt. Denn der Mond ist »in«, was zur Veröffentlichung einer ganzen Reihe von Mondkalendern geführt hat, die Sie in jeder Buchhandlung erhalten. Und dagegen ist ja auch im Prinzip nichts einzuwenden. Man sollte nur wissen, welchen **Ansatz** die einzelnen Autoren vertreten. Denn Mondkalender ist nicht gleich Mondkalender.
Das betrifft vor allem die **Berechnung** der günstigen und ungünstigen Tage. Während die meisten Kalender die günstigen und ungünstigen Zeiten nur tageweise angeben, geht **Maria Thun** in ihren »Aussaattagen« mehr ins Detail und gibt sogar die Stunden an, zu denen die Einflüsse wechseln. Denn der Mond tritt nur selten Punkt Mitternacht vor ein neues Tierkreiszeichen. Auch der Einfluss der anderen Planeten wird in den meisten neuen Mondkalendern im Gegensatz zum Thunschen Kalender vernachlässigt oder nur recht grob angegeben.
Ein weiteres Problem ist die **Art der Berechnung**. Denn einmal berechnete Daten lassen sich nicht einfach auf Folgejahre übertragen, wie es die »neuen« Kalenderautoren tun. Der Grund: Unser Sonnensystem ist immer in Bewegung, wodurch sich die Umlaufbahnen und Zeiten des Mondes und der anderen Planeten immer wieder etwas verschieben. Deswegen müssen die Daten über die Mond- und Planetenkonstellationen jedes Jahr neu berechnet werden, was nicht alle Kalender-Autoren machen.
Ich selbst habe von Anfang an nach dem Thunschen Kalender gearbeitet, allerdings gab es damals gar keinen anderen Mondkalender. Diese Entscheidung würde ich aber heute genauso treffen, denn ich finde: Wenn man sich schon mit dem Thema befasst, sollte man auch gleich in die Tiefe gehen. Allerdings habe ich viel Verständnis für diejenigen, die es am Anfang nicht ganz so kompliziert haben wollen und erst einmal mit einfacheren Kalendern arbeiten. Denn ich denke mir, dass auch hier das alte Sprichwort gilt: »Mit dem Essen kommt der Appetit auf mehr«.

Experimentieren ist erlaubt

Wer nach den Sternen gärtnert, sollte ruhig selbst **experimentieren**. Das gilt vor allem für die Zuordnung der einzelnen Pflanzen zu den Pflanzengruppen. Obwohl die Einteilung der vier Gruppen zum Teil auf Jahrhunderte langer Beobachtung beruht, ist sie nicht »in Stein gehauen«. Es kann durchaus zu grundlegenden Änderungen der Zugehörigkeit kommen sowie zu Überschneidungen im Verlaufe der Vegetationsperiode.
Ein Beispiel bei der Gruppenzugehörigkeit ist der Knollenfenchel, der meist zu den Blattpflanzen gezählt wird, obwohl ein Teil der Knolle unterirdisch wächst und er daher auch zu den Wurzelpflanzen gehören könnte. Maria Thun zählt ihn dennoch zu den Blattpflanzen, da er nach ihrer Erfahrung am besten auf die Impulse von Blatt-Tagen reagiert. Ähnlich ist es mit der Roten Bete, die auf die Aussaat an Blatt- und Wurzel-Tagen fast gleich anspricht. Allerdings halten sich die an Wurzeltagen bei absteigendem Mond geernteten Knollen nach meiner Erfahrung wesentlich besser als die an Blatt-Tagen entnommenen.
Dagegen ist bei Brokkoli die Sache klar. Denn wir essen ja wirklich den (noch nicht blühenden) Blütenstand des Brokkolis. Daher ist seine Zuordnung zu den Blütenpflanzen eindeutig. Im Prinzip müsste das auch für den Blumenkohl gelten, doch er reagiert ebenfalls besser auf die Impulse der Blatt-Tage.
Vor allem Maria Thun hat eine ganze Reihe solcher Ausnahmen beschrieben. Und es gibt sicherlich noch mehr, die wir selbst entdecken können. Auch der beste Erntezeitpunkt ist sicher noch nicht für alle Pflanzen erforscht. Ferner ist der Bereich des Ziergartens aus mondgärtnerischer Sicht noch ziemlich vernachlässigt. So stelle ich mir z. B. schon seit längerem die Frage: Welches ist der

beste Pflegezeitpunkt für hagebuttentragende Rosen? Bislang pflege ich meine Sträucher ihrer Blüten wegen an Blüten-Tagen. Da aber ihre Früchte von der Größe und dem Aussehen her sehr mager ausfallen, werde ich sie wohl demnächst versuchsweise einige Jahre wie Fruchtpflanzen pflegen. Ich bin sicher, dass auch Sie mit der Zeit eine ganze Liste ähnlicher Fragen haben werden.
Nur für den Rasen hat Maria Thun schon eine Lösung gefunden: Wer einen dichten Rasenteppich wünscht, mäht ihn am besten an Blatt-Tagen. Das führt allerdings dazu, dass Sie häufiger mähen müssen. Wer dagegen den Rasenmäher seltener in Betrieb nehmen möchte, schneidet an Blüten-Tagen, weil dann das Gras nicht so schnell nachwächst.

Guter Mond und schlechter Boden

Mond und Sterne sind aber nicht alles. Denn sie alle können so gut stehen, wie sie wollen: Wenn der Boden nicht in Ordnung ist, man es an der richtigen Versorgung der Pflanzen mit Nährstoffen mangeln lässt oder schlechte Nachbarn zusammensetzt (siehe Seite 47 ff.), wird der Erfolg ausbleiben. Allenfalls können die bioenergetischen Einflüsse, die über die Gestirne vermittelt oder angezeigt werden, kleine Probleme abschwächen; ein grundlegendes Ungleichgewicht oder eine Vernachlässigung im Ganzen vermögen sie jedoch nicht aufzufangen.
Deswegen finden Sie dieses Kapitel auch nicht am Anfang meines Buches. Denn wer mit dem Mond und den anderen Sternen arbeiten will, muss auch sonst im Einklang mit der Natur arbeiten. Und er muss lernen, Geduld zu haben und mit dem Erreichten zufrieden zu sein. Wie Sie im Kapitel »Wetterkunde« (ab Seite 141) sehen werden, ist nämlich auch nicht jedes Jahr gleich. Das eine Jahr ist ein gutes Kartoffeljahr, während vielleicht das Beerenobst nicht ganz so gut wie gewohnt ansetzt, im anderen Jahr fällt dagegen die Obsternte besonders reich aus, dagegen mickert vielleicht der Kohl. Hier spielt die Witterung eine wichtige Rolle, wobei nach Meinung unserer Vorfahren ebenfalls der Mond und die Planeten ihre »Hände« im Spiel haben.

Vertikutieren und Mähen an Blatt-Tagen ergibt einen dichten grünen Rasenteppich. Arbeitet man an Blüten-Tagen, wächst das Gras schwächer.

Magie im Hausgarten

Bei »Magie im Garten« stellen wir uns meist einen verwunschenen und von einem undurchdringlichen Dornengestrüpp verborgenen Hexengarten vor, in dem sich hochgiftige Gesellen wie **Stechapfel** *(Datura stramonium)*, **Bilsenkraut** *(Hyoscyamus niger)* und **Tollkirsche** *(Atropa bella-donna)* um einen **Teufelskrückstock** *(Aralia mandshurica)* scharen. Doch weit gefehlt. In unseren ganz normalen Hausgärten wachsen eine Menge magischer Pflanzen, wir wissen es nur nicht (mehr). Auf den nächsten Seiten werde ich Ihnen einige davon vorstellen.
Achtung: Als Heilmittel dürfen die aufgeführten Pflanzen, ob giftig oder nicht, nur nach Anweisung des Arztes oder erfahrenen Heilpraktikers angewendet werden, niemals aber auf eigene Faust!

Das hochgiftige Bilsenkraut ist eine uralte Hexen- und Zauberpflanze.

Der Apfel – Symbol der Vollkommenheit

Seiner ebenmäßigen Früchte wegen wurde der **Apfelbaum** *(Malus domestica* bzw. *M. sylvestris)* seit alters her in vielen europäischen und asiatischen Kulturen verehrt. Er war nicht nur göttlicher Schicksalsbaum, der die Häuser vor Blitz und anderen Unbilden schützte, sondern der Lebensbaum schlechthin. In einigen Ländern pflanzte man für jeden neugeborenen Jungen ein Apfelbäumchen und goss es mit dem ersten Badewasser des Kindes an. Wuchs der Baum kräftig heran, so glaubten die Menschen, würde auch das Kind groß und stark werden. Ging der Baum dagegen ein, würde auch das Kind bald sterben. (Als Orakelbaum für Mädchen diente übrigens der Birnbaum.) Die Früchte des Baumes wurden häufig für Liebesorakel benutzt. Mädchen in heiratsfähigem Alter mussten die Schale in einem Stück abschälen und rückwärts über die Schulter werfen. Der Schalenkringel bildete dabei den Anfangsbuchstaben des Bräutigams.
Wie jeder weiß, spielt der Apfelbaum bei der Vertreibung der Menschen aus dem Paradies eine wichtige Rolle. Er war der Baum der Erkenntnis, von ihm zu essen, war streng verboten. Doch Eva konnte den schmeichelnden Worten der Schlange nicht widerstehen. So wurde der Apfel zum Symbol für Sünde und Verderben.
Dagegen galt der Apfel wegen seiner ebenmäßigen Form in Asien und Ägypten als Sinnbild der Vollkommenheit von Erde und Kosmos. Außerdem machte er als Insignie der Macht Karriere: Zunächst als

Goldener, mit Edelsteinen verzierten Reichsapfel aus dem 12. Jahrhundert.

weltlicher Reichsapfel Alexander des Großen, der ihn sich aus dem Gold der eroberten Städte hatte gießen lassen. Später wurde er zum Reichsapfel der christlichen Kaiser, denen er als Symbol ihrer von Gott verliehenen Macht diente.
Heute gilt uns der Apfel vor allem als Sinnbild für Frische, Natürlichkeit und Gesundheit. Auch das hat seine Wurzeln in alten Mythen. So glaubten die Germanen, dass die Frucht ewige Jugend, Schönheit und Kraft verleihe und stellten sich vor, dass ihre gefallenen Krieger an der Pforte des Totenreiches von den Göttern Äpfel bekämen. Sicherheitshalber gaben sie ihnen immer einige Früchte als Grabbei-

gabe. Später legten die Menschen einen rotbackigen Apfel in das Kissen der Neugeborenen, auf dass sie ebenso rote und gesunde Bäckchen bekämen.
Und tatsächlich hat der Apfel heilende Kräfte: Apfelschalen-Tee wird seit alters her zur Blutreinigung und bei Durchfall gegeben. Die heilige Hildegard von Bingen empfahl ihn bei Migräne sowie bei Leber- und Milzleiden. Genauso hilfreich sind geriebene Äpfel, besonders bei Durchfall, sowie als Umschlag bei Ausschlägen, unreiner Haut, verhärteten Narben und Durchblutungsstörungen in den Beinen.

Die feurige Brennnessel

»Was brennt ums ganze Haus, und verbrennt's doch nicht?« Natürlich: die Brennnessel. Sie ist eine ganz alte Bann-, Zauber- und Heilpflanze. In unseren Breiten wachsen die **Große Brennnessel** *(Urtica dioica)* und die **Kleine Brennnessel** *(Urtica urens)*, die sich vor allem in ihrer Wuchshöhe von ihrer großen Schwester unterscheidet.

Auch heute wird die Brennnessel als Heilpflanze sehr geschätzt.

Die alten Germanen weihten die Brennnessel dem Donnergott Donar. Auch für die Nachbarvölker war sie die Pflanze der Gewittergottheiten. Um sie gnädig zu stimmen, wurden Brennnesseln bei heranziehendem Gewitter im Herdfeuer geopfert – ein Brauch, der sich bis heute in einigen Gegenden Tirols erhalten hat. In die Milch- und Bierfässer gaben unsere Vorfahren vorsorglich ebenfalls einige Brennnesselstengel, denn Milch und Bier »kippen« bei schwülem Wetter, das den Gewittern bekanntermaßen oft vorausgeht, schneller »um«. Eine Berliner Milchfrau musste sich deswegen in den 30er Jahren sogar vor Gericht verantworten. Sie wurde jedoch freigesprochen, weil es sich, wie der Richter befand, nicht um Lebensmittelverfälschung, sondern um ein »allgemein geübtes Verfahren« handelte. Brennnesselkäse gibt es noch heute – er gilt als Spezialität.
Vor dem Zorn der Götter konnte auch ein Brennnesselstrauß über der Haustür schützen. Die Pflanze selbst durfte aber nicht zu nahe am Haus wachsen, vermutlich weil Brennnesseln bevorzugt an feuchten Stellen und über Wasseradern wachsen, die ja auch Blitze anziehen. Eine weiträumige Umpflanzung des Hauses galt dagegen als probater Schutz vor bösen Geistern und anderen unliebsamen Besuchern.
Die Brennende wurde früher außerdem zu Liebeszaubern verwendet. Um das Feuer der Liebe zu entfachen, gossen Verliebte das Kochwasser von Brennnesselsamen auf die Türschwelle der Angebeteten. Als treffliches Aphrodisiakum galten in Wein eingeweichte Samen, die einer alten römischen Überlieferung zufolge die unkeuschen Begierden entfesselten, weshalb die Brennnessel in den Klostergärten natürlich überhaupt nicht gerne gesehen war. Außerdem konnte man mit Hilfe der Nessel feststellen, ob eine Braut noch Jungfrau war oder ob ein Kranker genesen würde. Dazu goss man etwas Urin des Betreffenden auf die Pflanze. Blieb sie grün, war alles in Ordnung.
Die heilsamen Qualitäten der Brennnessel sind Legende: Seit alters her gilt sie als vorzügliches Entwässerungs- und Blutreinigungsmittel und war daher immer in der Neunkräuter- oder Gründonnerstagssuppe enthalten, die unsere Vorfahren im Frühling aßen – nicht zuletzt um die Frühjahrsmüdigkeit zu vertreiben. Wegen ihres hohen Eisengehaltes – ihre Asche enthält bis zu sechs Prozent Eisen – wurde ihr Saft allen Schwachen und Kranken empfohlen sowie jungen Mädchen und Schwangeren. Außerdem fördert die Nessel die Milchbildung. Deswegen gaben die Bauern ihren Milchkühen getrocknete Nesselblätter ins Futter. Hühner bekamen auch davon, damit das Eidotter schön gelb wurde. Und Pferde erhielten Brennnesselsamen für ein glänzendes Fell.
Im Hausgarten war und ist die Brennnessel nicht nur zur Düngung und Schädlingsabwehr geschätzt. Schon ihre pure Anwesenheit im (Heil-)Kräuterbeet erhöht nachhaltig den Geschmack und den Anteil ätherischer Öle der Kräuter. Wer Brennnesseln mit der

bloßen Hand ernten will, sollte die Stängel von oben nach unten streifen, sodass die Brennhaare nicht in die Haut eindringen können, sondern sich flachlegen – Sie müssen nur schnell genug zupacken. Manche Rheuma- oder Gichtpatienten lassen sich sogar absichtlich brennen, weil dies ein angenehmes Wärmegefühl erzeugt und die Durchblutung steigert. Und Heiler mit sensitiven Händen greifen häufig ungeschützt in die Nesseln, um die Empfindsamkeit ihrer Hände zu steigern.

Eine dichte Dachwurzdecke schützt tatsächlich vor Blitzeinschlag.

Die schützende Dachwurz

Die genügsame **Dach-** oder **Hauswurz** *(Sempervivum tectorum)* galt auf den Dörfern noch bis ins vergangene Jahrhundert als verlässlicher Schutz vor Blitz und Donner. Man hegte und pflegte sie sorgfältig, was in einer langen Tradition stand: Schon der Frankenkönig Karl der Große (742–814 n. Chr.) hatte alle Untertanen in seiner berühmten Landgüterverordnung »Capitulare de villis« angewiesen, alle Hausdächer zum Schutz vor Blitzeinschlag mit »Hauslauch« *(»Jovis barbam«)*, wie die Dachwurz damals genannt wurde, zu bepflanzen. Auch unsere heutige botanische Artenbezeichnung *tectorum* verweist auf die enge Verbindung dieses Dickblattgewächses zum Dach, denn *tectum* heißt im Lateinischen nichts anderes als Hausdach.

Und es scheint wirklich etwas drangewesen zu sein: Denn Häuser, deren Dächer über und über mit dieser **Donnerwurz** oder dem **Donnerbart**, wie sie auch genannt wurde, überwachsen waren, gerieten nur selten durch Blitzeinschlag in Brand. Das versichern übereinstimmend die verschiedensten Quellen. Heute nimmt man an, dass die dichte und sehr wasserhaltige Dachwurzdecke tatsächlich als natürlicher Blitzableiter fungierte, weil sie die früher sehr tiefgezogenen Dächer richtiggehend erdete. Der Blitz schlug wohl ein, fuhr aber über die Dachwurz zum Rand des Dachs und von dort sofort in den Boden. Eine andere Interpretation besagt, dass die schuppenartig abstehenden Dachwurzblätter den Blitz vom Dach fernhalten, weil sich die Elektrizität schon an ihren Spitzen in der Luft entladen kann.

Auch die Heilkräfte der Dachwurz sahen unsere Vorfahren in enger Verbindung mit Blitz und Donner. So durften ihre fleischigen Blätter zu Heilzwecken nur beim ersten Gewitter des Jahres geerntet werden, und zwar nur in der kurzen Zeitspanne zwischen Blitz und Donner. Wegen ihrer kühlenden und schmerzstillenden Wirkung waren frische Dachwurzblätter ein beliebtes Mittel zur äußerlichen Anwendung bei Warzen, Insektenstichen, Hautgeschwüren und Verbrennungen. Die schwedische Volksheilkunde empfahl Dachwurzsaft – mit Milch verdünnt – auch innerlich gegen Bettnässen.

Wer den Holunder nicht ehrt …

In unseren Gärten gibt es kaum einen Strauch, um den sich so viele Mythen ranken wie um den **Holunder** oder **Hollerstrauch** *(Sambucus nigra)*. Seine Name wird

Ein Holunder gehört in jeden Garten, möglichst an den Kompostplatz.

auf das althochdeutsche Wort *holatar* (= hohl) zurückgeführt, was sich auf seine hohlen, nur mit Mark gefüllten Stengel bezieht. In England heißt er noch heute wörtlich der hohle Baum *(hollow tree)*. Mit der Frau Holle aus dem gleichnamigen Märchen hat der Holunder nach heutigen Erkenntnissen im Gegensatz zu früheren Deutungen jedoch nichts zu tun.
Seit alters her ist der Holunder der Schutzbaum des Hauses und des häuslichen Friedens. Die Germanen weihten ihn deshalb der Liebesgöttin Freya. Der Holler bewahrte Mensch und Tier vor allen bösen Kräften einschließlich Blitz, Feuer, Krankheit, Mücken und Schlangen. Gegen angezauberte Kopf- und Zahnschmerzen vergrub man abgeschnittene Haare und ausgezogenen Zähne unter dem Strauch. Besonderen Schutz gab der Holler den Kindern. Goss man das erste Badewasser eines neugeborenen Kindes dem Strauch zu Füßen, so sorgte dieser dafür, dass das Kind wohl gedieh und gut klettern lernte. Und am 1. Mai und am Johannistag tanzten die freundlichen Lichtelfen zwischen seinen Zweigen.
Allerdings hatte der Holunder auch mit dem Totenreich zu tun. Die Germanen gaben bei der Bestattung ihrer Toten immer etwas Holunderholz in das Feuer. Am Rhein verwendete der Sargmacher einen Holunderstab als Maß für den Sarg, und der Kutscher des Leichenwagens benutzte einen Holunderzweig als Peitsche. Als Baum des Lebens und des Todes wusste der Holunder, wann ein Mensch sterben würde: Trieb er lange Wasserschosse und bei Wassermangel gelbliche Blüten, so war der Tod seines Besitzers nahe. Bis heute scheuen sich manche Menschen, einen Holunder zu roden, weil sie seine Strafe fürchten.
Holunder war natürlich auch eine wichtige Heilpflanze. Gegen Zahnweh ritzte man das Zahnfleisch mit einem Holunderspan, den man anschließend unter freundlichem Bitten wieder an seinen Ursprung setzte, auf das der Schmerz auf den Baum übergehe. Eine ähnliche Analogie liegt der Ansicht zugrunde, wonach die Rinde als Brechmittel wirkt, wenn man sie von unten nach oben vom Zweig schält. Schabt man sie dagegen von oben nach unten, verursacht sie Durchfall.
Bis heute gilt der vitaminreiche Saft der schwarzen Beeren als wichtiges Hausmittel zur Erkältungsvorbeugung und zur Blutreinigung. Er wird wie Glühwein gewürzt und heiß getrunken. Holunderbeeren müssen immer gekocht werden, weil sie sonst Magenkrämpfe und Erbrechen verursachen, und sollten nicht mit Metallgegenständen in Berührung kommen. Tee aus Holunderblüten ist ebenfalls ein altbewährtes Erkältungsmittel. Er wirkt schweißtreibend und dadurch fiebersenkend. Und frittierte Holunderblüten gelten in der modernen Küche als Delikatesse.

Des Teufels liebster Feind: das Johanniskraut

Das **Johanniskraut** oder **Hartheu** *(Hypericum perforatum)* ist ebenfalls eine uralte Schutzpflanze gegen Dämonen, Blitz, Feuer und Missernten. Am Johannistag, dem 24. Juni, warfen die Bauern geweihte Kränze auf die Hausdächer, hängten Sträuße an die Zimmerdecken und steckten gekreuzte Zweige an die Fenster. Blieben die Zweige das ganze Jahr über grün, durfte man mit besonderem Glück rechnen, etwa einer Erbschaft oder einer Hochzeit. Mit dem Rauch opferte man den Schutzgeistern, damit sie Unkraut und Schädlinge von den Feldern fernhielten. Und weil das Kraut auch feindliche Pfeile

Johanniskraut-Öl ist auch heute noch ein geschätztes Wundmittel.

und Kugeln ins Leere lenkte, trugen die germanischen Krieger Amulette mit Hartheu. Solche Amulette hatten außerdem die angenehme Eigenschaft, alle Menschen dem Träger gewogen zu machen.
Der Legende nach war der Teufel so eifersüchtig auf das schützende Johanniskraut, dass er dessen Blätter in seiner Wut mit einer Nadel durchlöcherte. Man kann diese »Löcher«, die eigentlich Öldrüsen sind, mit bloßem Auge erkennen. Der rote Saft mit dem Farbstoff Hypericin, früher oft Johannisblut genannt, ist es auch, der nach heutiger Erkenntnis die vielfältigen Heilwirkungen der Pflanze ausmacht. Als Öl oder Salbe hilft er seit alters her bei Hieb- und Stichverletzungen sowie Brandwunden und offenen Beinen. Johanniskrauttee wurde bei Blutungen und kurmäßig bei nervösen Beschwerden gegeben, wobei seine antidepressive Wirkung erst kürzlich wissenschaftlich bestätigt wurde. Vorsicht: Wer Johanniskraut einnimmt, muss wegen der durch das Hypericin verursachten (vorübergehend) stark erhöhten Lichtempfindlichkeit der Haut die Sonne meiden.

Die stolze Königskerze

Die zweijährige **Königskerze** (*Verbascum densiflorum, V. phlomoides, V. thapsus* sowie verschiedene andere Arten) war vor allem eine Kult- und Orakelpflanze. Die alten Germanen verehrten sie bei ihrer Sonnenwendfeier. Und noch heute bildet sie meist die Mitte (das Zepter) des Kräuterbuschen, der in katholischen Gegenden als Dank für die Ernte zu Maria Himmelfahrt geweiht wird.

Die Bauern schätzten die Königskerze als Wetteranzeiger (weitere pflanzliche Wetterpropheten finden Sie ab Seite 161) und nannten sie daher **Wetterkerze**.
Dichte Blätter am Boden der Blattrosette verhießen viel Schnee vor Weihnachten, dichte Blätter im oberen Teil sprachen für viel Schnee zu Jahresanfang. Fanden sich zwischen den Blüten einzelne wollige Blättchen, so war nur ab und zu mit weißen Flocken zu rechnen. Auch die Haltung der Kerze galt als Wetterzeichen: Neigte sich ihre Spitze nach Westen, deutete das auf Regen, zeigte sie sich gen Osten, würde bald die Sonne scheinen.
In Ostpreußen spielte der **Himmelbrand**, wie die Königskerze dort genannt wurde, eine wichtige Rolle im Totenkult: Am Johannistag hängten sich die Mägde einen Blütenstängel über ihre Betten. Wessen Stängel zuerst welkte, starb zuerst. Erblühte eine Königskerze auf einem Grab, so schmorte der Verstorbene noch im Fegefeuer und bedurfte einer Wallfahrt. Fuhr ein Leichenwagen an einer Königskerze vorbei, verlor sie ihren Duft. Der Name Himmelbrand rührt möglicherweise daher, dass die hohe Königskerze, in Pech oder Harz getunkt, als Fackel zur Beleuchtung und zur Vertreibung böser Geister benutzt wurde. Genausogut kann der Name aber ein Hinweis auf die heilende Wirkung der Königskerze bei Brandwunden und anderen Hautverletzungen sein. Dazu verwendete man einen Balsam aus in Öl eingelegten Blütenblättern. Blätterumschläge halfen bei Gicht, Rheuma und Frostbeulen. Blütentee gilt noch heute als wertvolle Hilfe bei Verschleimung der Atemwege, Husten und anderen Lungenerkrankungen. Und das reine Blütenöl gab angeblich ein vorzügliches Haarwuchsmittel ab und färbte die Haare schön blond.

Königskerzen tunkte man früher in Pech und nutzte sie als Fackeln.

Mehr als nur ein Gewürz: Liebstöckel

Liebstöckel *(Levisticum officinale)* war schon immer mehr als nur ein Gewürzkraut. Die alten Germanen schätzten Liebstöckel als Mittel gegen Unwetter, Hexerei und andere üble Zauberkräfte. Wer sich die Fußsohlen mit Liebstöckel bestrich, war gegen Schlangenbisse geschützt. Die Asche aus den Blättern und einer grünen Eidechse öffnete alle Schlösser. Im Mittelalter benutzte man das »**Maggikraut**« vor allem als Liebeszauber: Frauen steckten sich das Kraut ins Mieder, Männer trugen es als Amulett und Mütter gaben es ihren Töchtern ins Badewasser, auf dass diese später Glück in der Ehe hätten.

Die heilige Hildegard von Bingen empfahl Liebstöckel als Mittel gegen Erkältungsbeschwerden wie Husten und Halsentzündungen. Später trank man bei Halsbeschwerden heiße Honigmilch durch einen hohlen Liebstöckelstängel. Rußlanddeutschen ist dieses Rezept noch wohlvertraut. Gegen Gicht und Wassersucht half ein Tee aus den Blättern, wie der heute weitgehend in Vergessenheit geratene volkstümliche Name **Gichtkraut** beweist.

Der Salbei besiegt den Tod

»Was soll ein Mensch sterben, in dessen Garten Salbei wächst«. Jahrhunderte lang verehrten die Mönche in den alten Klöstern den graulaubigen **Salbei** *(Salvia officinalis)* als den Alleskönner unter den Pflanzen. Denn nach einer christlichen Erzählung war es ein Salbeibusch, der die Heilige Familie auf ihrer Flucht vor den Truppen des Kaisers Herodes verborgen hatte. Als Dank schenkte ihm die Jungfrau Maria die Kraft, die Menschen von jeder Krankheit zu heilen. Auch sein botanischer Name, der sich vom lateinischen *salvare* (= heilen) ableitet, verweist auf die großen Heilkräfte des Salbeis.
Den Tod vermag der Salbei zwar nicht zu besiegen, aber er ist tatsächlich eine wichtige Heilpflanze. Wegen seiner desinfizierenden Wirkung bewährt er sich bis heute vor allem bei Entzündungen der Mund- und Rachenschleimhaut. Auch bei nervösen Erschöpfungszuständen und Schweißausbrüchen sowie Rheuma und Gicht empfahlen schon unsere Vorfahren Salbeitee und Salbeibäder. Nur stillende Mütter sollten auf Salbei verzichten, weil er die Milchbildung stoppt.
Aber Salbei war immer auch eine Zauberpflanze. Mit seiner Hilfe konnte man z. B. Quellen zum Versiegen bringen, Flüsse austrocknen und dem Feind eklige Schlangen oder Kröten ins Haus schicken. Überhaupt galt er als Lieblingsplatz dieses Getiers, das nur mit Hilfe einer Weinraute zu vertreiben war. Nur die Mäuse mochten ihn angeblich nicht leiden, weshalb die Bauern Salbeibüschel in ihren Vorratskammern auslegten.

Salbei galt in den alten Klöstern als mächtigste aller Heilpflanzen.

Die bescheidene Schlüsselblume

Schon im Altertum wurde die **Schlüsselblume** *(Primula veris)* vor allem als große Zauberpflanze verehrt, die Reichtum und immerwährende Gesundheit gewähre.
Die Germanen waren überzeugt, dass ihnen die bescheidene Frühlingsblume die Felsentore zu verborgenen Schätzen öffnen würde. Es musste allerdings eine Schlüsselblume sein, die bereits zu Weihnachten blühte, weshalb nie über einen Erfolg berichtet werden konnte. Für die Kelten war die Schlüsselblume so heilig und allmächtig, dass sie nur von Priestern gepflückt werden durfte. Der römische Gelehrte Plinius der Ältere hielt sie für die so genannte »Zwölfgötterpflanze« *(Dodecatheon)*, die der Legende nach alle Materie in ihre Einzelteile zerlegen und alle Krankheiten heilen kann. So machten denn auch die goldversessenen Alchemisten des Mittelalters ihre Experimente mit der Schlüsselblume, bekanntermaßen ebenfalls ohne Erfolg. Später diente die Schlüsselblume vor allem als Heiratsorakel für junge Mädchen: Wer schon in der Woche vor Ostern eine blühende Schlüsselblume fand, würde noch im selben Jahr heiraten.
Woher der Name Schlüsselblume oder Himmelsschlüssel stammt, ist unklar. Eine Legende erzählt, Petrus, der Wächter des Himmelstores, habe voller Schrecken seinen Schlüsselbund fallen lassen, als er erfuhr, dass jemand Nachschlüssel für die Hinterpforte angefertigt hatte. Obwohl er schnell einen

Im Mittelalter versuchten die Alchemisten mit Hilfe der Schlüsselblume Gold herzustellen.

Engel hinterher schickte, waren die Schlüssel schon auf die Erde gefallen und im Erdboden verschwunden. An ihrer Stelle wuchs nur noch eine kleine, goldene Blume, die von da an jedes Jahr im Frühling wiederkam. Wahrscheinlich bezieht sich der Name jedoch auf die Form der Blüten, die früher gebräuchlichen Schlüsseln ähnlich sehen.
Je stärker der Duft der Blüten, desto stärker soll auch ihre Heilwirkung sein. Der schleim- und krampflösende Blütentee hat sich vor allem bei Husten und Erkältungsbeschwerden bewährt. Auch bei rheumatischen Beschwerden und Erschöpfungszuständen kann eine Teekur angezeigt sein. Sogar ein Rezept für einen Schlüsselblumenlikör existiert. Aber Vorsicht: Menschen mit einer Primelallergie reagieren oft auch auf die Schlüsselblume allergisch.

Auch eine Gabe des Himmels: Schöllkraut

Über die Herkunft des botanischen Namens des **Schöll-** oder **Schwalbenkrauts** *(Chelidonium majus)* gibt es zwei Geschichten. Die eine besagt, dass die alten Griechen das gelb blühende Schöllkraut nach den Schwalben (griechisch *cheldion*) benannten, weil die Schwalben die Augen ihrer blinden Jungen mit dem Saft der Pflanze bestrichen. Außerdem beginnt die Blütezeit des Krauts mit der Ankunft der Schwalben im Frühjahr und endet mit ihrem Abflug im Spätsommer. Nach der anderen Deutung gehört das Schöllkraut zum »Stein der Weisen« und wurde daher im antiken Rom als Gabe des Himmels (lateinisch *choeli donum*) verehrt.
Vor allem wegen seines gelben Saftes war das Kraut seit alters her als magische Heilpflanze geschätzt. Es sollte besonders bei Gelbsucht helfen. Dazu musste man noch vor Sonnenaufgang etwas Urin des Kranken zu Füßen der Pflanze gießen und sie bitten, die Gelbsucht im Boden zu versenken. Auch ein Amulett aus der Wurzel und geweihten Kirchenkerzen sollte die Gelbsucht vertreiben. Das Amulett musste neun Tage getragen und dann rückwärts in ein fließendes Gewässer geworfen werden. Nervöse und aufbrausende Menschen sollten zur Beruhigung ebenfalls ein Stück Schöllkrautwurzel um den Hals tragen.
Der giftige Saft des Schöllkrauts, das zur Familie der Mohngewächse zählt, enthält mit den Alkaloiden Chelidonin und Berberin tatsächlich krampflösende und beruhigende Substanzen. Diese regulieren vor allem die Tätigkeit von Leber und Galle, die bekanntermaßen bei cholerischen Menschen aus dem Gleichgewicht geraten ist.
Wegen seiner leicht ätzenden Wirkung gilt der Saft außerdem seit alters her als Warzenmittel. Man pfückte das **Warzenkraut** bei abnehmendem Mond an einem Freitag während einer Beerdigung auf dem Kirchhof und betupfte die Warzen mit dem Saft, ohne diese dabei anzusehen. Zumindest das Betupfen mit dem Saft bringt manchmal tatsächlich Erfolg. Dagegen ist von der Verwendung des ätzenden Saftes nach Schwalbenart bei Augenleiden nachdrücklich abzuraten.

Das große Schöllkraut dient noch heute als Warzenmittel.

Nicht nur Weihnachtsbaum: die Tanne

Die alten Germanen verehrten die **Tanne** *(Abies)* als Wohnsitz der guten Erntegeister. Um sie gnädig zu stimmen und eine gute Ernte zu erbitten, brachten sie den Waldgeistern Geschenke und hängten sie an die Zweige der Tanne. Daraus entwickelte sich die Tradition des Weihnachtsbaumschmückens, die mit dem christlichen Weihnachten ursprünglich gar nichts zu tun hat, sondern wesentlich älter ist. Erst ab dem 16. Jahrhundert holten die Menschen die Tanne als Weihnachtsbaum in ihre Stube.
Tannenharz war früher ein wichtiges Mittel zur Zahn- und Mundpflege. Man kaute das Harz wie Kaugummi. Ersatzweise konnte auch ein anderes Nadelbaumharz genommen werden. Meine estnische Brieffreundin Mia, die während der Stalindiktatur nach Sibirien deportiert und dort über zehn Jahre in einem Lager gefangen gehalten wurde, sah diese Zahnpflege bei den Bewohnern der sibirischen Wälder. Die Menschen dort kauten das Harz von Zedern. So prächtige und gesunde Zähne, sogar bei alten Menschen, habe sie nirgends mehr gesehen, schrieb sie mir.
Uralt ist auch die Verwendung des ätherischen Tannennadelöls

(ersatzweise Fichtennadelöl) bei Zerrungen und Verstauchungen, Bindegewebsverhärtungen sowie bei Erkältung und nervöser Erschöpfung. Unsere Vorfahren stellten oft einen Korb frischer Tannentriebe in die Kranken- und Schlafkammern, um die Luft zu reinigen. Und aus unreifen Zapfen, Trieben und Zucker wurde ein dicker Hustensirup gekocht. Grundsätzlich sollte man nur einzelne Jungtriebe von den unteren Zweigen nehmen, um das Wachstum des Baumes nicht zu schwächen. Im Wald darf grundsätzlich nur mit Erlaubnis des Försters gesammelt werden.

Der heilige Wacholder

Der **Gemeine Wacholder** *(Juniperus communis)*, heute vielfach als Kriech- und als Säulenwacholder in Gärten und Parks anzutreffen, ist eine alte Bann- und Heilpflanze mit vielfältigen magischen Eigenschaften. Ihre Beeren galten in vielen Landstrichen als heilig. So fertigte man früher die Milch- und Butterfässer aus Wacholderholz, damit die Milch viel Rahm absetze. Wacholderzweige über der Tür halfen gegen Hexerei und Gespenster. In Estland wurden schreiende Säuglinge mit Wasser gewaschen, in dem zuvor drei kleine Holzstäbchen von jeweils drei verschiedenen Wacholderbüschen ausgekocht worden waren. Dadurch sollte der Schreizauber gebannt werden. Auf Rügen beruhigte man schreiende Kinder mit dem Rauch des **Kranewittholzes**, wie der Wacholder dort genannt wurde. Er galt außerdem als zuverlässiges Mittel gegen Schlangen und Ungeziefer aller Art sowie zur Krankheitsvorbeugung, besonders der Pest. Deshalb wurden bei Hausneubauten zusammen mit anderen Kräutern immer auch einige Wacholderzweige ins Fundament gelegt.

In der Tat besitzt Wacholderöl desinfizierende Wirkungen. Daher verwundert es nicht, dass Wacholderbeeren im Theriak enthalten waren, einem ursprünglich heidnischen Allheilmittel, das zeitweise aus mehr als 100 Zutaten hergestellt und schon zu babylonischen Zeiten verwendet wurde. Die Volksmedizin empfahl Wacholder bei Vergiftungen, Verschleimung der Atemwege und Asthma, Depressionen, Hühneraugen und Dornwarzen sowie Blähungen und anderen Verdauungsbeschwerden. Bei Seitenstechen und Erschöpfung nach einem langen Fußmarsch genügte es schon, unter einem Wacholderbusch auszuruhen und ein Zweiglein auf den weiteren Weg mitzunehmen.

Heute dienen die heiligen Beeren vor allem als Gewürz und Verdauungshilfe für Sauerkraut und Wildgerichte. Wegen ihrer harntreibenden und desinfizierenden Wirkungen sind sie außerdem ein wichtiger Bestandteil von Teemischungen für Harnwegsbeschwerden. Wacholderöl regt die Haut- und Muskeldurchblutung an. In der Schwangerschaft sind Wacholdermittel jedoch verboten, weil sie im Verdacht stehen, vorzeitige Wehen auszulösen.

Nicht mit dem Gemeinen Wacholder zu verwechseln ist der **Sadebaum** *(Juniperus sabina)*, den wir schon als Zwischenwirt des Birnengitterrostes kennengelernt haben (siehe Seite 48). Der flach und sparrig wachsende Sade- oder **Sevenbaum**, auch **Stinkwacholder** genannt, ist hochgiftig und darf deshalb heute nicht mehr in öffentlichen Anlagen gepflanzt werden. Auch seine Verwendung in Privatgärten wurde über die Jahrhunderte immer wieder verboten. Aber vermutlich gerade wegen seiner Giftigkeit galt der Sadebaum

Im Mittelalter banden die Menschen Wacholderzweige über ihre Haustür, um sich vor bösen Geistern zu schützen.

als wichtiger Bannbaum gegen böse Geister und auch Gewitter. So pflanzte man ihn vorzugsweise auf Friedhöfen, damit er zusammen mit der **Eibe** *(Taxus baccata)* die Geister der Toten in Schach halte.

Das Brot der armen Seelen: die Walderdbeere

Unsere germanischen Vorfahren kannten nur die kleine **Walderdbeere** *(Fragaria vesca)*, denn die dicke Gartenerdbeere *(Fragaria × ananassa)*, die aus Kreuzungen der nordamerikanischen Scharlach-Erdbeere *(Fragaria virginiana)* und der Chile-Erdbeere *(Fragaria chiloensis)* hervorgegangen ist, gibt es erst seit Anfang des 19. Jahrhunderts. Die Walderdbeere war sehr beliebt und wurde fleißig gesammelt. Fiel einem Kind eine Beere beim Pflücken zu Boden, durfte es sie nicht mehr aufheben: Die Beere galt dann als Brot der armen Seelen oder des Teufels. Auch die ersten drei Erdbeeren, die man beim Suchen fand, durften nicht geerntet werden, sie gehörten den Waldgeistern. Wer sie dennoch nahm, musste mit Unglück und Krankheit rechnen. Um solches abzuwenden, opferten unsere Vorfahren sicherheitshalber häufig noch einige weitere Erdbeeren auf ihrem Heimweg von Sammeln, z. B. an Wegkreuzungen.

Die christliche Kirche des Mittelalters verehrte die dreiteiligen Blätter der Walderdbeere als Symbol der Dreifaltigkeit. Außerdem galt sie wegen ihres niedrigen Wuchses als Sinnbild der Bescheidenheit und Demut.

Und noch heute glauben manche Erdbeerbauern: Wer nach einem Tag auf dem Erdbeerfeld des Nachts von den roten Früchten träumt, der wird bald eine hübsche Summe Geld erhalten.

Wer den armen Seelen keine Walderdbeere abgab, war verdammt.

Der königliche Wegerich

Der König der Wege, in unseren Breiten vor allem der **Breitwegerich** *(Plantago major)* und der **Spitzwegerich** *(Plantago lanceolata)*, zählte Jahrhunderte lang zu den drei wichtigsten Heilpflanzen. Die anderen beiden waren Salbei und Weinraute. Zusammen bildeten sie die Grundausstattung jeder Hausapotheke und standen in dem Ruf, praktisch alle heilbaren Krankheiten heilen zu können. Gleichzeitig diente der Wegerich als Orakelpflanze immer auch magischen Zwecken.

Bis heute befragen Kinder den Wegerich nach der Zukunft, indem sie die Blattstiele auseinanderrupfen. Die Zahl der heraushängenden Blattnerven verrät ihnen, welche Note sie in der Klassenarbeit bekommen oder wie viele Geschenke zum Geburtstag zu erwarten sind. Auf die gleiche Art und Weise prüften die Menschen früher ihr Glück oder den Wahrheitsgehalt von Geschichten: Lange Fäden verhießen ein glückliches langes Leben, eine ungerade Anzahl Blattnerven entlarvte Lügner.

Lange Nervenfäden beim Abreißen eines Wegerichblatts verheißen ein langes glückliches Leben.

Die Griechen weihten den Wegerich der Göttin Persephone, der Tochter des Zeus und der Demeter, die vom Totengott Pluto geraubt wurde und jedes Jahr für einige Monate in die Unterwelt hinabsteigen musste. Deswegen sollen die Kinder den Wegerich in manchen Gegenden bis heute in Ruhe lassen und nicht ins Haus tragen, da sonst jemand sterbe. Dabei ist der Wegerich ein durchaus anhänglicher Geselle: Seine feinen Samen, eine Pflanze produziert pro Jahr bis zu 40.000 kleine Körnchen, bleiben gerne an den Sohlen von Mensch und Tier kleben. Auf diese Weise breitet sich der Wegerich überall aus und schaffte auch den Weg bis nach Amerika, wo ihn die Indianer treffenderweise die »Fußstapfen des weißen Mannes« nannten. Die Vorliebe für die Verbreitung über die Fußsohlen hat ihm auch den botanischen Gattungsnamen *Plantago* (= Sohle) eingebracht.

Wegerich war früher das wichtigste Mittel zur Blutstillung. Nicht nur die germanischen Frauen hielten bei der Geburt eine Wegerichwurzel in der Hand oder trugen Wegerichamulette, um starke Blutungen zu verhindern. Auch unsere Urgroßeltern verbanden die aufgeschürften Knie ihrer Kinder mit Wegerichblättern, denn diese galten als vorzügliches Desinfektions- und Wundheilungsmittel – ebenso bei Tierbissen, Insektenstichen und Verbrennungen sowie Brustentzündungen, Durchfall und Hämorrhoiden. Nach heutiger Kenntnis ist es vor allem das bakterienabtötende Aucubin des Wegerichs, das diesen Ruf begründete. Bei Darmträgheit liefern in Wasser eingeweichte Wegerichsamen ein wirksames, aber mildes Abführmittel. Und Spitzwegerichsirup wird noch heute als schleimlösendes und beruhigendes Mittel bei Bronchitis und Reizhusten geschätzt.

Aufruf zum Diebstahl: die Weinraute

Vermutlich war es ihr starker aromatischer Duft, der den exzellenten Ruf der **Weinraute** (*Ruta graveolens)* als Zauberpflanze begründete. Sie sollte praktisch jeden bösen Hexenzauber löschen. Der aufdringliche Duft ist wahrhaftig nicht jedermanns Sache. Auch Schlangen und Kröten fliehen vor ihm. Deswegen pflanzten unsere Vorfahren die Raute neben den Krötenfreund Salbei. Warum Kröten unbeliebt waren, ist allerdings nicht überliefert. Rautenbüschel galten ferner als gutes Mittel gegen Katzen im Taubenschlag. Am besten soll übrigens gestohlene oder zumindest unter kräftigen Flüchen ausgesäte Weinraute wirken.

Ihren großen Ruf als vortreffliches Heilmittel erlangte die Raute im 17. Jahrhundert zur Zeit der großen Pestepidemien. Denn sie war in dem berühmten »Essig der vier Räuber« enthalten, mit dem sich vier französische Diebe eingerieben hatten, bevor sie in Toulouse die Häuser von Pestkranken ausraubten, ohne sich anzustecken. Erst sehr viel später fanden Pharmakologen heraus, dass es nicht der starke Rautengeruch gewesen sein dürfte, der die Diebe geschützt hatte, sondern die nachgewiesenermaßen keimabtötenden Wirkungen der übrigen Essigbestandteile wie Salbei, Thymian, Lavendel, Rosmarin und Knoblauch.

Die Weinraute galt (fälschlicherweise) als berühmtes Pestmittel.

Tatsächlich bewährte sich die Weinraute als Brechmittel bei Vergiftungen sowie bei entzündlichen Knochenerkrankungen und bei Augenleiden. Als Augen- und Knochenmittel wird sie noch heute in der Homöopathie verwendet.

Betörender Wermut

Trotz seines schaurigen Geschmacks wurde giftiger **Wermut** *(Artemisia absinthium)* nicht nur als Bann- und Schädlingsvernichtungsmittel (siehe Seite 70) genutzt. Schon die alten Ägypter verwandten das silbergraue Laub zu Liebeszaubern. Und bis Anfang dieses Jahrhunderts destillierte die Spirituosenindustrie den berauschenden und sinnenthemmenden Absinth aus Wermutblättern, der sich in deutschen und französischen Künstlerkreisen großer Beliebtheit erfreute. Dieser Schnaps enthielt jedoch große Mengen des Wermutgiftes Thujon, das für schwere geistige und körperliche Gesundheitsschäden verantwortlich gemacht wurde. Daher wurde die Destillation schließlich gesetzlich verboten. Seit 1991 ist Absinth mit einem bestimmten Höchstgehalt von Thujon innerhalb der Europäischen Union wieder erlaubt, was seit einigen Jahren zu einer neuen Modewelle des Absinth-Trinkens geführt hat. Das Institut für Rechtsmedizin der Universität Düsseldorf schätzt die Gesundheitsgefahren zumindest durch den reglementierten Thujongehalt jedoch als gering an. Dagegen ist der moderne Wermutlikör und -wein in Bezug auf das Thujon ungefährlich, da der alkoholische Wermutauszug nicht destilliert wird. Wie so oft, scheint es beim Wermut also auf die Dosis anzukommen: Denn im Mittelalter diente Wermut vor allem zur Vertreibung unkeuscher Gelüste. Auch das stand in einer langen Tradition. Schon die Griechen hatten den Wermut der Göttin Artemis geweiht, die u. a. auch für Keuschheit stand. Darauf verweist noch heute die botanische Gattungsbezeichnung *Artemisia*.

Lange Zeit galt der Wermut als das Bannmittel schlechthin: Er schützte Mensch und Tier praktisch vor allen bösen Zaubern und Hexereien. Die alten Germanen gaben einige Zweige in das Feuer bei der Verbrennung ihrer Toten und schmückten auch die Gräber mit Wermut. Später hinderte man mit dem Rauch des **Wiegenkrautes** den Teufel daran, neugeborene Kinder gegen einen Wechselbalg auszutauschen. Auch die Stallungen wurden regelmäßig ausgeräuchert.

Die Bauern legten mit Wermut vergiftete Mäuseköder in ihre Getreidekammern, wovon der volkstümliche Name **Mäusetod** rührt. Ferner hielt man mit Wermutblättern die Motten von den Kleidertruhen fern. Die Schriftgelehrten mischten Wermutsaft unter die Tinte, um Bücherwürmer und anderem Ungeziefer den Appetit zu verderben.

Aber Wermut war auch ein Heilmittel. Noch heute wird Wermuttee zur Anregung der Magen-Darm-Tätigkeit und der Gallenproduktion empfohlen. Für Schwangere und stillende Mütter sind allerdings jegliche Wermutmittel verboten!

Wurmfarn bringt Glück

Auch der giftige **Wurmfarn** *(Dryopteris filix-mas)* wurde im Mittelalter als Glück bringende und schützende Pflanze verehrt. Allerdings mussten es die Menschen richtig anstellen. Denn der Farn war leider oft mit dem Teufel im Bunde, daher auch sein Name **Teufelskralle**.

Als besonders erstrebenswert galt der Besitz der Farn»samen«, die man Wünschelsamen nannte, weil sie alle Wünsche erfüllen konnten, dem Besitzer die Kraft von zwanzig Männern verliehen und ihm alle Schätze unter der Erde verrieten. In der Johannisnacht suchten die Menschen daher nach »blühendem« Farnkraut, was sich als äußerst schwierig erwies. Nur dem, der in der Stunde vor Mitternacht eine »blühende« Pflanze an einer Wegkreuzung fand und zudem ein pechschwarzes Bocksfell bei sich hatte, um die Samen aufzufangen, war das Glück beschieden. Meistens aber führte der Teufel die Suchenden schon vorher in die Irre, sodass sie nichts fanden. Dazu genügte es schon, wenn man aus Versehen auf eine Farnpflanze trat. Nur wer sofort seine Schuhe wechselte, konnte den bösen Zauber des Teufels löschen. Aber wer hatte schon ein Paar Ersatzschuhe dabei? Andererseits hatte der Teufel selbst auch einen Heidenrespekt vor der magischen Pflanze, weshalb mit Farn umpflanzte oder geschmückte Häuser vor Blitz und Hagelschlag geschützt waren. Zur Teufelsabwehr dienten auch die Glücks- oder Johannishändchen, die im Frühjahr aus dem noch nicht ausgetriebenen Wurzelstock geschnitzt wurden. Diese kleinen Händchen, die natürlich auch bei Dieben und anderen zwielichtigen Gestalten sehr beliebt waren, versprachen Glück bei allen Geschäften und außerdem langandauernde Gesundheit.

Auch bei akuten Beschwerden griffen unsere Vorfahren gerne zu Farnkrautblättern. Rheumatische Beschwerden kurierten sie mit Kissen, die mit getrockneten Farnwedeln gefüllt und erwärmt auf die schmerzenden Glieder gelegt wurden. Und schon im alten Griechenland diente Wurmfarntee zum Austreiben von Würmern bei Mensch und Tier.

Glücklich, wer in der Johannisnacht »blühendes« Farnkraut fand.

Gar nicht so kurios: Mit Pflanzen sprechen

Der englische Thronfolger Prinz Charles tut es, der Gärtner Lehmann aus der Nordheide tut es, und ich auch: Wir sprechen zu unseren Pflanzen. Mögen manche über uns lächeln, wir setzen eine uralte Tradition fort: Seit alters her respektierten die Menschen aller Kulturen die Pflanzen als eigenständige und göttliche Persönlichkeiten. Daraus resultieren viele Bräuche und Regeln, die heute auf den ersten Blick merkwürdig erscheinen. Doch für unsere Vorfahren war es völlig selbstverständlich, den Pflanzen für ihre Hilfe zu danken und sich zu entschuldigen, wenn man ihnen zu nahe treten musste: Wer z. B. einen Holunder rodete, versprach ihm, an anderer Stelle einen neuen zu pflanzen: »Frau Ellhorn, gib mir was von deinem Holz. Dann will ich dir von meinem auch was geben, wenn es wächst im Wald.« (zitiert nach Abraham und Thinnes, S. 128; siehe Literaturverzeichnis Seite 167). Für die Indianer Nordamerikas war das Gespräch mit dem »Grünen Volk«, wie sie die Pflanzenwelt nannten, ebenso ein zentraler Bestandteil ihres Alltags. Und auch das christliche Erntedankfest geht auf die uralten naturreligiösen Bräuche zurück. Auf diese Weise lebten die Menschen im Einklang mit der Natur und sorgten dafür, dass das ökologische Gleichgewicht nicht zerstört wurde.

Die Älteren unter Ihnen werden sich vielleicht noch an die Bauern erinnern, die am Sonntagmorgen vor oder nach dem Kirchgang auf ihre Felder gingen, um das Heranreifen der Feldfrüchte zu kontrollieren und dem Herrgott mit einem Gebet dafür zu danken. Diese Tradition hat sich in manchen Bauernfamilien übrigens bis in unsere Tage erhalten – nur geht man nicht mehr zu Fuß, sondern fährt mit dem Auto zur Feldbeschau, wie es jetzt so schön technisch heißt.

Auch Lilien mögen es, wenn man freundlich zu ihnen spricht.

Die richtigen Worte

Heute haben wir kaum noch festgelegte Formeln für das Gespräch mit den Pflanzen. Wir können uns allenfalls auf alte überlieferte Sprüche stützen. Auch die Bauernkalender enthalten oft noch alte Gebete. Die meisten Gärtner, die ich kenne, sprechen zu ihren Pflanzen, wie ihnen »der Schnabel gewachsen ist«. Manche geben ihnen auch eigene Namen. Wie Sie es machen und welche Worte Sie wählen, ist im Grunde gleichgültig: Hauptsache, es kommt von Herzen.

Ich erkläre beim Umpflanzen jeder Pflanze, was ich vorhabe, dass die Operation notwendig ist und welchen Platz die Pflanze bekommen wird. Überalterten Staudenteilen, die auf den Kompost wandern, danke ich für die Freude, die sie mir bereitet haben und erkläre ihnen, dass sie in anderer Form wieder auf das Beet zurückkehren werden. Und beim Ausbringen von Dünger und Spritzlösungen sage ich den Pflanzen, dass diese ihnen gut tun werden.

Auch das stille Gespräch und die zärtliche Berührung scheinen Pflanzen zu mögen. So streichen die Gärtner in Japan täglich mehrfach mit der Hand sacht über ihre Sämlinge, was diese zu dichterem Wachstum anregt. Manchen westlichen Gärtnern ist das aber nicht ganz geheuer. Sie meinen, die Pflanzen interpretierten das Streicheln nicht als Zuneigung, sondern als Gefahr, gegen die sie sich mit dem kräftigeren Wachstum wappnen würden.

Dass der behutsame und respektvolle Umgang mit der Pflanzenwelt auch in unserer erfolgsorientierten Zeit wirklich etwas »bringt«, hat ein Versuch des westdeutschen Rundfunks ergeben. 1990 verteilte die Redaktion »Hier und Heute« 600 Tomatenpflanzen an interessierte Hörer. Das Ergebnis: Die Stauden, die täglich freundliche Worte zu hören bekamen, lieferten über 20 Prozent mehr Früchte als ihre unbesprochenen Geschwister. Nicht nur Hörer und Redaktion, sondern auch das den Versuch begleitende Expertenteam aus gestandenen Naturwissenschaftlern waren mehr als überrascht.

In diesem Sinne: Probieren Sie es doch einfach einmal selbst aus!

Kleine Wetterkunde für Gärtner

Bauernregeln – heute noch aktuell?

»Kräht der Hahn auf dem Mist, ändert sich's Wetter oder es bleibt wie es ist«. Mit diesem Spruch machen sich heute viele Menschen über die **alten Bauernregeln** lustig. Sie halten sie für Unfug. Doch meist erfährt man auf Nachfragen, dass die Menschen außer dieser »Regel« gar keine andere kennen. Bauernregeln haben eine Jahrhundert alte Tradition. Unsere Vorfahren fassten darin ihre Beobachtungen und Erfahrungen über das Wetter und das Pflanzenwachstum zusammen. In Zeiten, wo es keinen Wetterbericht gab und man bei Missernten auch nicht einfach Getreide im Ausland kaufen konnte, war das bitter nötig. Die aufmerksame Beobachtung der Natur und die Ableitung von Regeln waren praktisch die einzigen Möglichkeiten, durch die die Bauern zumindest einigermaßen Vorkehrungen zur Sicherung ihres Lebensunterhalts treffen konnten. Dass das manchmal schief ging, ist verständlich. Auch unser moderner Wetterbericht, der mit Hilfe von Satelliten und Computern erstellt wird, ist – wie jeder weiß – keineswegs immer zuverlässig. Darum sollten wir uns die Bauernregeln erst einmal etwas genauer ansehen, bevor wir über sie urteilen.

Ein Halo um die Sonne bei windigem Wetter kündigt baldigen Regen an.

Dieser traditionelle Mandl-Kalender stammt aus der Steiermark und wird dort seit 1771 jedes Jahr neu aufgelegt (Bezug: siehe Seite 167).

Schutz vor Überraschungen

Bei den Bauernregeln kann man zwischen zwei Arten unterscheiden. Die eine dient vor allem der – längerfristigen – **Wettervorhersage**. Die andere stellt fest, welches Wetter besonders **gut** oder besonders **schlecht** für die Feld- und Gartenfrüchte ist. Anhand beider konnten die Bauern ihre Arbeit planen, wenn nötig (und möglich) noch Ersatzsaussaaten vornehmen oder sich mit Ernte und Bestellung der Felder beeilen.

Eine der ältesten schriftlich überlieferten Bauernregeln stammt von den Babyloniern und lautet: »Wenn ein Ring die Sonne umgibt, wird Regen kommen, wenn eine Wolke den Himmel dunkelt, wird ein Wind blasen.« Beides trifft heute noch für unsere Breiten zu. Viele Bauernregeln, die wir heute wieder entdecken, beziehen sich allerdings nur auf das Wettergeschehen in einem bestimmten Landstrich bzw. oft sogar nur in einem Tal und sind daher nicht so ohne weiteres auf andere Gegenden übertragbar. Denn bekanntermaßen unterscheidet sich das Klima z. B. des Alpenvorlandes und der norddeutschen Küstenregionen doch ganz erheblich voneinander. Dennoch gibt es auch eine ganze Reihe von Regeln, die eine gewisse Allgemeingültigkeit haben. Das sind vor allem diejenigen, die die **Großwetterlage**, wie heute die Meteorologen sagen, zum Inhalt haben.

Die moderne Wetterkunde unterscheidet **28 verschiedene Groß-**

wetterlagen, die das Wetter in Mitteleuropa bis hinauf nach Skandinavien bestimmen. Welche gerade im Herannahen ist, lässt sich anhand der vorherrschenden Windrichtung und Wolkenbildung ziemlich genau vorhersagen. Wie es dann weitergeht, lehrt vor allem die Erfahrung. Denn seit Jahrhunderten wissen aufmerksame Wetterbeobachter: Eine bestimmte Großwetterlage zu einer bestimmten Jahreszeit bringt ein bestimmtes Wetter, das eine gewisse Zeit lang anhält. Bei sehr stabilen und vor allem zeitlich regelmäßig wiederkehrenden Großwetterlagen spricht die moderne Meteorologie von **Singularitäten**, der Bauernkalender eben z. B. von der Schafskälte oder den Hundstagen. Und dass die Schafskälte im Juni nicht in jedem Jahr kühl und regnerisch ausfällt oder die Hundstage nicht immer glühend heiß sind, liegt einfach daran, dass diese Großwetterlagen nicht in jedem Jahr wiederkehren. Immerhin stehen ja 28 zur Verfügung.

Monats- und Tagesregeln – eine kleine Auswahl

Seit Einführung des Christentums lebten unsere Vorfahren nach dem **Heiligenkalender**, der jedem Tag einen oder mehrere Heilige zuordnete. In diesem Kalender wurden auch die Wetterbeobachtungen eingetragen. Bestimmte Tage galten als **Lostage**. Das waren Tage, an denen sich das Wetterschicksal erfahrungsgemäß für die nächste Zeit entschied. Heute würde man sagen, es waren Tage, an denen erfahrungsgemäß die Großwetterlage wechselt. Und da die Tage nach den Heiligen genannt wurden, verwendete man eben auch den Tagesnamen statt des einfachen numerischen Datums.
Im Folgenden möchte ich Ihnen einige dieser Regeln vorstellen. Vielleicht werden Sie im Laufe Ihrer eigenen Naturbeobachtungen feststellen, dass diese gar nicht so abwegig sind. Manche beschreiben übrigens mehrfach denselben Sachver-halt in anderen Worten. Natürlich gibt es auch Regeln, die für uns heute nur schwer nachvollziehbar sind, weil sie entweder auf regionale Besonderheiten und Gegebenheiten anspielen oder ihren Ursprung in uns nicht mehr geläufigen religiösen Sichtweisen haben.

Aus Schaden wird der Gärtner klug

Dass man die Bauernregeln nicht einfach so abtun darf, erfuhr auch der berühmte Preußenkönig **Friedrich der Große**. Den Einwand seiner Hofgärtner, es sei noch zu früh, um die empfindlichen Kübelpflanzen aus der Orangerie des Schlosses Sanssouci ins Freie zu stellen, fegte der Große Friedrich als Unfug vom Tisch und ordnete barsch unverzüglichen Vollzug an. Wenige Tage später hatten die Eisheiligen gnadenlos zugeschlagen und die Pracht zerstört – und der König war um eine Erfahrung reicher.
Auch ich musste nach meinem Umzug in den hohen Norden umlernen. Hier gibt es regelmäßig noch Ende Mai nächtliche Bodenfröste, die in den ersten Jahren meiner frisch gepflanzten, vorgezogenen Kapuzinerkresse den schnellen Garaus bereiteten. Und schon Ende September müssen wir hier mit den ersten Herbstfrösten rechnen. Das kannte ich aus meiner hessischen Heimat überhaupt nicht.

Der Hundertjährige Kalender

Eine Sonderrolle unter den Bauernkalendern nimmt der so genannte **Hundertjährige Kalender** ein, denn er war der erste Wetterkalender, der auf einem in sich geschlossenen Gedankengebäude fußte: der Theorie, dass das Wettergeschehen maßgeblich von sieben Planeten bestimmt wird. Autor dieses Kalenders war der Zisterziensermönch und Abt des Klosters Langheim bei Bamberg, **Dr. Mauritius (Moritz) Knauer** (1613–1664). Bevor ich Ihnen mehr über diesen Kalender berichte, zuerst das Wichtigste: Der Hundertjährige Kalender ist gar kein Kalender, der das Wetter für 100 Jahre voraussagt oder auf einer hundertjährigen Wetterbeobachtung basiert, wie viele Menschen heute glauben. Er war von seinem Autor auch nie als solcher gedacht. Erst sein geschäftstüchtiger Nachlaßverwalter, der Arzt Dr. Christoph Hellwig aus Erfurt, machte aus Knauers siebenjährigen Wetterbeobachtungen den angeblich »Hundertjährigen« Kalender.

Das Wetter ist Gottes Werk

Lange Zeit hatte die christliche Kirche des Mittelalters die **Sterndeuterei** als heidnischen Unfug abgelehnt. Erst Knauer gelang es, Astronomie und Astrologie mit dem christlichen Glauben fest zu verbinden. Für ihn war es selbstverständlich, dass auch die Gestirne das Werk Gottes waren, ja mehr noch: Er war überzeugt, dass Gott nach der Erschaffung des Kosmos als erstes die Planeten in Bewegung

Januar

»Reichlich Schnee im Januar,
bringt den Dung fürs ganze Jahr.«

»Je höher die Schneewehen,
desto größer die Getreideschober.«

»Morgenrot am Neujahrstag,
Unwetter bringt und große Plag.«

»Heiligdreikönig (6. Januar) sonnig und still,
der Winter vor Ostern nicht weichen will.«

»Fabian und Sebastian (20. Januar)
fängt der Baum zu fasten an.«

Februar

»Rauher Wind im Februar,
meldet an ein fruchtbar Jahr.«

»Liegt die Katz im Februar im Sonnenschein,
muss sie im März unterm Ofen rein.«

»Ist der Februar trocken-kalt,
kommt im Frühjahr Hitze bald.«

»Sankt Dorothee (6. Februar)
bringt den meisten Schnee.«

»Ist's an Apollonia (9. Februar) feucht,
der Winter erst sehr spät entweicht.«

»Nach Mattheis (24. Februar)
geht kein Fuchs mehr übers Eis.«

März

»Märzenschnee tut den Saaten weh.«

»Nasser März des Bauern Schmerz.«

»Der März soll wie ein Wolf kommen
und wie ein Lamm gehen.«

»Märzenblüte ist ohne Güte.«
(gilt nur für den Obstgarten)

»Lässt der März sich trocken an,
bringt er Brot für jedermann.«

»Wie es an vierzig Rittern (10. März) wittert,
wittert es noch vierzig Tage.«

»Ist's am Josephs Tage (19. März) klar,
folgt ein fruchtbares Jahr.«

April

»Auf nassen April
folgt trockener Juni.«

»Zu Vinzenz (5. April)
schöner Sonnenschein bringt
reichlich Körner ein.«

»Ist Georgi (23. April)
warm und schön,
wird man noch rauhes Wetter sehn.«

»Friert's am Tag von Sankt Vidal (28. April),
friert es wohl noch fünfzehn Mal.«

Mai

»Wenn im Mai die Bienen schwärmen,
sollte man vor Freude lärmen.«

»Regnet's am ersten Maientag,
viel Früchte man erwarten mag.«

»Donnert es im Mai recht viel,
hat der Bauer gutes Spiel.«

»Pankratius (12. Mai) hält den Nacken steif,
sein Harnisch klirrt von Frost und Reif.«

»Servatius (13. Mai) toller Ostwind
hat schon manches Blümlein umgebracht.«

»Vor Nachtfrost du nicht sicher bist,
bevor Sophie (15. Mai) vorüber ist.«

»Das Wetter an Sankt Urban (25. Mai)
zeigt auch des Herbstes Wetter an.«

St. Bonifatius ist der Namensgeber des dritten Eisheiligen (14. Mai).

Juni

»Wenn naß und kalt der Juni war,

verdirbt er meist das ganze Jahr.«

»Hat Margaret (10. Juni) kein' Sonnenschein,
kommt das Heu nie trocken 'rein.«

»Vorm Johannistag (24. Juni)
man keine Gerste loben mag.«

»Ist der Siebenschläfer (27. Juni) naß,
regnet's weiter ohn' Unterlaß.«

Juli

»So golden die Sonne im Juli strahlt,
so golden sich der Weizen mahlt.«

»Ein tüchtiges Juligewitter
ist gut für Winzer und Schnitter.«

»Geht Mariae (2. Juli) übers Gebirge naß,
regnet's noch 40 Tag ohn' Unterlaß.«

»Wie's die sieben Brüder treiben (10. Juli),
soll's noch sieben Wochen bleiben.«

»Magdalena weint um ihren Herrn,
drum regnet's an dem Tag (22. Juli)
recht gern.«

»Hört der Juli mit Regen auf,
geht leicht ein Teil der Ernte drauf.«

August

»Der Tau ist dem August so not,
wie jedermann sein täglich Brot.«

»Im August vor Morgen Regen,
wird sich nicht vor Mittag legen.«

»Sonne in der Frühe brennt,
nimmt nachmittags kein gutes End.«

»Hitze an Domenikus (4. August)
einen strengen Winter bringen muss.«

»Das Wetter an Sankt Kassian (13. August)
hält viele Tage an.«

»Wenn Sankt Rochus
(16. August) trübe schaut,
kommt die Raupe in das Kraut.«

»Bartholomäus (24. August) hat's Wetter parat
für den Herbst bis hin zur Saat.«

»Auf Sankt Augustin (28. August)
zieh'n die heißen Tag' dahin.«

September

»Was der August nicht brät,
kann der September auch nicht garen.«

»Septemberregen kommt der Saat gelegen.«

»Wenn im September die Spinnen kriechen,
sie einen eisenharten Winter riechen.«

»Ist Egidi (1. September) ein heller Tag,
ich einen schönen Herbst ansag.«

»Wie sich's Wetter an Mariae Geburt (8.
September) tut verhalten,
so soll's vier Wochen noch gestalten.«

»Trocken wird das Frühjahr sein,
ist Sankt Lambert
(17. September) klar und rein.«

»Regnet's sanft am Michaelstag
(29. September),
sanft auch der Winter werden mag.«

Oktober

»Wenn's im Oktober friert und schneit,
bringt der Winter milde Zeit.«

»Hat Oktober Nebel viel,
bringt der Winter Flockenspiel.«

»Regen an Sankt Remigius (1. Oktober)
bringt den ganzen Monat nur Verdruß.«

»Laubfall an Sankt Leodegar (2. Oktober)
kündigt an ein fruchtbar Jahr.«

»Regnet's an Sankt Dionys (9. Oktober),
wird der Winter naß gewiß.«

»Ist Simon und Juda
(28. Oktober) kein Regen da,
so bringt ihn erst Cäcilia
(22. November)«

Kein gutes Omen: Blitz und Donner im November.

November

»Ist der November auch nächtens warm,
kündigt er einen heißen Sommer an.«

»Wenn's im November donnern tut,
wird das nächste Jahr nicht gut.«

»Baumblüte im November gar,
noch nie ein gutes Zeichen war.«

»Allerheiligen Reif (1. November)
macht Weihnachten steif.«

»Ist's Wetter an Martini
(10. November) trüb,
wird auch der Winter gar nicht lieb.«

»Wie das Wetter zu Sankt Kathrein
(25. November),
wird auch der nächste Februar sein.«

»Friert's schon auf Virgilius (27. November)
es auch im Märzen kalt sein muss.«

Dezember

»So kalt wie im Dezember,
so heiß wird's im Juni.«

»Dezember launisch und lind,
ist der ganze Winter ein Kind.«

»Die Erde muss ihr Bettuch haben,
soll sie der Winterschlummer laben.«

»Fällt auf Eligius (1. Dezember)
ein harter Wintertag,
die Kälte noch vier Monat' dauern mag.«

»Regnet's an Sankt Nikolaus (6. Dezember),
wird der Winter streng und graus.«

»Sankt Lazarus (17. Dezember) nackt und bar,
gibt's bestimmt ein schön' Neujahr.«

»Hängt um Weihnacht' Eis von Weiden,
kann man zu Ostern Palmen schneiden.«

»Wind vor Silvester Nacht,
hat nie Wein und Korn gebracht.«

Die Welt ist eine Scheibe, und der Himmel eine Glasglocke, auf der Sonne, Mond und Sterne wandern – das glaubten die Menschen noch bis ins späte Mittelalter.

gesetzt hatte. Alles, was er danach erschuf, war ihrem Einfluss unterworfen, der eine bestimmte Regelmäßigkeit aufwies. Und diese gottgegebene bzw. durch die Planeten vermittelte Regelmäßigkeit, so war sich Knauer sicher, müsse sich auch im Wettergeschehen ausdrücken. Außerdem glaubte er, dass die menschliche Gesundheit ebenfalls von den Planeten gesteuert und beeinflusst werde.
Der eigentliche Anlass für seine Wetterbeobachtungen war jedoch ein rein praktischer: Der Abt wollte den Mönchen seines Klosters und den Bauern in der Umgebung endlich eine verlässliche Hilfe gegen Missernten durch Wetterunbill an die Hand geben.

Sieben Planeten regieren das Wetter

Knauer ging davon aus, dass alle damals bekannten **sieben Planeten**, wozu er auch die Sonne und den Mond zählte, jeweils ein Jahr lang das Naturgeschehen einschließlich das Wetters auf der Erde bestimmten. Dabei begannen die Planetenjahre nicht am 1. Januar, sondern am Tag der Frühlings-Tag-und-Nacht-Gleiche, dem 20. März.
Seit alters her wurden den Planeten ganz bestimmte Eigenschaften zugewiesen: So hielt man den (damals) erdfernsten Planeten **Saturn** für den kältesten Planeten. Saturnjahre gelten daher auch bei Knauer als die kältesten Jahre. **Jupiter** wird als warmer und feuchter Planet beschrieben. Er muss aber erst den kalten Saturneinfluss vom Vorjahr vertreiben, sodass die Vegetationsperiode recht spat beginnt. **Mars** gilt als hitziger, feuriger und trockener Gesell, der aber keine Lebenswärme verbreitet und für heiße Jahre mit gelegentlichen Dürreperioden verantwortlich ist. Ganz im Gegenteil zur **Sonne**, dem Zentrum der Lebenswärme, die für wohltemperierte und trockenwarme Jahre sorgt. **Venus** ist ein feucht-warmer Planet und sorgt von Anfang an für schwül-warmes Wetter. **Merkur**, der unsteteste und unbeständigste der Planeten, bringt kaum fruchtbare Jahre. Und der feucht-kühle **Mond**, die »Mutter des Taus«, sorgt für kühle, regnerische Jahre.
Vor dem Hintergrund dieser Theorie beobachtete und protokollierte Knauer nun sieben Jahre lang das Wetter von Langheim und fühlte sich bestätigt: Das Wetter wiederholte sich, so meinte er, tatsächlich alle sieben Jahre, wenn auch nicht bis in die kleinsten Einzelheiten. Ferner stellte er fest, dass man das Wetter nicht für jeden einzelnen Tag anhand der Planeten genau vorhersagen konnte, sondern nur für längere Zeiträume. Nichts anderes taten ja auch die alten Bauernregeln, von denen der Abt übrigens viele bestätigt fand.

Unsinn, sagt die moderne Wissenschaft

Obwohl Knauers Wetterprotokolle wissenschaftlicher nicht angelegt sein könnten, verdrehen moderne Meteorologen nur die Augen, wenn man sie nach dem Hundertjährigen Kalender fragt. Sie halten ihn für ausgemachten Unfug.

Manche verweisen allenfalls auf den **Singularitätenkalender**, der ca. 80 Jahre alt ist und auf ähnlich angelegten Wetterprotokollen wie den Knauerschen basiert, ohne aber einen Einfluss der Planeten anzunehmen. Bei genauerer Betrachtung stellt sich jedoch heraus, dass zwischen den als Singularitäten bezeichneten, jahreszeittypischen Großwetterlagen und den Knauerschen Wetterlagen gar kein so großer Unterschied besteht.

Zu den Singularitäten zählen z. B. der kalt-nasse **Vormonsun**, der alle zwei Jahre etwa vom 24. April bis zum 2. Mai auftritt, die naß-kalten **kleinen Eisheiligen**, die in zwei von drei Jahren zwischen dem 20. und 31. Mai örtlich sogar Fröste bringen, und die kühl-nasse **Schafskälte**, die ebenfalls in zwei von drei Jahren zwischen dem 10. und 12. Juni für kühles und nasses Wetter sorgt. Seltener sind der **Spätfrühling** und der **Frühsommer**, die sich nur in sieben von zehn Jahren blicken lassen. Dabei bringt dann der Spätfrühling zwischen dem 7. und 18. Mai trockene Wärme, der Frühsommer das gleiche Wetter in der ersten Juniwoche von 2. bis zum 8. Juni. Und auch der **Altweibersommer**, der in fünf von sechs Jahren ab Mitte September für anhaltend klares und sonniges Herbstwetter sorgt, gehört zu den Singularitäten.

Wolken, die wie Perlmutt in der Sonne schimmern, bringen Regen.

Über den **Planeteneinfluss** kann man denken wie man will, eines ist jedoch klar: Der Knauersche Kalender ist unvollständig, denn er enthält nur den Einfluss der damals bekannten Planeten. Falls aber die Planeten am Wettergeschehen beteiligt sind, müssten die später entdeckten Planeten Neptun, Uranus und Pluto ebenfalls wetterwirksam sein, wenn auch wegen ihrer großen Entfernung zur Erde vielleicht nicht so stark wie der Mond. Den Einfluss der später entdeckten Planeten berücksichtigt Maria Thun (siehe Seite 127), die neben ihren Pflanzenversuchen auch fast 50 Jahre lang Wetterbeobachtungen machte und mit Hilfe aktueller Mond- und Planetenkonstellationen Wettertendenzen prognostizierte.

Außerdem ist natürlich der Mond astronomisch korrekt ausgedrückt gar kein Planet (= Wandelstern um die Sonne), sondern ein Erdtrabant (= Wandler um den Planeten Erde), genauso wie die Sonne als Zentrum unseres Sonnensystem der größte Fixstern ist. Aber das konnte Knauer noch nicht wissen.

Ein zweiter Angriffspunkt ist die **lokale Begrenzung** des Kalenders,

Leuchtende Ufo-Wolken sind die Vorboten einer Warmfront, die von Westen her aufzieht und innerhalb eines Tages Niederschläge bringt.

die aber von Knauer ja auch nie anders gedacht war. Die Knauerschen Beobachtungen beziehen sich nur auf die Region Langheim bei Bamberg. Man darf sie daher nicht, wie es später geschah, auf andere, weiter entfernte Regionen oder gar ganze Länder übertragen.

Führen Sie doch Ihren eigenen Kalender

Wer aber heute mit dem Wetter auf einigermaßen Nummer Sicher gehen will, muss es sich »schon selber machen«. Denn auch der amtliche Wetterbericht kann nicht perfekt sein, weil er sich immer auf größere Regionen bezieht und lokale Besonderheiten, z. B. Wetterscheiden, nicht einbeziehen kann. Am besten besorgen Sie sich dazu einen **schönen Kalender**. Ob Sie einen speziellen Gärtnerkalender mit entsprechenden Eintragungen über Sonnen- und Mondphasen und vorgegebenen Rubriken nehmen oder sich die Daten selbst eintragen, bleibt ganz Ihrem Geschmack überlassen. Wählen Sie jedoch möglichst einen Kalender, der pro Tag eine ganze Seite vorsieht und viel Platz für eigene Eintragungen lässt. Denn interessant ist ja auch, welche Pflanzen zu welcher Zeit austreiben, blühen, Samen ansetzen und wie die Ernte ausfällt. Auf diese Weise fallen mögliche Zusammenhänge eher auf, als wenn man neben dem reinen Wetterkalender noch ein gesondertes Gartentagebuch führt. Ihre Wetterbeobachtungen sollten möglichst ausführlich sein. Dazu gehören zu allererst die **Höchst- und Tiefsttemperaturen** des Tages, die Sie am besten mittels eines Mini-Max-Thermometers messen. Das Mini-Max-Thermometer ist nach meiner Erfahrung das beste Messinstrument, denn es erspart eine Menge Arbeit. Dass das Thermometer weder in der prallen Sonne noch an einer kalten Nordwand angebracht werden darf, versteht sich von selbst. Sehr praktisch sind die modernen elektronischen Thermometer, die aus einem Fühler und einem Ableseteil bestehen. Während der Fühler irgendwo ins Beet gelegt wird, kann das Ablesegerät im trockenen Wohnzimmer bleiben. Außerdem sollten Sie noch die **Abendtemperatur** (etwa gegen 17 Uhr bzw. 18 Uhr Sommerzeit) ablesen, da diese gerade im Frühjahr bzw. Frühherbst wichtige Hinweise auf eventuelle Bodenfröste liefern kann.

Weitere wichtige Daten sind die **Niederschlagsmenge** pro Tag, wofür Sie natürlich einen Regenmesser brauchen. Bei Schneefall messen Sie entweder die Dicke der Schneedecke mit einem Zollstock oder lassen die Schneehaube über dem Regenmesser im Zimmer auftauchen und lesen dann die Millimeterstriche ab. Achten Sie unbedingt darauf, dass sich bei bei Nachtfrost kein Wasser im Messbecher befindet, sonst wird er »gesprengt«.

Hinzu kommt die **Windrichtung**, eventuell mit Änderungen im Tagesverlauf. Außerdem sollten Sie noch die Art der **Bewölkung** eintragen und die allgemeine **Großwetterlage**, die Sie rückblickend aus dem amtlichen Wetterbericht der Zeitung entnehmen können. Ganz penible Wetterbeobachter notieren sogar die **Sonnenscheindauer** pro Tag und ähnliche spezielle Daten. Solche Datensammlungen eignen sich hervorragend, um am Monatsende Durchschnittswerte zu errechnen und mit anderen Jahren zu vergleichen. Ich kenne eine ganze Reihe von

Gärtnern, die diesem Zweithobby restlos verfallen sind. Auch ältere Schulkinder sind oft begeisterte Wetterbeobachter, wenn man ihnen die entsprechende Grundausstattung besorgt.

Falls Sie das Wetter nicht nur protokollieren wollen, sondern auch selbst vorhersagen möchten, müssen Sie die verschiedenen **Wolkenarten** zu unterscheiden lernen und verstehen, was **Wind und Himmelsfarbe** sonst noch über das kommende Wetter sagen. Außerdem sollten Sie die **Botschaften der Tiere und Pflanzen** berücksichtigen, denn sie sind natürliche Anzeiger für Luftdruck und Luftfeuchtigkeit (siehe Seite 161 f.). Zu Vergleichszwecken können Sie sich zusätzlich noch ein Barometer (Luftdruckmesser) und ein Hygrometer (Feuchtigkeitsmesser) anschaffen. Nötig ist das aber nicht.

Schon die alten Journale empfahlen ihren Lesern, eigene Gartentagebücher zu führen.

Westwind bringt vom Atlantik her stets feuchte Meeresluft. Aus den dunklen Wolken regnet es häufig länger und anhaltend.

Kleine Wind- und Wolkenkunde

In jedem Gärtner steckt ein Prophet – er muss nur die Augen offen halten und den Himmel aufmerksam beobachten. Die wichtigsten Wetterboten für das Wetter von morgen sind der Wind bzw. die Windrichtung, die Wolken und die Farbe des Morgen- und Abendhimmels. Weitere wertvolle Hinweise liefern Höfe und Ringe (»Halos«) um Sonne und Mond.

Wenn der Wind von Westen weht …

Dass der **Wind** ein recht verlässlicher Anzeiger für die Großwetterlage ist, wussten schon unsere Altvorderen: »Wenn die Winde geen von Occident, so ist gewonlich Regenwetter, von Orient schön Wetter, von Mitternacht kalt, hart Wetter, von Mitterntag schedlich, ungesund Wetter«. So steht es im ersten gedruckten Wetterbuch aus dem Jahre 1510. Und diese Beobachtung hat auch noch heute ihre Gültigkeit. Denn **Westwind** bringt uns gewöhnlich vom Atlantik her feucht-kühle oder feucht-warme, aber immer feuchte Meeresluft, die zu dem bekannt wechselhaften Wetter mit einzelnen, manchmal auch länger andauernden Niederschlägen führen. Dass **Ostwind** eher selten Niederschläge, sondern uns meist einen wolkenlosen Himmel beschert, hat sich ebenfalls nicht verändert. Dabei bläst der Wind im Winter überwiegend trocken-kalte, im Sommer trocken-heiße Luft aus der sibirischen und der kasachischen Steppe nach Mitteleuropa. Genauso ist es mit dem **Nordwind**, der Sommer wie Winter kalte Polarluft mitbringt. Und der **Südwind**, der auf der Himmelsuhr aus der 12-Uhr-Richtung bläst, führt auch heute

Oben: **Hakencirren** von Osten, aber Schäfchen von Westen: Es wird nass. Mitte: Ein untrügliches Regenzeichen: Von Westen her werden die **Schäfchen** immer kleiner und dichter. Unten: **Waschbrett-Schäfchen** bringen Gewitter und andauernde Niederschläge.

zu jeder Jahreszeit gerne unangenehm feucht-warme Mittelmeerluft im Gepäck.

Aus dieser Beobachtung haben die Bauern im Laufe der Jahrhunderte eine ganze Reihe von Windregeln abgeleitet, die aber im Grunde ein- und denselben Inhalt haben:

»Ostwind bringt Heuwetter, Westwind bringt Krautwetter«,
»Südwind bringt Hagelwetter, Nordwind bringt Hundewetter«,
Südwest – Regennest«,
»Steht der Wind im Mai im Süden, wird bald Regen uns beschieden«,
»Nordwind der im Juni weht, nicht in bestem Rufe steht«.

Diese Beobachtungen gelten aber nur für die Großwetterlagen, also ausgeprägte und großflächige **Hoch- und Tiefdruckgebiete**, kurz Hochs und Tiefs genannt. Nur diese Wetterlagen verursachen starke Luftströmungen, die feuchte oder trockene Luftmassen von weit her transportieren und das Wetter in weiten Teilen Mitteleuropas bestimmen. Und dieses Wetter ist auch nur dann beständig, wenn auch Hochs und Tiefs stabil und vor allem ortsfest bleiben. Sobald sie wandern oder sich langsam abschwächen, ändert sich die Windrichtung und mit der Zeit auch das Wetter. Genauso ist es mit dem Wind, der von kleineren Hoch- und Tiefdruckgebieten ausgeht, die die moderne Meteorologie als **Zwischenhoch** oder **Zwischentief** oder auch als eingelagerte Störungen bezeichnet. Auch er bringt oft ganz anderes Wetter als nach den genannten Windregeln zu erwarten wäre.

Das liegt daran, dass Hochs und Tiefs unterschiedliche Luftströmungen haben: Vereinfacht ausgedrückt, zieht ein Tief immer den Wind an, er dreht sich gegen den Uhrzeigersinn oder linksherum spiralförmig ins Tief hinein. Beim Hoch ist es umgekehrt: Hier dreht sich der Wind mit dem Uhrzeigersinn oder rechts herum aus dem Hoch heraus. Ändert sich nun die Lage der Hochs oder Tiefs, ändert sich eben auch die Windrichtung und damit auch das Wetter.

Nur mit Vorsicht

Aus diesen Gründen sind manche Bauernregeln über den Wind nur mit Vorsicht zu genießen, z. B. »Bläst im August der Nord, dauert das gute Wetter fort« oder »Weht im August der Wind aus Nord, zieh'n die Schwalben noch lange nicht fort«. Denn diese stimmen nur, wenn wir es mit einem ortsfesten Skandinavienhoch zu tun haben.

Auch die Regel »Winde, die sich mit der Sonne erheben und legen, bringen selten Regen« stimmt nicht immer. Gültig ist sie vor allem für die Küstenregionen, wo der Seewind grundsätzlich tagsüber weht und abends abflaut, was man auch den Tagesgang des Windes nennt. Ähnlich ist es mit den lokalen Winden in manchen Alpentälern. Manchmal aber flaut der Wind abends nur deshalb ab, weil eine neue Großwetterlage im Anzug ist, und die Windrichtung in Kürze drehen wird. Die Windstille ist dann nur von kurzer Dauer. Im Laufe der Nacht frischt der Wind dann wieder aus anderer Richtung kräftig auf und bringt doch Regen.

Unsere Vorfahren wussten allerdings, dass auf den Wind alleine nicht immer Verlass ist, sondern auch die Wolken wichtige Wetternachrichten bringen.

»Ziehen die Wolken dem Wind entgegen …

… gibt's am andern Tage Regen«. Denn eine **neue Wetterlage** kündigt sich oft durch höhere Wolkenschichten an, die sich langsam aus der kommenden Windrichtung heran schieben, während die tieferen Wolkenschichten des bisherigen Wetters noch aus der alten Richtung kommen. Diese Beobachtung können wir besonders gut bei einem herannahenden Tief aus Westen machen. Da der Wind ja gegen den Uhrzeigersinn ins Tief hereinweht (siehe vorherige Seite), kommt er zunächst aus Südost bis Süd und treibt die letzten Schönwetterwolken in Fetzen vor sich her. Gleichzeitig ziehen aber in großer Höhe schon feine Wolkenschlieren aus Westen als Vorboten der nachfolgenden feucht-warmen Luft heran. Innerhalb der nächsten 12 Stunden wächst die feucht-warme Luft zu einer dichten Wolkendecke zusammen, der Wind dreht auf West und es fällt Regen.
Aber nicht alle Wolken regnen – auch das wussten unsere Vorfahren und fassten ihre Beobachtungen ebenfalls meist in Versform zusammen.

»Wenn Schäfchenwolken …

… am Himmel steh'n, kann man ohne Schirm spazierengeh'n«. **Schäfchenwolken**, die die moderne Meteorologie zu den Quell- oder Haufenwolken bzw. **Cumuli** zählt, gehören im Sommer zu den Lieblingswolken der Gärtner und Bauern. Denn sie versprechen anhaltend sonnig-warmes Wetter. Aber nur, wenn es sich um **große weiße Schäfchen** handelt, die sich wenig bewegen. Rücken sie dagegen am Horizont zu einer geschlossenen Wolkendecke zusammen und färben sie sich dunkler, ist es bald aus mit dem schönen Sonnenwetter: Denn dann ist meist ein Tief mit feucht-warmer Luft aus Westen im Anzug. Wir müssen mit länger anhaltenden Niederschlägen rechnen.
Genauso verhält es sich mit **kleinen Schäfchen**: Wenn sie schon morgens bei Sonnenaufgang am Himmel schweben, sich auflösen und immer wieder neu bilden und dabei wie kleine flauschige Wattebällchen wirken, sind Schauer und bisweilen sogar Gewitter zu erwarten. Daher heißt es auch: »Große Schäfchen – schönes Wetter, kleine Schäfchen – Regenwetter«.
Genauso verlässlich wie die anderen Schäfchen, sind die feinen, **geriffelten Schäfchen**, die tagsüber hoch am Himmel aufmarschieren und ihn wie ein Waschbrett aussehen lassen. Weil sie so hoch am Himmel schweben, nennen sie die Meteorologen **Cirrocumuli**. Geriffelte Schäfchen kündigen oft Gewitter an, die eine andauernde Wetterverschlechterung für die nächsten Tage einläuten.

»Je weißer die Wolken …

… am Himmel geh'n, desto länger bleibt das Wetter schön«. **Dicke weiße Wolken** gelten allgemein als Schönwetterboten. Das stimmt vor allem für die weißen Wattebäusche oder Blumenkohlwolken, die im Sommer gegen Mittag am blauen Himmel erscheinen. Diese Art der Haufenwolken aus der Familie der Cumuli entsteht durch Verdunstung von Bodenwärme. Man nennt sie daher auch oft **Schönwettercumuli**. Wichtig ist, dass sie in etwa gleich groß sind,

Oben: Die schöne Rückseite: **Schönwettercumuli** ziehen gemächlich vorüber und lösen sich häufig innerhalb einer Stunde in der Mittagssonne auf.
Mitte: Solange der kräftige Westwind die **Stratocumuli** schnell vor sich hertreibt und das Blau des Himmels noch überwiegt, bleibt es trocken. Verdichten sich die Wolkenwalzen zu einer geschlossenen Wolkendecke, wird es bald reichlich regnen.
Unten: April, April: Aus diesen langsamen **Stratocumuli** mit der dunklen Unterseite fallen viele Schauer.

Oben: Der **Gewitteramboss** raucht – gleich legen Blitz und Donner los. Mitte: Gewitterchaos aus Westen – drei Stunden später tobte der Hagel. Unten: Wenn sich die feinen **Federcirren** nachmittags auflösen, bleibt es sonnig.

die gleiche Form haben und in gleicher Höhe schweben. Schönwettercumuli halten sich meist kaum eine Stunde am Himmel: Man kann richtig zusehen, wie sie sich in der Sonne auflösen. Bei stabiler Wetterlage ist der Himmel dann abends wieder wolkenlos.
Auch die **langgestreckten, dünnen weißen Walzen** bringen meist keinen Regen – solange das Blau des Himmels überwiegt. Sie gehören ebenfalls zur Familie der Haufenwolken und werden, da sie in mittlerer Höhe ziehen, **Stratocumuli** genannt. Verdichten sie sich aber zu einer geschlossenen Wolkendecke und ziehen unter ihnen auch noch dicke graue Haufenwolken heran, müssen wir mit Regen rechnen.
Ähnlich verhält es sich mit den **tiefhängenden weißen Haufenwolken mit dunkler Unterseite**, die vor allem im April bei Sonnenschein von kräftigen Winden aus westlicher oder nordwestlicher Richtung gen Osten oder Südosten gepeitscht werden. Diese **Stratocumuli** gehören zu einem Tief, das kalte Polarluft heranführt. Solange die Wolken unordentlich und zerzaust aussehen, müssen wir immer wieder mit einzelnen kurzen aber kräftigen Niederschlägen rechnen – eben dem typischen Aprilwetter. Dafür haben die Norddeutschen Bauern auch einen schönen Spruch: »Schien de Sün op dat natte Blatt, givt dat bald wedder wat«. Erst wenn sie wie die Schönwettercumuli eine saubere und gleichförmige Quellstruktur bekommen und an ihrer schattigen Unterseite wie abgeschnitten aussehen, bleibt es trocken. Die Meteorologen sprechen dann vom schönen **Rückseitenwetter** nach dem Durchzug einer Kaltfront. Dieses kann sich übrigens im flachen Norddeutschland sehr viel besser durchsetzen, als in den Mittelgebirgen und im Alpenraum. Hier stauen sich die Wolken leicht an den Steigungen und sorgen dann für lang anhaltenden Regen, den so genannten **Stauregen**, der im April zusätzlich oft noch mit Graupeln und Schnee durchsetzt ist.
Vorsicht ist auch geboten, wenn am Horizont gegen Nachmittag plötzlich ein oder mehrere strahlend **weiße Quellwolkentürme** auftauchen, die schnell in die Höhe wachsen. Hier haben wir es dann mit **Gewittercumuli** oder **Cumulonimbi** zu tun, die sich meist im Hochsommer bei großer Hitze bilden und kräftige Wärmegewitter bringen. Sobald die Wolkentürme ihre abgegrenzte Blumenkohlform verlieren und oben und an den Seiten auszufransen beginnen, was meist wie weißer Rauch aussieht, sollten Sie schleunigst Ihre Gartengeräte zusammenpacken. Denn dann lassen Blitz und Donner nicht mehr lange auf sich warten. Ein Trost: Gewittercumuli sind gewöhnlich keine Anzeichen für eine durchgreifende Wetteränderung, sie bringen lediglich eine kurze Abkühlung. Spätestens am nächsten Tag scheint wieder die Sonne. Anders dagegen ist es, wie wir gleich sehen werden, wenn die Cumuli in Begleitung erscheinen.

»Wenn der Himmel gezupfter Wolle gleicht …

… die Sonne bald dem Regen weicht«. Die häufigsten Vorboten von Niederschlägen sind die **feinen Federwolken**, meteorologisch **Cirren**, die in großer Höhe am

blauen Himmel schweben. Sie bestehen aus feinen Eiskristallen, die von der Höhenströmung von West nach Ost transportiert werden.
Je kräftiger diese Strömung, desto fedriger wirken die ersten Cirren. Überziehen sie dabei auch noch den ganzen Himmel, ist mit einer baldigen Wetteränderung und mit Regen zu rechnen. Denn Federwolken marschieren oft an der Spitze einer Warmfront eines Tiefs, das aus Westen oder Südwesten heranzieht. Wer auf dem freien Land wohnt, kann hinter den gezausten Federwolken am Horizont meist schon erste **schleierartige Wolkenverdichtungen** erkennen. Das ist besonders an der Küste der Fall, im Binnenland lassen diese Schichten oft länger als einen Tag auf sich warten, aber sie kommen. Ist statt der Schleierschicht hinter den Federwolken eine geordnete Reihe **dicker weißer Quell- oder Haufenwolken** am Horizont zu sehen, müssen wir uns auf kalte Luft einstellen, die aus Nordwesten oder Nord heranrückt und ebenfalls Niederschläge bringt. Solche **Kaltfronten** bringen vor allem an der Küste und in der norddeutschen Tiefebene zunächst kräftige Gewitter, so genannte **Frontgewitter**, bevor länger anhaltender Landregen oder im Winter dichter Schneefall einsetzt. Auch das können wir an den Wolken ablesen, denn vor Frontgewittern herrscht am Himmel oft ein **typisches Wolkenchaos**: In der Höhe sehen wir Federn und Schlieren, dicht darunter folgen kleine flockige Schäfchen und etwas niedriger dichte Schleierwolken, während sich die Gewittercumuli noch in der Ferne am Horizont tummeln. Besonders beeindruckend wirkt dieses Wolkenchaos vor der untergehenden Sonne.
Aber keine Regel ohne Ausnahme: Cirren können auch anhaltendes Sonnenwetter anzeigen. Das ist dann der Fall, wenn sie gegen Mittag als sehr feine Federn gemächlich von Ost nach West ziehen oder sogar stehenbleiben und sich im Laufe des Nachmittags wieder auflösen.
Übrigens kann man auch die **Kondensstreifen** von Düsenflugzeugen als menschengemachte Variante der Federwolken ansehen: Lösen sich die Streifen schnell wieder auf, deutet das auf stabilen Hochdruckeinfluss, das Wetter bleibt sonnig und trocken. Quellen sie dagegen auf und zerfasern anschließend, ist ein Tief im Anzug und wir müssen mit Regen rechnen. Meist entdeckt man bei näherem Hinsehen dann auch echte Federwolken in großer Höhe am Himmel.

»Wenn die Sonne Schleier trägt …

… der Regen bald durch die Felder fegt«. **Höfe** und **Ringe** sowie **Neben-** und **Gegensonnen** kündigen ebenfalls zunehmende Luftfeuchtigkeit und damit meist bevorstehende Niederschläge an. Alle diese Erscheinungen kommen durch Brechung und Spiegelung des Lichts an den Wassertröpfen und Eiskristallen der Wolken zustande. Dabei entstehen **Höfe** durch Beugung und Streuung des Sonnen- oder Mondlichts an mittelhohen feinen Schichtwolken, die einen feinen, fast durchsichtigen Schleier vor der Sonne bilden. Deswegen wirkt sie dann auch so bleich und flächig. Und wie wir in-

Kondensstreifen und Nebensonnen (links) kündigen Niederschläge an.

zwischen wissen, sind mittelhohe Schichtwolken grundsätzlich die Vorboten eines Tiefs, das an seiner Vorderseite feucht-warme Luft heranrückt, die Regen bringt.
Ringe, **Neben-** und **Gegensonnen** zählen die Meteorologen zu den **Halo-Erscheinungen**, die in höheren Schichten entstehen. Hier spiegelt und bricht sich das Sonnenlicht an den Eiskristallen von Federwolken, die ebenfalls meist Niederschläge ankündigen. Nicht immer sind die Ringe geschlossen, häufig zeigen sich nur Bögen, die wie ein umgekehrter Regenbogen aussehen. Nebensonnen treten vor allem am späteren Nachmittag auf, wenn die Sonne im Westen steht. Sie erscheinen etwa 22 Grad rechts und links von der Sonne, wobei oft nur eine Nebensonne sichtbar ist, weil auf der anderen Seite keine Wolke steht. Unter Gegensonnen versteht man ebenfalls eine Spiegelung des Sonnenlichts an einer der Sonne gegenüberliegenden Federwolke: Steht die Sonne im Westen, zeigt sich die Gegensonne in gleicher Höhe im Osten. Aber auch hier keine Regel ohne Ausnahme: Spiegelungen an Federwolken, die aus östlicher Richtung heranziehen (siehe oben), kündigen keine baldige Wetteränderung an.

»Ein klares Mondlicht …

… gibt von trockener Zeit Bericht, wenn es aber gleichsam schwimmt, bald das Nass die Herrschaft übernimmt«. Diese Bauernregel bedeutet nichts anderes, als dass **Höfe auch beim Mond** auftreten und auf Regen deuten. Und Halo-Erscheinungen sind beim Mond nichts Ungewöhnliches, wobei sie ebenfalls für baldige Niederschläge stehen. Beide haben dieselben Ursachen wie die Höfe und Ringe um die Sonne: Hier bricht sich das vom Mond reflektierte Sonnenlicht an feinen Wasserkristallen in hohen Luftschichten.

Der Mond als Wetterprophet

Unsere Vorfahren waren überzeugt, dass der Mond noch viel mehr über das Wetter miiteilt. Dabei achteten sie besonders auf die **Farbe** des Mondes. So galten ein fahles Mondlicht oder schwarze Flecken auf dem Mond als sicheres Regenanzeichen. Beides hat seine Richtigkeit, denn zunehmende Luftfeuchtigkeit lässt das Mondlicht ins Hellgelbe verblassen bzw. die Mondflecken deutlicher erscheinen. Ähnlich ist es mit dem roten Mondaufgang bzw. rötlichen Flecken des Mondes, die ebenfalls als Regen- und Windzeichen angesehen wurden. Auch dies stimmt insofern, als rötliche Verfärbungen durch hohe Staub- und auch Dunstanteile in der Atmosphäre verursacht werden, was für stärkere Bewegungen in den oberen Luftschichten und damit oft für heranahende Stürme und Unwetter spricht.
Besonders aufmerksam beobachteten die Bauern früher die **Mondspitzen** an den letzten vier Tagen vor dem Augustvollmond, um Aufschluss über das Erntewetter zu bekommen. Denn eine wichtige Regel besagte: »Klare Spitzen bringen einen trockenen sonnigen August, trübe dagegen anhaltend stürmische und regnerische Witterung.« Außerdem waren sie überzeugt, dass grundlegende Wetterumschwünge vor allem zu **Vollmond** und zu **Neumond** eintreten und es an diesen Tagen häufiger regnet: »Wenn der Mond voll wird, geht er gerne über«. Und auch ein gut sichtbarer Lichtkranz um den Neumond galt ihnen als sicheres Regenanzeichen. Dieser Lichtkranz kommt ebenfalls durch eine erhöhte Luftfeuchtigkeit zustande.

Ein fahles Mondlicht lässt bald reichlich Regen erwarten.

»Steigt der Nebel empor …

… steht Regen bevor.« Diese Regel ist, wie wir gleich sehen werden, eher mit Vorsicht zu betrachten. **Nebel** ist eigentlich eine Schichtwolke, die sich dicht über der Erdoberfläche bildet. Sie besteht aus Wasserdampf, der durch Abkühlung kondensiert und dabei feinste Tröpfchen bildet, die in der Luft schweben. Nebel bildet sich vor allem im Frühjahr und Herbst in den Abend- und Nachtstunden, wenn die feucht-warme Tagesluft auf den kühleren Boden trifft.

Ob er sich am nächsten Morgen wieder auflöst, hängt von der Sonneneinstrahlung ab: Ist sie stark genug, erwärmt sich der Boden und der Nebel verschwindet vollständig. Er scheint auf den Boden zu fallen und verschluckt zu werden. Wird die Sonneneinstrahlung durch aufgezogene Wolken in höheren Schichten abgeschwächt oder ist die Nebeldecke sehr dick, dringt nicht mehr genug Wärme zum Boden durch. Der Boden strahlt daher nur wenig Wärme ab, sodass nur wenig Feuchtigkeit absorbiert werden kann. Deswegen verschwinden nur die unteren Schichten des Nebels, die höheren halten sich. Der Nebel scheint sich also zu heben oder aufzusteigen, obwohl er sich tatsächlich auch hier vom Boden her auflöst – nur eben nicht vollständig. Ob es nun wirklich Regen geben wird, wie die Bauernregel besagt, hängt aber ganz davon ab, ob und welche Wolken sich über den Nebel geschoben haben. Mit dem Nebel an sich hat das aus Sicht der modernen Meteorologie nichts zu tun. Daher ist »steigender« Nebel kein verlässlicher Wetteranzeiger. Etwas anders ist es mit dem »fallenden« Nebel, der tatsächlich zumindest für diesen einen Tag Sonnenschein verspricht.

Wenn der Nebel »fällt«, wird zumindest an diesem Tag die Sonne scheinen. Alles weitere aber hängt vom Sonnenuntergang ab.

»Geht die Sonne feurig auf …

… folgen Wind und Regen d'rauf«. Die **Farbe des Morgen- und Abendhimmels** gilt seit alters her als wichtiger Anzeiger für das Wetter von morgen. Schon in der Bibel lesen wir, dass Morgenrot Ungewitter und Sturm ansagen, während ein roter Abendhimmel einen schönen Tag verspricht. Für die Wettervorhersage kommt es dabei nicht nur darauf an, mit welchen Farben die Sonne auf- oder untergeht, sondern auch, ob sich am gegenüberliegenden Himmel, dem so genannten Gegenhimmel, Verfärbungen zeigen und ob Wolken am Himmel schweben.

Die Färbung des Himmels kommt immer durch Brechung und Absorption des an sich hellweißen Sonnenlichts zustande. Je nach Tageszeit und Anreicherung der Atmosphäre mit Feuchtigkeit, Staub und Vulkanasche werden eine oder mehrere Spektralfarben sichtbar. Tagsüber bei wolkenlosem Himmel ist es das Blau, das am stärksten von den Eiskristallen in großer Höhe gestreut wird. Gegen Morgen und Abend treten wegen des längeren Lichtweges und anderer Brechungsverhältnisse vor allem Rot-, Gelb- und Weißtöne auf.

So entsteht ein **roter Morgenhimmel**, wenn die im Osten bei noch klarem Wetter aufgehende Sonne eine von Westen her aufziehende Wolkenschicht von unten rot färbt. Und da in Mitteleuropa Westwetterlagen feuchte Luft bringen, muss bei Verdichtung der Wolken im Laufe des Tages mit Regen gerechnet werden. Genau umgekehrt verhält es sich mit dem

Dieses feurige Abendrot ist kein Gutwetterbote, denn vom westlichen Horizont zieht bereits eine dichte Wolkendecke auf.

Abendrot. Hier strahlt die im Westen untergehende Sonne am östlichen Himmel schwebende Wolken rötlich an. Da bei uns die Wolken eben meist von West nach Ost abziehen, wird am nächsten Tag mit großer Wahrscheinlichkeit sonniges Wetter sein. Das gilt aber nur, wenn das Abendrot am wolkenlosen Horizont erscheint und keinerlei Verfärbungen ins Gelbe und Weiße aufweist. Verschwindet die Sonne zwar mit rötlichem Schein, aber zeigen sich im Zentrum bereits gelblich-weiße oder graue Streifen oder erscheinen tiefhängende Wolken in der Ferne, dann rückt von Westen her feuchte Luft mit Niederschlägen heran. Und noch ein ganz allgemeiner Tipp zum Schluss: **Flimmert die Luft**, bleibt das Wetter für die nächsten Tage trocken und sonnig. Rückt dagegen der Horizont näher und hat man eine gute Fernsicht, sollten Sie mit Regen zu rechnen.

Tiere als Wetterboten

Auch die Tiere gelten seit alters her als Wetterboten, nicht nur der berühmte **Wetterfrosch**, der nach heutiger Kenntnis übrigens überhaupt kein Wetterprophet ist – solange er im Glas sitzt. Denn er klettert auf seiner Leiter nur dann nach oben, wenn die Sonne schon scheint. Für Änderungen des Luftdrucks, der ja einen Wetterumschwung ankündigt, hat er keine Antennen. Denn dann müsse er schon klettern, wenn es noch bedeckt ist bzw. schon bei Sonnenwetter wieder nach unten absteigen – das tut er aber nicht.

Wenn die Schwalben tief fliegen

Andere Tiere sind da schon verlässlicher, z. B. die **Schwalben**: Wenn sie an einem sonnigen Tag plötzlich tief fliegen, ja richtig über den Boden huschen, können wir sicher sein, dass sich das Wetter ändert und es Regen geben wird. Ein Blick auf das Barometer wird uns bestätigen: Der Luftdruck fällt. Und bei fallendem Luftdruck fehlen die warmen Aufwinde, mit denen sich die Fliegen und anderen Insekten, von denen sich die Schwalben ernähren, in die Lüfte tragen lassen. Sie halten sich dann eher in Bodennähe und an warmen Hauswänden auf. Genau deswegen fliegen dann die Schwalben tief. Umgekehrt gilt das übrigens auch: Sobald die Schwalben wieder in die Lüfte steigen, obwohl es noch leicht bedeckt ist, können wir mit schönem Sonnenwetter rechnen. Ähnlich verhält es sich auch mit der **Lerche** und der **Nachtigall**,

wobei die Lerche nach einem alten estnischen Sprichwort die Mittagswärme bringt und die singende Nachtigall eine warme Nacht ankündigt.
In dieselbe Richtung weist die folgende Regel: »Springende Fische (alternativ Frösche) bringen Gewitterfrische.« Auch hier ist es vermutlich der fallende Luftdruck, der Fliegen und andere Insekten dicht

Singt die Lerche am Vormittag, wird's ein warmer Mittag.

Das Lied der Nachtigall kündigt eine warme Nacht an.

über die Wasseroberfläche der Teiche und Bäche schwirren lässt und so die **Fische** und **Frösche** zur Jagd einlädt. Hier haben wir es dann wirklich mit einem echten Wetterfrosch zu tun. Genauso rennen die **Kröten** vor Regen geschäftig auf und ab.
Und sogar die **Mücken** und ihre kleinen Geschwister, die **Gnitzen**, sind hervorragende Wetterboten. Solange sie Mensch und Tier in Ruhe lassen und friedlich in der Abendsonne tanzen, wird sich nichts ändern. Werden sie aber angriffslustig, dann wird das Wetter in Kürze umschlagen.
Das meint auch die Bauernregel »Wenn die Kuh das Maul nach oben hält im Lauf, ziehen bald Gewitter auf«. Auch hier hilft uns der Blick auf das Barometer. Fällt es sehr schnell, kommt wahrscheinlich nur ein sommerliches Wärmegewitter. Fällt es langsam aber stetig, naht eine (gewittrige) Regenfront.
Aber die **Kühe** werden nicht nur durch die stechlustigen Insekten wild, sie spüren den Wetterumschwung offenbar noch auf andere Art. Genauso wie Hunde und Katzen sehr feine Antennen für seismographische Schwingungen haben und damit Erdbeben im Voraus spüren, reagieren die Kühe offenbar auf den vor Gewitter schnell fallenden Luftdruck. Sie eilen laut muhend ans Gatter ihrer Weiden und wollen zurück in den Stall. Ein älterer Bauer aus der Nähe holt seine brüllende Herde dann sofort von der Weide auf die Wiese direkt an seinem Hof, auch wenn der Himmel noch völlig wolkenlos ist. Denn er meint, dass seine Kühe Angst haben. Sobald das erste Grummeln in der Ferne

Lange bevor der erste Donner grollt, streben die Kühe zum Stall.

zu hören ist, wandern die Kühe eine nach der anderen in den Stall und kommen erst wieder heraus, wenn das Gewitter abgezogen ist. Bislang, so versicherte mir der Bauer, hätten sich seine Kühe noch nie getäuscht.
Ebenso wetterfühlig scheint das freilebende **Rot-** und **Rehwild** zu sein. Gewöhnlich kommen diese Tiere zu ganz bestimmten Zeiten zur Äsung aus dem Wald. Doch vor Gewitter und Regen sind sie entweder sehr viel früher draußen oder bleiben für diesen Tag im schützenden Dickicht. Genauso halten sich die **Fledermäuse** und die **Ameisen** halten sich bei herannahenden Niederschlägen zurück.
Keinen Reim kann ich mir dagegen auf folgende Regel machen: »Singen die Buchfinken vorm Sonnenaufgang, kündigen sie viel Regen an«. Erstens habe ich den Gesang der **Buchfinken** aus dem allmorgendlichen Konzert der Vögel schon immer kaum heraushören können. Und zweitens kann ich mir auch so gar nicht vorstellen, was nun ausgerechnet der Buchfink mit dem Regen zu tun haben sollte. Doch vielleicht finden Sie dies ja heraus.

Zerrissene Spinnennetze gelten als sichere Regenanzeiger.

Ähnlich geht es mir auch mit den **Spinnen**: »Reißt die Spinne ihr Netz entzwei, kommt bald Regen herbei, ist die Spinne zu träg' zum Fangen, werden bald Gewitter hangen.« Der zweite Teil ist mir noch einsichtig, denn schwüle Wärme vor Gewitter lähmt fast die gesamte Natur. Aber warum die Spinne vor Regen ihr Netz zerstört, ist mir unklar. Allerdings habe ich beobachtet, dass vor Regen tatsächlich viele Spinnennetze an den Weidenzäunen zerrissen sind. Aber ob das nun wirklich die Spinne selbst war oder vielleicht die Netze aufgrund der gestiegenen Luftfeuchtigkeit von selbst einreißen, habe ich noch nicht herausgefunden.

Was die Tiere über den Winter wissen

Das Verhalten einiger Tiere soll ebenfalls Aufschluss über das langfristige Wetter, vor allem den Charakter des Winters geben. So gilt vor allem ihre **Vorratshaltung** als treffender Hinweis auf die kommenden Wintertemperaturen:
»Wenn im Juli die Ameisen viel tragen, sie einen harten Winter tun ansagen.«
Oder: »Wenn die Bienen zeitig kitten, kommt ein harter Winter geritten.«
Ist der Garten von vielen feinen Spinnenfäden durchzogen, an denen sich die klitzekleinen jungen Webspinnen durch die Luft tragen lassen, wird es einen langen sonnigen Herbst geben. Einen späten Winterbeginn kündigen auch die Mäuse an:
»Tummelt sich die Haselmaus, bleibt der Winter noch lange aus.«
Und für einen langen Winter spricht:
»Wirft der Maulwurf im Januar, dauert der Frost bis Mai sogar.«
Ich selbst orientiere mich mehr an den **Zugvögeln**, so wie ich es von meiner Mutter gelernt habe. Praktischerweise liegt mein jetziger Garten unter der Vogelfluglinie, die von Südspanien entlang der Atlanktikküste über die deutsche Nordseeküste nach Schweden bzw. über die baltischen Länder in den Nordosten Russlands führt. Und hier konnte ich beobachten, dass solche Regeln wie »Kommt die wilde Ente, hat der Winter bald ein Ende« offenbar wirklich stimmen. Bei uns sind es allerdings die **Wildgänse**, vor allem die Grau- und die Saatgänse. In den zwölf Jahren, die ich jetzt hier den Flug der Wildgänse verfolge, war er immer ein zuverlässiger Anzeiger für den Anfang bzw. das Ende des Winters. So flogen die Wildgänse z. B. nach dem langen Winter 1995/96 nicht wie gewohnt um den 14. März zurück in ihre nördliche Heimat, sondern gut 2 Wochen später. Auch die Septemberregel »Zieh'n die wilden Gänse weg, fällt der Altweibersommer in'n Dreck« hatte sich 1995 voll bestätigt: Der Herbst war grau und nass. Ein Jahr später zogen die Wildgänse dagegen erst Mitte Oktober in den Süden – nach Wochen anhaltend strahlend sonnigen Herbstwetters.
Genauso wie die Wildenten und Wildgänse zeigen auch die **Schwalben** und **Störche** den Beginn des Winters bzw. sein Ende an: »Bleiben die Schwalben jetzt (8. September) noch lange, sei vorm Winter uns nicht bange«. Und ich kann mich noch genau daran erinnern, dass meine Mutter im Frühjahr sehnlichst auf die Schwalben wartete, weil sie endlich die Bohnen legen wollte. Sie begann damit aber erst, wenn alle Schwalbennester im Dorf wieder besetzt waren, denn: »Eine Schwalbe alleine macht noch keinen Sommer.« Die Störche wissen sogar noch mehr. Sie zeigen nicht nur den baldigen Wintereinbruch an, sondern auch klirrende Kälte:

In eisigen Wintern fliehen die Seidenschwänze aus den klirrend kalten russischen Wäldern.

»Wenn die Störche zeitig reisen, kommt ein Winter sehr von Eisen«.
»Wenn fremde Wandervögel nahen, deutet das große Kälte an.« Auch diese Regel ist mir seit Kindheit vertraut. Ich erinnere mich noch gut, wie mir meine Mutter in dem sehr harten Winter 1962/63, in dem unser oberhessisches Dorf für einige Tage durch meterhohe Schneewehen von der Außenwelt abgeschlossen war, die fremden Vögel aus den russischen Wäldern zeigte. Neben **Seidenschwänzen** waren es vor allem die **Sibirischen Tannenhäher**, die sich in Scharen über die ausgestreuten Haferflocken hermachten – auch das Vogelhaus war im Schnee versunken. Einen Schwarm Seidenschwänze konnte ich übrigens auch im strengen Winter 1986/87 in meinem Münchner Garten beobachten. Und im kalten Winter 1995/96 hatten wir hier am Stadtrand von Hamburg wochenlang Besuch von ausgehungerten **Wacholderdrosseln** aus Skandinavien, die sich gegenüber den heimischen Vögeln außerordentlich frech aufführten und erst Ende April wieder in ihre Heimat abflogen.
Der **Kuckuck** gilt ebenfalls als Wetterprophet z. B. in Estland: »Ruft der Kuckuck im Tannenwald, kommt ein kalter Frühling, ruft er aus dem Birkenwald, wird der Frühling warm.« Denn solange es noch kalt bleibt, suchen die Vögel lieber Schutz im dichten Nadelkleid der Tannen und Fichten. Erst wenn es wärmer wird, kommen sie heraus in die kahlen Laubbäume, deren Knospen dann schon langsam zu schwellen beginnen. Und diese sind ja nun eine begehrte Vogelnahrung.

Was uns die Pflanzen sagen

Auch Pflanzen können uns für kurzfristige und längerfristige Wetterprognosen wichtige Hinweise liefern, vor allem auf Änderungen der Luftfeuchtigkeit. Nimmt diese zu, müssen wir mit Regen rechnen, nimmt diese ab, dürfen wir auf trockenes, sonniges Wetter hoffen.

Die Ringelblume ist kein sehr zuverlässlicher Wetterprophet.

Wenn sich Blüten und Zapfen schließen

Ringelblumen *(Calendula officinalis)* schließen nach alter Überlieferung schon fast eine Stunde vor dem Regenschauer ihre Blüten und öffnen sie erst wieder, wenn kein Nass mehr zu erwarten ist. Ich kann das zwar nicht ganz bestätigen: Bei mir öffnen sich die *Calendula*-Blüten bisweilen auch zwischen zwei Schauern, aber vielleicht ist das ja eine norddeutsche Spezialität.
Sehr zuverlässig und – besonders für Kinder – eindrucksvoll, ist das Verhalten von **Kiefern-** und **Fichtenzapfen** bei bevorstehendem Wetterwechsel. Nimmt die Luftfeuchtigkeit zu, was für Niederschläge spricht, schließen sich die Zapfen. Nimmt sie dagegen ab, was trockenes Sonnenwetter erwarten lässt, öffnen sich die Zapfen.
Statt der Zapfen benutzten unsere Vorfahren oft eine getrocknete **Silberdistel** *(Carlina acaulis)*, die sie über ihre Haustüre hängten. Die Blüte der Silberdistel – übrigens die Blume der Jahres 1997 – verhält sich genauso wie die Zapfen: Bei steigender Luftfeuchtigkeit schließt sie sich, bei sinkender öffnet sie sich. Wer dies selbst ausprobieren möchte, muss aber eine Distel aus eigener Anzucht nehmen. Wildwachsende Silberdisteln stehen unter Naturschutz!
Tannenzweige dienten früher ebenfalls häufig als Wetterpropheten. Dazu nimmt man einen frischen Tannen- oder Fichtenast, an dem sich ein längerer Zweig befindet und schält beide sorgfältig ab. Dann befestigt man den Ast vorsichtig auf einem Brett und zwar so, dass der Zweig nach oben weist. Bei steigender Luftfeuchtigkeit steigt auch der Zweig ein wenig nach oben, weil er sich durch die Feuchtigkeit ausdehnt. Wird die Luft dagegen trockener, zieht sich der Zweig zusammen und senkt sich nach unten zum Ast hin.
Als gute Regenboten gelten **Frauenmantel** (z. B. *Alchemilla mollis, A. xanthochlora*), **Erdbeeren**, **Kapuzinerkresse** *(Tropaeolum majus)* und **Freilandfuchsien** *(Fuchsia)*. An den Rändern ihrer jungen Blätter glitzern schon Stunden vor dem Regen kleinste Wasserperlchen, ähnlich wie kleine Schweißtröpfchen. Nach meiner Beobachtung stimmt das aber nur an sehr feucht-warmen Tagen. Hier erscheinen die Tröpfchen tatsächlich wenige Stunden, bevor der

kühlende Regen fällt. Wenn das Sonnenwetter ohne schwül-warme Zwischenphase von einer Regenfront abgelöst wird, bleiben Frauenmantel & Co. zumindest bei mir trocken. Wer keine solchen Pflanzen im Garten hat, sollte an solchen Tagen einmal seinen Briefmarkenvorrat inspizieren. Wenn dieser von selbst klebt, gibt's ebenfalls bald (Gewitter-)Regen.
Der Frauenmantel kann aber auch trockenes Sonnenwetter ankündigen. Dann nämlich, wenn auf seinen wollig-filzigen Blättern im Sommer frühmorgens **dicke Wassertropfen** (die die Blätter bei hoher Luftfeuchtigkeit ausscheiden) bzw. im Winter **dicker Raureif** glitzern. Denn »Reif und Tau machen den Himmel blau«.
Und nicht zuletzt können Pflanzen auch Gewitter ansagen. Hier ist es besonders der **Weißklee** *(Trifolium repens)*, der seine Blüten hängen lässt und seine Blätter zusammenfaltet, wenn ein Unwetter näher rückt. Die anderen Klee-Arten reagieren oft genauso.

Fällt im Herbst das Laub recht schnell, ist der Winter bald zur Stell'!

Hängende Köpfe am Mittag

Auf die folgende **Regenregel** können Sie sich ebenfalls verlassen: Sie besagt, dass nur dann Regen naht, wenn Pflanzen erst nach der Mittagshitze ihre Köpfe und Blätter hängen lassen. Machen sie dagegen schon am Vormittag schlapp, bleibt's trocken. Dass es mit dieser Regel wirklich etwas auf sich hat, musste ich aus Erfahrung lernen. Denn immer wieder hatte ich Pech mit dem Gießen. Goss ich abends bei – scheinbar – klarem Himmel meine Pflanzen, die ich mittags, aus der Praxis kommend, mit hängenden Köpfen vorgefunden hatte, so regnete es in mindestens der Hälfte der Fälle in der folgenden Nacht oder spätestens am nächsten Tag. Meine Kinder amüsierten sich schon nach dem Motto: »Sie gießt wieder, also wird's regnen.« Ich begann schon übersinnliche Regenkräfte zu vermuten, die ich mit dem Gießen aktivierte. Erst nachdem ich besagte Bauernregel in einem österreichischen Bauernkalender entdeckt hatte, wurde ich vorsichtiger und beobachtete meine Pflanzen aufmerksamer. Und siehe da: Heute regnet es nach dem Gießen nur noch selten.

Fällt das Laub recht schnell ...

Neben diesen sehr kurzfristigen Wettervorhersagen können Pflanzen aber auch längerfristigere liefern, wobei diese naturgemäß nicht so genau sind. Denn die Großwetterlagen können durch regionale Sonderlagen – die Meteorologie spricht hier von Störungen – durchaus verändert werden.

So ist das Blühverhalten des **Seidelbastes** *(Daphne mezereum)* im Februar/März ein wichtiger Anzeiger für den Beginn des Frühjahrs: Blühen nur die untersten Blüten, bleibt das Frühjahr kühl und nass. Öffnen sich dagegen die Blüten an den Zweigspitzen als erste, kommt ein früher und warmer Frühling.
Wie der Sommer wird, zeigen die **Erdbeeren**: Sind die ersten Früchte bereits zu Pfingsten reif, wird's ein gutes Weinjahr. Auch **Eichen** und **Eschen** sind Propheten: »Treibt die Esche vor der Eiche, hält der Sommer große Bleiche. Treibt die Eiche vor der Esche, hält der Sommer große Wäsche.« Einen langen Herbst verkünden die **Rosen**: »Späte Rosen im Garten, der Winter wird warten«.
Ob er wirklich wartet, kann man anhand des **Laubfalls** vorhersagen: »Fällt im Wald das Laub sehr schnell, ist der Winter bald zur Stell'« bzw. »Fällt das Laub recht bald, wird der Herbst nicht alt.« Auch die **Birken** können einen baldigen Wintereinbruch ansagen: »Ist die Birke ohne Saft, kommt bald der Winter mit voller Kraft.« Einen frühen, aber recht kurzen Winter, zeigen die **Lärchen** an, denn je früher sie im Herbst nadeln, desto früher kommt auch der Frühling. Und fast jeder Gärtner kennt die Regel: »Wenn Bucheckern geraten wohl, Nuss- und Eichbaum hängen voll, so folgt ein harter Winter drauf, wo auch fällt der Schnee zuhauf«. Baldigen Schneefall sagen im Winter die Stämme von **Birken** und **Erlen** voraus: Erscheinen sie plötzlich heller, lassen die weißen Flocken nicht mehr lange auf sich warten.

Bezugsquellen

Hier handelt es sich um eine Auswahl – ohne Anspruch auf Vollständigkeit.

Hinweis: Bei Gärtnereien und Baumschulen empfiehlt sich eine vorherige Terminabsprache per Telefon oder ein Blick auf die Web-Seite, da sie nicht immer zu den üblichen Zeiten geöffnet sind.

Allgemeines Staudensortiment, Wildstauden und Kräuter

Alpine Staudengärtnerei
Siegfried Geißler
04703 Leisnig
OT Gorschmitz Nr. 14
Tel.:/Fax: 03 43 21/1 46 23

Albrecht Hoch
Potsdamer Str. 40
14163 Berlin
Tel.: 0 30/8 02 62 51, Fax: 8 02 62 22
(Blumenzwiebeln, auch alte Züchtungen, Iris, Taglilien, Pfingstrosen)

Foerster-Stauden GmbH
Am Raubfang 6
14469 Potsdam-Bornim
Tel.: 03 31/52 02 94, Fax: 52 01 24
www.foerster-stauden.de
(Kein Versand; Prachtstauden, Gräser und Farne, alte Züchtungen)

Gerhard Flathmann
Wildstauden für Garten und Landschaft
Schulgartenweg 4
22525 Hamburg
Tel.: 0 40/89 07 07 04, Fax: 89 07 07 05
www.wildstauden.de
(Wildstauden, Kräuter, Gräser, Farne, Sämereien, Naturland-Betrieb)

re-natur-Staudengärtnerei
Plöner Str. 10
24619 Bornhöved
Tel./Fax: 0 43 23/65 80
www.re-natur.de
(Arznei- und Gewürzkräuter, Duft- und Färbepflanzen, Wildstauden)

Staudengärtnerei Gustav Schlüter
Bahnhofstr. 5
25335 Bokkolt-Hanredder
Tel.: 0 41 23/20 21, Fax: 70 88
(Prachtstauden, Wildstauden, Kräuter)

Alpine Raritäten
Staudengärtnerei Jürgen Peters
Auf dem Flidd 20
25436 Uetersen
Tel.: 0 41 22/33 12, Fax: 48 639
www.alpine-peters.de
(Gebirgspflanzen, alte Primel- und Veilchensorten, Christrosen)

Staudengärtnerei Wachter
Rollbarg
25482 Appen-Etz
Tel.: 0 41 01/6 25 11, Fax: 6 10 26
(Prachtstauden, Wildstauden, Wasserpflanzen)

Clematis-Kulturen
Friedrich Manfred Westphal
Peiner Hof 7
25497 Prisdorf
Tel.: 0 41 01/7 41 04, Fax: 78 11 13
www.clematis-westphal.de
(Alte *Clematis*-Sorten)

Friesland Staudengarten
Husumer Weg 16
26441 Jever/Rahrdum
Tel.: 0 44 61/37 63, Fax: 23 07
www.friesland-staudengarten.de
(Raritäten, Prachtstauden, Wildstauden, Gehölze, *Hosta* und Taglilien)

Staudengärtnerei Ernst Pagels
Deichstr. 4
26789 Leer
Tel.: 04 91/32 18, Fax: 6 25 16
(Pracht- und Wildstauden, alte Züchtungen)

Kräuterzauber
Daniel Rühlemann
Auf dem Berg 166
27367 Horstedt (bei Rotenburg)
Tel.: 0 42 88/92 85 58, Fax: 92 85 59
www.kraeuterzauber.de
(Gewürz-, Heil- und Duftpflanzen)

Gärtnerei Schoebel
Hindenburgplatz 3
29468 Bergen
Tel.: 0 58 45/14 99, Fax: 14 45
www.gaertnerei-schoebel.de
(Gebirgspflanzen, Alpenveilchen)

Hagemann Staudenkulturen
Walsroder Str. 324
30855 Langenhagen
Tel.: 05 11/73 76 44, Fax: 73 64 65
www.traumraeume.de
(Prachtstauden, Wildstauden)

naturwuchs
Bardenhorst 15
33739 Bielefeld
Tel.: 05 21/9 88 17 78, Fax: 9 88 17 79
www.naturwuchs.de
(Nur Versand; Wild- und Bauerngartenstauden, Wildgehölze)

Staudengärtnerei Klose
Rosenstr.10
34253 Lohfelden bei Kassel
Tel.: 05 61/51 55 55, Fax: 51 51 20
www.staudengaertner-klose.de
(Prachtstauden, auch alte Züchtungen, Pfingstrosen, Rittersporn und *Hosta*)

Arends & Maubach
(vormals Staudengärtnerei Georg Arends)
Monschaustrasse 76
42369 Wuppertal
Tel.: 02 02/46 46 10, Fax: 46 49 57
www.arends-maubach.de
(Prachtstauden, Phlox, Astilben, alte Züchtungen)

Botanische Spezialitäten und Raritäten
Dieter Hopp
Feldhof 33
48485 Neuenkirchen
Tel.: 0 59 73/51 73
(Wildstauden, auch Samen) anrufen!

Osnabrücker Staudenkulturen
Peter und Bärbel zur Linden
Linner Kirchweg 2
49143 Bissendorf-Linne
Tel.: 0 54 02/6 18, Fax: 47 06
(Prachtstauden, Wildstauden, Schattenstauden)

naturagart
Riesenbecker Str. 63
49479 Ibbenbühren- Dörenthe
Tel.: 0 54 51/59 34-0, Fax: 59 34-19
www.naturagart.de
(Wildstauden, Zwiebel- und Knollenpflanzen, Gehölze)

Dirk Wiederstein
Spezialgärtnerei für Freilandfarne
Hauptstr.9
56237 Sessenbach
Tel./Fax: 0 26 01/95 02 68
www.farn-gaertnerei.de
(Farne)

Versandgärtnerei Strickler
Lochgasse 1
55232 Alzey-Heimerheim
Tel.: 0 67 31/38 31, Fax: 39 29
www.gaertnerei-strickler.de
(Wildstauden, Kräuter, alte Obstsorten, alte Rosen, Wildgehölze, Biolandbetrieb)

Gartenlust Halver
Altemühle 1
58553 Halver
Tel.: 0 23 53 /1 07 40, Fax: 90 39 32
www.gartenlust-halver.de
(Seltene Wildstauden)

Heimische Wildstauden
Hans Fleischhauer
Kaicher Weg 15
61184 Karben
Tel./Fax: 0 60 34/12 38
(Kein Versand, Wildstauden und Kräuter)

Odenwälder Pflanzenkulturen Kayser & Seibert
Wilhelm-Leuschner Str.85
64380 Roßdorf
Tel.: 0 61 54/90 68, Fax: 8 20 69
(Pracht- und Wildstauden, alte Züchtungen, Kräuter, Gehölze)

Blauetikett-Bornträger GmbH
Postfach 30
67591 Offstein
Tel.: 0 62 43/90 53 26, Fax: 90 53 28
www.blauetikett.de
(Arznei- und Gewürzpflanzen, seltene Wildpflanzen)

Staudengärtnerei Schöllkopf
Gew.Heckwiesen
72735 Reutlingen
Tel.: 0 71 21/5 49 71, Fax: 58 09 12
www.staudengaertnerei-schoellkopf.de
(Phloxe, Gartenchrysanthemen)

Staudengärtnerei Walter Schmid
Straubenmühle
73460 Hüttlingen
Tel.: 0 73 61/7 19 19, Fax: 7 89 18
(Seltene Stauden und Gehölze, Blumenzwiebeln)

Wolff's Pflanzen für den ländlichen Garten
Egmont Wolff
Hauptstrasse 19
74541 Vellberg-Großaltdorf
Tel.: 0 79 07/12 50
(Heil- und Duftpflanzen, Gewürzkräuter, Alte Rosen, alte Iris-Sorten)

Alpengarten
Auf dem Berg 6
75181 Pforzheim-Würm
Tel.: 0 72 31/7 05 90, Fax: 78 86 26
www.Alpengarten-Pforzheim.de
(Gebirgs- und Steingartenpflanzen)

Staudengärtnerei Hans Götz
77761 Schiltach
Tel.: 0 78 36/9 39 80
(Prachtstauden, Wildstauden, Rosen, Kräuter)

Staudengärtnerei Gräfin von Zeppelin
79295 Sulzburg/Laufen
Tel.: 0 76 34/6 97 16, Fax: 65 99
www.graefin-v-zeppelin.com
(Prachtstauden, Wildstauden, Iris, Taglilien, Pfingstrosen, auch alte Züchtungen)

Staudengärtnerei Sprich
Papierweg 20
79400 Kandern
Tel.: 0 76 26/68 55, Fax: 59 25 90
(Pracht- und Wildstauden, Storchschnabelgewächse, Kräuter, Bioland-Umstellungsbetrieb)

Hof Berggarten
Lindenweg 17
79737 Herrischried
Tel.: 0 77 64/2 39, Fax: 2 15
www.hof-berggarten.de
(Wildstauden, auch Samen, Blumenzwiebeln, Blumenwiesen)

Staudengärtnerei Rolf Peine
An der B 471
82296 Schöngeising
Tel.: 0 81 41/1 27 61 und 2 40 44,
Fax: 3 44 07
(Prachtstauden, Wild-Schattenstauden, Salbei, Gehölze)

Staudengärtnerei Widmann
Gartenstrasse 11
85640 Odenstockach
Fax: 0 80 91/66 29
(Wildstauden, Duftpflanzen, Gewürzkräuter)

Bernd Schober
Stätzlinger Str. 94a
86165 Augsburg
Tel.: 08 21/72 98 95 00, Fax: 72 98 95 01
www.der-blumenzwiebelversand.de
(Blumenzwiebeln, auch seltene)

Staudengärtnerei Eckhard Schimana
Waldstr.21
86738 Deiningen
Tel.: 0 90 81/2 80 74, Fax: 2 80 75
(Taglilien, Indianernesseln)

Die Blumenschule
Augsburger Str.62
86956 Schongau
Tel.: 0 88 61/73 73, Fax: 12 72
(Kräuter,- Gewürz-, Duft- und Zauberpflanzen, Naturland-Betrieb)

Bio-Kräuter
Christian Herb
87439 Kempten
Heiligkreuzerstr. 70
Tel.: 08 31/9 33 31, Fax: 9 42 07
www.bio-kraeuter.de
(Kräuterstauden, auch alte Züchtungen, Bioland-Betrieb)

Stauden- und Gehölzkulturen
Roland Boldt
Parkstrasse 38
88212 Ravensburg
Tel.: 07 51/2 33 75, Fax: 3 35 96
www.boldt-stauden.de
(Prachtstauden, Wildstauden, Gehölze, auch seltene und alte Züchtungen)

Staudengärtnerei Dieter Gaissmayer
Jungviehweide 3
89257 Illertissen
Tel.: 0 73 03/72 58, Fax: 42 181
www.gaissmayer.de
(Pracht-und Wildstauden, Kräuter, alte Züchtungen, Biosaatgut, Färbepflanzen, Bioland-Betrieb)

Lilienspezialkulturen
Stefan Strasser
Budapester Str. 20
91056 Erlangen
Tel.: 0 91 31/99 04 73, Fax: 79 11 98
www.lilien-strasser.de
(Lilienraritäten)

Monika und Wolfgang Urban
Obere Kirchgasse 3
96271 Grub am Forst
Tel./Fax: 0 95 60/7 65
(Wildstauden, Gewürz-, Heil- und Duftpflanzen, Demeter-Betrieb)

Sortiments- und Versuchsgärtnerei
Werner Simon
Staudenweg 2
97828 Marktheidenfeld
Tel.: 0 93 91/35 16, Fax: 21 83
www.gaertnerei.simon.de
(Wildstauden, Gräser, Alpinumpflanzen)

Gärtnerei Haas
Dieter Haas
Obere Leberklinge 26
97877 Wertheim
Tel.: 0 93 42/85 65 80, Fax: 60 38
(Prachtstauden, Gewürzkräuter, Duftpflanzen, Alte Rosen)

Österreich

Baumschule Koprax
Mitterwasserweg 3
A-3250 Wieselburg
Tel.: 0 74 16/5 22 24
(Obst- und Ziergehölze)

Praskac Pflanzenland Baumschule
A-3430 Tulln
Praskacstraße 101–108
Tel.: 0 22 72/6 24 60-17
www.praskac.at
(Alte Obstsorten, alte Rosen, Gehölze)

Staudengärtnerei F. Feldweber
A-4974 Ort im Innkreis 139
Tel.: 0 77 51/83 20, Fax: 72 23
www.feldweber.com
(Seltene und geschützte Pflanzen)

Staudengärtnerei Sarastro
Ort 131
A-4974 Ort/Innkreis
Tel.: 0 77 51/84 24, Fax: 84 24-3
www.sarastro-stauden.com
(Pracht- und Wildstauden, Seltenheiten, Alpenpflanzen)

Baumschule & Staudengärtnerei Glück
A-4690 Schwanenstadt
Bergern 8
Tel.: 0 76 73/42 12

Schweiz

FREI Weinland-Stauden
Breitestrasse 5
CH-8465 Wildensbuch
Tel.: 0 52/3 19 12 30, Fax: 3 19 10 15
(Geranium, Gewürz- und Heilkräuter, Paeonia, Alpenpflanzen

Hansuli Friedrich
CH-8476 Stammheim
Tel.: 0 52/744 00 44, Fax: 7 44 00 45
(Pracht- und Wildstauden, alte Obstsorten, Seltenheiten, Rosen, Geranium, Christrosen)

Saatgut von alten und seltenen Gemüse- und Blumensorten

Monika Gehlsen
Willi-Dolgner-Str. 17
06118 Halle/Saale
Tel.: 03 45/5 22 64 23
(seltene Sorten)

Ulrike Behrendt
Oldendorfer Landstr. 14
27729 Holste
Tel.: 0 47 48/32 37, Fax: 32 37
(Demeter-Saatgut)

Dreschflegel
Postfach 1213
37202 Witzenhausen
Tel.: 0 55 42/50 27-44, Fax: 50 27-58
www.dreschflegel-saatgut.de
(Bioland- ANOG- und Demeter-Saatgut)

Verein zur Erhaltung der Nutzpflanzen, VEN
c/o Ursula Reinhard
Sandbachstr. 5
38162 Schandelah
www.nutzpflanzenvielfalt.de

Eike Bretschneider
Nelkenweg 5a
40699 Erkrath-Hochdahl
Tel./Fax: 0 21 04/3 39 62
(Demeter-Saatgut, alte Stauden- und Gemüsesaaten, alte russische Tomatensorten)
Gärtnerei für Wildstauden und Wildgehölze Strickler
siehe oben

Ulla Grall
Eulengasse 3
55288 Armsheim
www.bio-saatgut.de
(Biosaatgut, alte Gemüsesorten inkl. Tomaten)

Bingenheimer Saatgut AG
Kronenstr. 24
61209 Echzell
Tel.: 0 60 35/18 99-10, Fax: 18 99-40
www.oekoseeds.de
(Bioland- und Demeter-Saatgut)

Saaten Zeller
Erftalstr. 6
63928 Riedern
Tel.: 0 93 78/5 30, Fax: 6 99
www.Saaten-Zeller.de
(Feldsaaten, Wildkräuter)

Blauetikett-Bornträger GmbH
siehe oben

Reinhold Krämer
Waldstetter Gasse 4
73525 Schwäbisch Gmünd)
Tel.: 0 71 71/92 87 12
(Seltene Gemüsesamen und Zwiebeln)

Rieger-Hofmann
In den Wildblumen 7
74572 Blaufelden-Raboldshausen
Tel.: 0 79 52/56 82, Fax: 65 09
www.rieger-hofmann.de
(Wildblumen und Gräser)

Syringa
Bachstr. 7
78247 Hilzingen
Tel.: 0 77 39/14 52, Fax: 6 77
www.syringa-samen.de
(Bioland-Saatgut)

Koordinationsbüro der Eichstetter Saatgutinitiative
Haupstr. 57
79356 Eichstetten
Tel.: 0 76 63/94 20-01, Fax: 94 20-02
www.kaiserstuehler-garten.de
(Bestellmöglichkeit Biosaatgut)

Dieter Köhler
Rainerstrasse 4
83104 Tuntenhausen
(Wildpflanzen, Heil- und Gewürzkräuter, Insektenfutterpflanzen)

Grüner Tiger
c/o Felix Lage
Pfarräckerstr. 13
90522 Oberasbach
Tel./Fax: 09 11/69 84 30
(Alte Gemüsesorten, Urgetreide, historische Bauerngartenblumen, Bioblumenzwiebeln)

Gerhard Bohl
Oberfichtenmühle 2
91126 Rednitzhembach
(Biosaatgut, sehr seltene und alte Tomatensorten)

Erwin Bauereiß
Markgrafenstr. 21
91438 Bad Windsheim
Tel.: 0 98 41/29 74
(Biosaatgut, heimische Wildblumen)

Veit Plietz
Am See 5
97359 Schwarzach
Tel.: 0 93 24/10 30, Fax: 47 29
www.oekokiste-schwarzach.de
(Demeter-Saatgut, alte Tomaten- und Paprikasorten, seltene Kräuter)

Österreich

Verein Arche Noah
Obere Str. 40
A-3553 Schloß Schiltern
Tel.: 02 73 34/8 62 60, Fax: 86 27
www.arche-noah.at
(Biosaatgut, seltene und alte Sorten.

Reinsaat Emmelmann
Am Hornerwald 69
A-3572 St. Leonhard
Tel.: 0 29 87/23 47, Fax: 2 34 74
www.reinsaat.co.at
(Demeter-Saatgut)

Fructus
Saatgutaustausch
Am Ursprung 114
A-8010 Graz/St.Veit

Therapiegarten
Herbersdorf 17
A-8510 Stainz
Tel.: 0 34 63/4 38 40, Fax: 43 84 13
www.therapiegarten.at
(Demeter-Saatgut)

Schweiz
Saatgutbau Christine und Robert Zollinger
CH-1891 Les Evouettes
Tel.: 0 24/4 81 40 35
(Versand nur innerhalb der Schweiz)

Biosem
Fam. Jutzet
CH-2202 Chambrelien
Tel.: 0 32/8 55 14 86, Fax: 8 55 10 58
(Demeter-Saatgut, alte regionale Sorten)

Sativa Rheinau
Klosterplatz
CH-8462 Rheinau
Tel.: 0 52/3 04 91 60, Fax: 3 04 91 61
www.sativa-rheinau.ch
(Demeter- und Biosaatgut)

Pro Specie Rara
Schneebergstrasse 17
CH-9000 St. Gallen
Tel.: 0 71 22/74 20

Bodenkuren und Gründüngung

Quedlinburger Saatgut GmbH
Neuer Weg 21
06484 Quedlinburg
Tel.: 0 39 46/90 40, Fax: 29 66
www.quedlinburger-saatgut.de

Carl Sperling & Co.
Hamburger Str. 35
21316 Lüneburg
Tel.: 0 41 31/3 01 70, Fax: 30 17 45
www.sperli.de

Thysanotus Samenversand
Schulweg 21
28876 Oyten
Tel.: 0 42 07/57 08, Fax: 57 22
www.thysanotus-samenversand.de

Gärtner Pötschke
Beuthener Straße 4
41564 Kaarst
Tel.: 02131/793-333, Fax: 793-444
www.gaertner-poetschke.de

Wilbert Schröder
Alt Vorst 16a
41564 Kaarst
Tel.: 0 21 31/66 68 27, Fax: 66 95 58
www.samen-schroeder.de

Alte Obstsorten

Sanddorn Storchennest GmbH
Heideweg 9
19288 Ludwigslust
Tel.: 0 38 74/2 19 73, Fax: 66 32 44
www.sanddorn-storchennest.de
(nur Sanddorn)

Baumschule Hermann Cordes
Lülanden 4
22880 Wedel/Holstein
Tel.: 0 41 03/9 39 80, Fax: 53 40
www.cordes-apfel.de
(Über 500 Apfelsorten, auch Beerensträucher)

Baumschule Alte Obstsorten
Waldweg 2 / Winderatt
24966 Sörup
Tel.: 0 46 35/27 45, Fax: 12 99
www.alte.obstsorten.de

Baumschule Jürgen Krebs
Haus Nr. 130
27318 Hoyerhagen
Tel.: 0 42 51/76 81, Fax: 77 85
(alte Obstsorten aus der Region)

Hof Lachapfel
Kriwitz 26
29485 Lemgow /Lüchow Dannenberg
Tel./Fax: 0 58 83/4 56
(Demeter-Betrieb, alte Apfelsorten)

Baumschule Bergt
Thaler Landstr. 26
31812 Bad Pyrmont
Tel.: 0 52 81/82 37, Fax: 36 82

Baumschule Ralf Upmann
Mönchsweg 3
33803 Steinhagen
Tel.: 0 52 04/8 03 49, Fax: 73 20
www.oekologische Baumschulen.de
(Kein Versand, Bioland-Betrieb)

Pflanzlust - Baumschule
Heinrich Niggemeyer
Niederelsunger Str. 23
34466 Wolfhagen-Nothfelden
Tel.: 0 56 92/86 35, Fax: 20 88
(Bioland-Betrieb)

Obstbaumschule Gothel
Ariane Müller
Meierkamp 1
49406 Eydelstedt-Gothel
Tel.: 0 54 42/18 82, Fax: 12 15

Ahornblatt GmbH
Postfach 1125
55001 Mainz
Tel.: 0 61 31/7 23 54, Fax: 36 49 67
www.ahornblatt-garten.de
(Nur Versand, auch Wildrosen, alte Gartenrosen, Wild- und Ur-Obst)

Baumschule Klaus Ganter
Forchheimer Straße / Baumweg 2
79369 Wyhl am Kaiserstuhl
Tel.: 07 64 27/10 61, Fax: 26 85
www.baumschule.com

Baumgartner Baumschulen
Hauptstraße 2
84378 Nöham
Tel.: 0 87 26/2 05, Fax.: 13 90
www.baumgartner-baumschulen.de

Versandbaumschule Brenninger
Hofstarring 2
84439 Steinkirchen
Tel.: 0 80 84/25 99 01, Fax: 25 99 09
www.brenninger.de
(Biologisch-dynamische Baumschule, auch Beerensträucher)

Baumschule Oppel
Dillenbergstr. 13
90579 Langenzenn/Stinzendorf
Tel.: 0 91 01/28 62
(200 alte Apfelsorten, auch alte Gemüsesorten, Bioanbau)

Alte Erdbeersorten

Jörg Springensguth
Rodenweg 36
33415 Verl
Tel.: 0 52 07/7 77 72
www.erdbeeren.de
(auch Spargelpflanzen)

Enderle Erdbeerland
Triftstraße 111
76448 Durmersheim
Tel.: 0 72 45/41 37, Fax: 8 38 80
www.enderle-erdbeerland.de

Peter Eberhardt
Augsburgerstr. 4
82362 Weilheim in Oberbayern
www.uromas-erdbeeren.de

Klaus Lang
Mesnergässle 22
88364 Wolfegg
Tel.: 0 75 27/56 19
(auch Biosaatgut, alte Gemüse- und Kräutersorten)

Alte Rosensorten

Vierländer Rosenhof
Kirchwerder Hausdeich 182
21037 Hamburg
Tel.: 0 40/72 37 07 63
www.vierlaender-rosenhof.de
(kein Versand)

Rosen Jensen GmbH
Am Schloßpark 2b
24960 Glücksburg
Tel.: 0 46 31/60 100, Fax: 20 80
www.rosen-jensen.de

W. Kordes' Söhne
Rosenstr. 54
25365 Klein Offenseth-Sparrieshoop
Tel.: 0 41 21/4 87 00, Fax: 8 47 45
www.kordes-rosen.com

Tantau RosenWelt
Tornescher Weg 13
25436 Uetersen
Tel.: 0 41 22/70 84, Fax: 70 87
www.rosen-tantau.com

Karl Otto Schütt
Vorder-Neuendorf 16
25554 Neuendorf/Wilster
Tel.: 0 48 23/91 95, Fax: 91 96
www. historische-rosen-schuett.de

Baumschule RosenZeiten
Steegenweg 14
26160 Bad Zwischenahn
Tel.: 0 44 03/7 11 57, Fax: 7 11 70
www.rosenzeiten.de

Historische Rosengärten
Göttinger Landstr. 75
30966 Hemmingen
Tel.: 05 11/4 20 77-0, Fax: 4 20 77-13
www.rosengalerie.de/

Bioland Rosenschule Ruf
Zum Sauerbrunnen 35
61231 Bad Nauheim
Tel.: 0 60 32/8 18 93, Fax: 8 23 75
www.rosenschule-ruf.de

Walter Schultheis Rosenhof
Bad Nauheimerstr. 3–7
61231 Bad Nauheim
Tel.: 0 60 32/8 10 13, Fax: 8 58 90
www.rosenhof-schultheis.de

Rosengärtnerei Kalbus
Hagenhausener Hauptstr. 112
90518 Altdorf
Tel.: 0 91 87/57 29, Fax: 57 22
www.rosen-kalbus.de

Pilzbrut

Dr. Dagmar Jürgens & Partner
Sommerring 20
51570 Windeck
Tel./Fax: 0 22 92/71 94
www. bioland-pilzzucht.de

Damaris Greiner
Kirschweg 9/1
74831 Höchstberg
Tel.: 0 71 36/99 19 02, Fax: 99 19 03
www.karrasch-pilze.de

Hawlik Euro-Pilzbrut
82062 Großdingharting
Tel.: 0 81 70/6 51, Fax: 2 20
www.pilzshop-online.de

Biologische Pilze
Thomas Ziegler
An der Mainleite 4
97828 Marktheidenfeld
Tel.: 0 93 91/91 61 05, Fax: 10 33

Seidenhühner und Laufenten

Bruno Stubenrauch
Am Grund 20
86486 Bonstetten
Tel.: 0 82 93/9 00 95, Fax: 9 00 97
www.laufenten.de

Züchteradressen von Seidenhühnern finden Sie im Internet unter www.seidenhuehner.net

Kompostpräparate

Abtei Fulda
Benediktinerinnenabtei zur Heiligen Maria
Nonnengasse 16
36037 Fulda
Tel.: 06 61/9 02 45-31, Fax: 9 02 45-45
www. abtei-fulda.de

Biologisch-Dynamische Wirtschaftsweise

Forschungsring für biologisch-dynamische Wirtschaftsweise
Brandschneise 1
64295 Darmstadt
Tel.: 0 61 55/84 12-0, Fax: 84 69 11
www.forschungsring.de
(Weltweite Adressen von lokalen Biologisch-Dynamischen Arbeitsgemeinschaften, deutschen Regionalberatern und Präparate-Herstellern, Termine für Präparatekurse und andere Seminare)

Bauernkalender

»Steirischer Mandlkalender«
Leykam Alpina Verlags- und Vertriebsgesellschaft mbH
Ankerstr. 4
A-8054 Graz
Tel.: 03 16/28 00-401, Fax: 28 00-424
www.Leykamalpina.com

Literatur

* Weiterführende Literatur für Hobbygärtner

Zeitschrift: Der praktische Ratgeber im Obst- und Gartenbau, Illustrierte Wochenschrift für Gärtner, Gartenliebhaber und Landwirte, Jahrgang 1894, Verlag von Trowitzsch u. Sohn, Frankfurt an der Oder.
Abtei Fulda: Comfrey, was ist das? Fulda 1978.
–: Gemüsebau auf naturgemäßer Grundlage, Fulda 1982.
–: Pflanzensaft gibt Pflanzen Kraft, Fulda 1983.
* Abraham, Hartwig/Thinnes, Inge: Hexenkraut und Zaubertrank, Urs Freund Verlag, Greifenberg 1995.
* Aichele, Dietmar/ Golte-Bechtle, Marianne: Was blüht denn da? Wildwachsende Blütenpflanzen Mitteleuropas, Franckh-Kosmos, 55. Auflage, Stuttgart 1993.
Aichele, Dietmar/Schwegler, Heinz-Werner: Unsere Gräser, Franckh-Kosmos, 10. Auflage, Stuttgart 1991.
Aichele, Dietmar/Schwegler, Heinz-Werner: Unsere Moos- und Farnpflanzen, Franckh-Kosmos, 10. Auflage, Stuttgart 1993.
Alter Bauernkalender für Tagesvormerkungen 2005, Leykam Alpina G.m.b.H., Graz 2004.
Boland, Maureen und Bridget: Was die Kräuterhexen sagen, dtv, München 1983.
Bronsart, H. von: Aus dem Reich der Blumen – Unsere Blumen in Haus und Garten in Vergangenheit und Gegenwart, Wolfgang Jeß Verlag, Dresden 1934.
Davidis, Henriette: Der Küchen- und Blumengarten für Hausfrauen, Verlag von J. Bädeker, 11. Auflage, Iserlohn 1877.
Eigner, Annemarie: Schleswig-Holstein's alte Bauerngärten, Husum Druck- und Verlagsgesellschaft, Husum 1993.
Erwig, Karl: Ziergärten, Verlag W. Vobach, Leipzig o. J.
–: Der Nutzgarten, Verlag W. Vobach, 7. Auflage, Berlin – Leipzig 1940.
Flachs, Karl: Krankheiten und Parasiten der Zierpflanzen, Ulmer Verlag, Stuttgart 1931.
Floericke, Kurt: Hausgarten-Büchlein, Franckh'sche Verlagsbuchhandlung, Stuttgart 1911.
* Franck, Gertrud: Gesunder Garten durch Mischkultur, Südwest-Verlag, München 1991.

Göschke, Friedrich: Der Hausgarten auf dem Lande, Verlag Hugo Voigt, Leipzig 1899.
* Häckel, Hans: Das Gartenklima verstehen, nutzen, lenken, Ulmer Verlag, Stuttgart 1989.
Haerkötter, Gerd und Marlene: Hexenfurz und Teufelsdreck, Eichborn-Verlag, Frankfurt 1986.
* Holler, Katja/Klimt, Elisabeth: Magic, Gärtnern mit der Kraft der vier Elemente, BLV-Verlag, München 2002.
Holzer, Hans: The Psychic World of Plants, Pyramid Books, New York 1975; Deutsch: Das Seelenleben der Pflanzen, Goldmann Verlag, München 1980.
Hunnius – Pharmazeutisches Wörterbuch, Walter de Gruyter Verlag, 6. Auflage, Berlin, 1986.
Ingrisch, Lotte/Nemec, Helmut: Bauerngärten, Verlag Christian Brandstätter, Wien 1984.
* Joyce, David: Das große Buch vom Pflanzenschneiden, Otto Maier Verlag, Ravensburg 1993.
* Kerner, Dagny und Imre: Der Ruf der Rose, Kiepenheuer & Witsch Verlag, 3. Auflage, Köln 1996.
Koepf, Herbert H.: Unter freiem Himmel; in: Biologisch-dynamische Landwirtschaft, Flensburger Hefte, Heft 18, 2. Auflage, Flensburg 1991.
Koepf, Herbert H./Pettersson, B.D./Schaumann, Wolfgang: Biologisch-dynamische Landwirtschaft, Ulmer Verlag, 3. Auflage, Stuttgart 1980.
* Kreuter, Marie-Luise: Der Bio-Garten, BLV-Verlag, 22. Auflage (Neuausgabe), München 2004.
* –: Pflanzenschutz im Bio-Garten, BLV-Verlag, 5. Auflage, München 2002.
Kroeber, Ludwig: Das neuzeitliche Kräuterbuch, Hippokrates-Verlag, Stuttgart 1934
Kronfeld, E. M.: Sagenpflanzen und Pflanzensagen, Leipzig 1919.
Kruedener, Stephanie von/Hagemann, Isolde/Zeppernick, Bernhard: Arzneipflanzen, altbekannt und neu entdeckt, Förderkreis der naturwissenschaftlichen Museen Berlins e.V. für den Botanischen Garten und das Botanische Museum Berlin-Dahlem (Hrsg.), Berlin 1993.
Künzle, Johann: Das große Kräuterheilbuch, Otto Walter Verlag, unveränderter Nachdruck der Erstausgabe von 1945, Olten 1980.
Lippert, Franz: Vom Nutzen der Kräuter im Landbau, Schriftenreihe »Lebendige Erde«, Forschungsring für biologisch-dynamische Wirtschaftsweise, 2. Auflage, Darmstadt 1973.
Lucas, Ed.: Die Lehre vom Baumschnitt, Ulmer Verlag, Stuttgart 1866.
–: Kurze Anleitung zur Obstkultur, Ulmer Verlag, Stuttgart 1876.
Marzell, Heinrich: Die Pflanzen im deutschen Volksleben, Jena 1925.
Müller, Irmgard: Die pflanzlichen Heilmittel bei Hildegard von Bingen, Salzburg 1982.
Neubert, Wilhelm: Deutsches Magazin für Garten und Blumenkunde, Verlag Gustav Weise, Stuttgart 1867.
Nissen, Claus: Kräuterbücher aus fünf Jahrhunderten, Zürich 1956.
Pahlow, Mannfried: Thymian und Lindenblüten, J. F. Steinkopf Verlag, Stuttgart 1983.
Rätsch, Christian: Die Pflanzen der Liebe – Aphrodisiaka in Mythos, Geschichte und Gegenwart, AT-Verlag, Aarau 1995.
Reling, H./Brohmer, P.: Unsere Pflanzen in Sage, Dichtung und Geschichte, Dresden 1922.
Ritter, Albert J.: Allgemeines deutsches Gartenbuch, Verlag Gottfried Basse, Quedlinburg-Leipzig 1835
* Roth, Günther D.: Wetterkunde für alle, BLV-Verlag, 7. Auflage, München 2002.
Schöpf, Hans: Zauberkräuter, Akademische Druck- und Verlagsanstalt, Graz 1986.
* Schmid, Otto/Henggler, Silvia: Biologischer Pflanzenschutz im Garten, Ulmer Verlag, 9. Auflage, Stuttgart 2000.
Schnack, Friedrich: Sybille und die Feldblumen, Insel-Verlag, Leipzig 1937.
–: Cornelia und die Heilkräuter, Insel-Verlag, Leipzig 1939.
Schneider, Camillo: Jedermanns Gartenlexikon, Verlag F. Bruckmann, München 1933.
Schultes, Richard E. /Hofmann, Albert: Pflanzen der Götter – Die magischen Kräfte der Rausch- und Giftgewächse, AT-Verlag, Aarau 1995.
Seifert, Alwin: Gärtnern, Ackern ohne Gift, Biederstein-Verlag, München 1971.
Seitzer, Josef (Hrsg.): Farbtafeln der Apfelsorten, Ulmer Verlag, Stuttgart 1956.
Simonis, Werner Christian: Heilpflanzen und Mysterienpflanzen, VMA-Verlag, Wiesbaden 1991.
* Sönning, Walter/Keidel, Claus G.: Wolkenbilder – Wettervorhersage, BLV-Verlag, München 2002.
Steiner, Rudolf: Geisteswissenschaftliche Grundlagen zum Gedeihen der Landwirtschaft (Landwirtschaftlicher Kursus in Koberwitz 1924), GA 327, Rudolf Steiner Verlag, 6. Auflage, Dornach 1979.
Stoffler, Hans-Dieter: Der Hortulus des Wahlafried Strabo, Jan Thorbecke Verlag Sigmaringen 1978.
* Storl, Wolf-Dieter: Vom rechtem Umgang mit heilenden Pflanzen, Verlag Herman Bauer, Freiburg im Breisgau 1986.
–: Heilkräuter und Zauberpflanzen zwischen Haustür und Gartentor, AT-Verlag, Aarau 2000
* Storl, Wolf-Dieter/Pfyl, Paul: Bekannte und vergessene Gemüse AT-Verlag, Aarau 2002.
Strassmann, Rene A.: Baumheilkunde, AT-Verlag, Aarau 1994.
* Sulzberger, Robert: Kompost, Erde, Düngung, BLV-Verlag, München 2003.
* Thun, Maria, Hinweise aus der Konstellationsforschung, M. Thun-Verlag, 8. Auflage, Biedenkopf/Lahn (o. J.)
–: Das Bild der Sterne im Wandel der Zeit, 2. Auflage, Biedenkopf/Lahn (o. J.)
* Thun, Maria und Matthias/Schmidt-Rüdt, Christina: Aussaattage 2004 Maria Thun (42. Jahrgang), Aussaattage Thun-Verlag, Biedenkopf/Lahn 2003.
Tompkins, Peter/Bird, Christopher: Die Geheimnisse der guten Erde, Scherz Verlag, Bern 1991.
Unger, Franz Xaver: Die Pflanze als Zaubermittel, Reprint der Ausgabe von 1858, Allmendingen 1979.
Unterweger, Wolf-Dieter und Ursula: Der Hundertjährige Kalender, Stürtz-Verlag, 2. Auflage, Würzburg 1994.
–: Alte Bauernweisheit für heute neu entdeckt mit Bildern vom Lande, Stürtz-Verlag, 3. Auflage, Würzburg 1993.
–: Wie das Wetter wird – Bauernregeln für heute neu entdeckt mit Bildern vom Lande, Stürtz-Verlag, Würzburg 1991.
Vogellehner, Dieter: Garten und Pflanzen im Mittelalter, Stuttgart 1984.
* Widmayr, Christiane: Malve, Mangold und Melisse, BLV-Verlag, 7. Auflage (Neuausgabe), München 1999.
Wünthle, Rolf (Hrsg.): Homöopathie für Garten- und Zimmerpflanzen, BLV-Verlag, München 2002.
Zander – Handwörterbuch der Pflanzennamen, Ulmer Verlag, 17. Auflage, Stuttgart 2002.

Register

Seitenzahlen mit * verweisen auf Abbildungen.

Bildnachweis:
Alle Bilder von Inga-Maria Richberg, außer:

AKG: 129o, 145, 148
Angermayer/Pfletschinger: 80u
Borstell: 1, 2/3, 46, 92, 109o, 109u, 111, 117, 140
Dittmer: 72
Funke: 90u
Markley: 136
Peschl: 147
Pforr: 134o , 159ol, 159ul, 161l
Redeleit: 37o, 49u, 64u, 67, 85l, 107, 116u
Reinhard: 6, 9, 16u, 42, 54u, 57, 61, 71, 79, 80o, 81, 100, 130, 132u, 137o, 162
Schaarschmidt: 19, 20
Seidl: 52o
Stangl: 49o
Stein: 120u
Strauß: 104o
Sulzberger: 89
Wothe: 65u, 73o, 118
Wünsch: 119

Bibliographische Information der Deutschen Bibliothek

Die Deutsche Bibliothek verzeichnet diese Publikation in der Deutschen Nationalbibliographie; detaillierte bibliographische Daten sind im Internet über http://dnb.ddb.de abrufbar.

7., neu bearbeitete Auflage (Neuausgabe)

BLV Verlagsgesellschaft mbH
München Wien Zürich
80797 München

Umschlaggestaltung: Anja Masuch, Puchhein b. München
Umschlagfotos: Ursel Borstell

Lektorat: Dr. Thomas Hagen
Herstellung und Layout: Angelika Tröger
Satz: Uhl Massopust GmbH, Aalen

Gedruckt auf chlorfrei gebleichtem Papier

Printed and bound in Germany
ISBN 3-405-16675-6

Know-how für die Gartenpraxis

Marie-Luise Kreuter
Der Biogarten
Das Original – jetzt als Neuausgabe: das unentbehrliche Standardwerk, verfasst von Deutschlands bekanntester Biogärtnerin; mit Beilage »Pflanzenschutz-Kompass« zum schnellen Bestimmen und Abwehren von Schädlingen und Krankheiten.

Marie-Luise Kreuter
Pflanzenschutz im Biogarten
Die ideale Ergänzung zum »Bio-Garten«: das Handbuch für die Praxis mit wirkungsvollen Maßnahmen, die Pflanzen auf natürliche Weise schützen, ohne der Umwelt zu schaden; 190 Porträts von Schädlingen, Krankheiten und Nützlingen.

Michel Gros/
Noël Vermont Desroches
Mit dem Mond durchs Gartenjahr
Erscheint jährlich neu: der Mondkalender für die Gartenpraxis; aktuelles Know-how rund um das Gärtnern in Harmonie mit den Mondrhythmen; Monatskurven mit komprimierten Infos auf einen Blick, Kalendarium für eigene Notizen und Gartenpläne.

Wolfram Franke
Gartenpraxis Schritt für Schritt
Das Basiswissen für die erfolgreiche Gartenarbeit – Schritt für Schritt leicht nachvollziehbar: Boden bearbeiten, Pflanz- und Pflegearbeiten im Nutz- und Ziergarten, Rasen anlegen und pflegen, Pflanzen vermehren usw.

Rolf Würthle (Hrsg.)
Homöopathie für Garten- und Zimmerpflanzen
Der einzige Ratgeber zum Thema – gesündere Pflanzen durch Homöopathie: Anwendung und Wirkung homöopathischer Mittel; Erfahrungsberichte zur Praxis im Obst- und Gemüsegarten, bei Rosen und Zimmerpflanzen.

Katja Holler/Elisabeth Klimt
Magic – Gärtnern mit der Kraft der vier Elemente
Altes Gärtnerwissen und neue Praxistipps, pfiffig beschrieben und attraktiv gestaltet: Gärtnern nach Sonne und Mond, mit Pflanzen sprechen, das Lebenselexier Wasser nutzen, Energiefelder berücksichtigen, mit Feng Shui gestalten – und eine Fülle von weiteren Aspekten des ganzheitlichen Gärtnerns.

Bernhard Michels
»Abendrot – Schönwetterbot'« Wetterzeichen richtig deuten
Ratgeber und Lesebuch in einem: eine Fülle von interessanten Informationen, die den Blick öffnen für die Zusammenhänge in der Natur; Wetterzeichen, Wetterregeln und der Einfluss des Wetters auf den Menschen.

Im BLV Verlag finden Sie Bücher zu den Themen: Garten und Zimmerpflanzen • Natur • Heimtiere • Jagd und Angeln • Pferde und Reiten • Sport und Fitness • Wandern und Alpinismus • Essen und Trinken

Ausführliche Informationen erhalten Sie bei:

blv
BLV Verlagsgesellschaft mbH
Postfach 40 03 20 • 80703 München
Tel. 089/127 05-0 • Fax -543 • http://www.blv.de

Inga-Maria Richberg

ALTES GÄRTNERWISSEN

Der Praxis Ratgeber